普通高等教育新闻传播学类国家级一流专业建设精品教材　卓越人才培养卷

丛书主编　张明新　金凌志　　　分卷主编　李华君　郭小平　李卫东

传播数据挖掘案例分析

徐　涵◎编著

华中科技大学出版社
http://press.hust.edu.cn
中国·武汉

内 容 简 介

本书聚焦新闻传播领域的数据挖掘问题,针对数据挖掘的各个环节,包括数据收集与整理、描述性统计分析、关联分析与预测、主题挖掘与情感分析、社交网络分析等展开阐述。通过20个具体案例,帮助读者了解如何将数据挖掘理论知识应用于实际生活。本书中每个案例都提供了详细的数据处理和分析步骤,以增强读者的数据敏感性、数据收集能力、数据分析处理能力和数据利用能力。

本书既可作为新闻传播学专业授课教材,也可作为其他人文社会科学相关学科的辅助教材,既适用于人文社会科学领域的本科生、研究生,也适用于高校相关专业的教师和研究人员以及对数据挖掘技术感兴趣的读者。

图书在版编目(CIP)数据

传播数据挖掘案例分析 / 徐涵编著. -- 武汉:华中科技大学出版社,2024.6. -- (普通高等教育新闻传播学类国家级一流专业建设精品教材). -- ISBN 978-7-5772-0886-2

Ⅰ.G206

中国国家版本馆 CIP 数据核字第 2024GG3766 号

传播数据挖掘案例分析　　　　　　　　　　　　　　　　　　　　徐涵　编著
Chuanbo Shuju Wajue Anli Fenxi

策划编辑:周晓方　杨　玲
责任编辑:林珍珍
封面设计:原色设计
责任校对:张汇娟
责任监印:周治超

出版发行:华中科技大学出版社(中国·武汉)　　电话:(027)81321913
　　　　　武汉市东湖新技术开发区华工科技园　　邮编:430223
录　　排:华中科技大学惠友文印中心
印　　刷:武汉市洪林印务有限公司
开　　本:787mm×1092mm　1/16
印　　张:18.25
字　　数:431千字
版　　次:2024年6月第1版第1次印刷
定　　价:59.90元

本书若有印装质量问题,请向出版社营销中心调换
全国免费服务热线:400-6679-118　竭诚为您服务
版权所有　侵权必究

普通高等教育新闻传播学类国家级一流专业建设精品教材编委会

总主编

张明新　金凌志

专业改革创新卷主编

张明新　李华君　李卫东

卓越人才培养卷主编

李华君　郭小平　李卫东

学生实践创新卷主编

金凌志　李彬彬　鲍立泉

委　员（以姓氏笔画为序）

于婷婷　闫　隽　李卫东　李华君　李彬彬

余　红　郭小平　唐海江　彭　松　鲍立泉

徐 涵

华中科技大学新闻与信息传播学院副教授、博士生导师，工学博士，大数据与国家传播战略教育部哲学社会科学实验室主任助理，湖北省科技新闻学会秘书长。目前主要从事认知社交网络信息传播与扩散、情感认知与情绪传播、数据挖掘与网络舆情等方面的工作，在国际权威期刊及学术会议上发表多篇学术论文，主持多项国家自然科学基金、国家社会科学基金、全国重点实验室开放基金等项目。相关研究成果获得2023年湖北省优秀科技论文奖，并已广泛应用于中共武汉市委网络安全和信息化委员会办公室、人民网舆情数据中心等政府与企业网络舆情监测系统。

总序

新闻传播学是对我国哲学社会科学具有支撑作用的重要学科。2016年5月17日,习近平总书记在哲学社会科学工作座谈会上讲话中指出:"要加快完善对哲学社会科学具有支撑作用的学科,如哲学、历史学、经济学、政治学、法学、社会学、民族学、新闻学、人口学、宗教学、心理学等,打造具有中国特色和普遍意义的学科体系。"可以说,我国新闻传播学的学科建设和发展步入了历史上最好的机遇期。

从实践的维度看,当今时代的新闻传播学科处于关键的转型发展阶段。

首先,信息科技革命推动新闻传播实践和行业快速转型。大数据、云计算、区块链、物联网、人工智能等新兴技术,带来了翻天覆地的变革,不断颠覆、刷新和重构人们的生活与想象,促进新闻传播活动进入更高更新的境界。新闻传播实践的形态、业态和生态,正在被快速重构。在当前"万物皆媒"的时代,媒体的概念被放大,越来越体现出数据化、移动化、智能化的趋势。

其次,全球文化交往与中外文明互鉴对当前的新闻传播实践提出了更高的要求。中国正在越来越走近世界舞台中央,"讲好中国故事""传播好中国声音"成为国家层面的重大战略。在此背景下,新闻传播学的学科建设、学术研究和专业实践,要以关怀人类、联通中外、沟通世界的担当和气魄,以传承、创新和传播中华文化为己任,推进全球文化交往,推动中外文明互鉴,为人类文明进步贡献中国智慧和中国方案。

再次,媒体的深度融合发展,促进了媒体功能的多样化拓展。在当今"泛传播、泛媒体、泛内容"的时代,媒体正在进一步与政务、文旅、娱乐、财经、电商等诸多行业和领域产生更加紧密的联系。在媒体深度融合发展的进程中,媒体不仅承担着意识形态领域的新闻传播、舆论引导和文化传承功能,而且是治国理政的利器,是服务群众的平台和载体。在推进国家治理体系和治理能力现代化的过程中,媒体融合是关键一环。通过将新闻与政务、服务、商务等深度结合,媒体全面介入了社会治理和公共服务的各领域各环节。

不论是学科地位的提升,还是实践的快速变革,都对新闻传播学科的转型发展提出了新的时代要求。2022年4月25日,习近平总书记在中国人民大学考察时系统阐述了建构中国自主知识体系的重大战略目标。总书记强调,加快构建中国特色哲学社会科学,归根结底是建构中国自主的知识体系。要以中国为观照、以时代为观照,立足中国实际,解决中国问题,不断推动中华优秀传统文化创造性转化、创新性发展,不断推进知识创新、理论创新、方法创新,使中国特色哲学社会科学真正屹立于世界学术之林。具体到新闻传播学科,就是要加快中国新闻传播学自主知识体系建设。我们要以习近平总书记强调的"立足中国、借鉴国外,挖掘历史、把握当代,关怀人类、面向未来"为根本遵循,建构中国特色新闻传播学知识体系,充分体现中国特色、中国风格、中国气派。

加强教材建设是建构中国特色新闻传播学知识体系的重中之重。新闻传播学的学科、学术和话语体系,正处于持续的变革、更新与迭代过程中,加强教材建设显得更为重要。只有建构高水平的教材体系,才能满足立德树人的时代需要,才能为培养新时代的卓越新闻传播人才提供知识基础。教材也是中外文化交流和文明互鉴的重要载体。要向世界提供中国方案、贡献中国智慧,向世界民众传播中国理论、中国话语,教材是重要的依托和媒介。新闻传播学教材是中国特色新闻传播学知识体系的重要构成部分,肩负着向全人类贡献中国新闻传播话语、理论、思想的历史使命。

本系列教材是国家级一流专业建设精品教材。在某种意义上,本系列教材是顺应国家层面一流本科专业和一流本科课程"双万计划"建设的时代产物。2019年4月,教育部办公厅正式发布《关于实施一流本科专业建设"双万计划"的通知》,提出在2019—2021年,建设一万个左右国家级一流本科专业点和一万个左右省级一流本科专业点。在一万个左右国家级一流专业中,包含236个新闻传播学类专业。目前,全国约有1400个新闻传播学类本科专业,国家级一流专业显然具有极其重要的示范价值。2019年10月,教育部发布《关于一流本科课程建设的实施意见》,正式启动一流课程"双万计划"。在一流本科专业和一流本科课程"双万计划"建设中,教材建设无疑是极为重要的。

华中科技大学新闻与信息传播学院创建于1983年,是全国理工科院校中创立的第一个新闻院系,开国内网络新闻传播教育之先河。1983年3月,华中工学院(今华中科技大学)派姚启和教授赴京参加全国新闻教育工作座谈会,到会代表听说华中工学院也准备办新闻系,认为这本身就是新闻。第一任系主任汪新源教授明确指出,我们的目标是培养文理知识渗透的新闻专业人才,我们和中国人民大学、复旦大学、武汉大学办的新闻学专业不一样。1998年,华中理工大学(今华中科技大学)在新闻系基础上,成立了新闻与信息传播学院。学院坚持以"应用为主,交叉见长"为学科发展和专业建设理念,走新闻传播科技与新闻传播文化相结合的道路,推进人文学科、社会科学与自然科学、技术科学交叉融合。经过汪新源教授、程世寿教授、吴廷俊教授、张昆教授等历任院长(系主任)的推动、传承和改革创新,学院逐渐形成并不断深化自身的特色。可以说,学院秉持学科交叉的人才培养理念,在传统的人文教育和"人文+社会科学"新闻教育模式之外,于众多高校新闻传播人才培养模式中走出了一条独特的发展道路。

近年来,学院坚持"面向未来、学科融合、主流意识、国际视野"的人才培养理念,致力于培养具有家国情怀、国际视野和新技术思维,适应媒体深度融合和行业创新发展,能胜任中外文化传播与文明互鉴的卓越新闻传播人才。在人才培养过程中,注重学生综合素质与专业水平、理论功底与业务技能、实践精神与创新思维的均衡发展。在这样的思维理念指导下,学院以跨学科、跨领域、跨文化为专业建设路径。所谓"跨学科",即强化专业特色,建设多元化的师资队伍,凝聚跨学科的新兴方向,组建创新团队,培育跨学科的重要学术成果;所谓"跨领域",是在人才队伍、平台建设等方面拓展社会资源,借助业界的力量提升学科实力和办学水平,通过与知名业界机构的密切合作提高本学科的行业与社会知名度;所谓"跨文化",是扩大海外办学空间,建设国际化科研网络,推出高水平合作研究成果,推进学术成果的国际发表和出版,提升学科的国际知名度和美誉度。

目前,学院拥有五个本科专业:新闻学(另设有新闻评论特色方向)、广播电视学、传播学、广告学、播音与主持艺术。其中,新闻学、广播电视学、传播学入选国家级一流本科专业建设点,广告学、播音与主持艺术入选省级一流本科专业建设点。与此同时,学院还建设了包括"外国新闻传播史""新媒体用户分析""网络与新媒体应用模式""传播学原理"等在内的一批一流课程。为持续推进一流专业建设和一流课程建设,我们经过近三年的策划和组织,编撰推出"普通高等教育新闻传播学类国家级一流专业建设精品教材",为促进新时代卓越新闻传播人才培养、推进中国新闻传播教育转型、建设中国特色新闻传播学知识体系贡献华中科技大学新闻传播学科的思想智慧与解决方案。

本系列教材包括三个子系列:专业改革创新卷,卓越人才培养卷,学生实践创新卷。其中,专业改革创新卷以促进专业建设为宗旨,致力于探讨在新的时代条件下,开展新闻传播学类专业建设的理念、思维、机制和措施,具体包括专业改革创新的指导思想、课程思政、教师与学生、课程与教材、授课形式、教学团队、实践创新、育人机制、交流机制等方面的内容。特别的是,我们在课程思政建设方面做了一些探索,取得了一些成果。2022年,学院作为牵头单位,编撰出版了《新文科背景下专业课程思政教学指南》,系全国首部文科类课程思政教学指南;同时,编写的《新闻传播学专业课程思政教学指南》即将于2023年春由华中科技大学出版社出版,系全国首部新闻传播学类课程思政教学指南。

卓越人才培养卷以推进课程教材建设为宗旨,致力于促进新闻传播学类各专业核心课程、前沿课程、选修课程教材的编撰和出版。在我们的设计中,其既包括传统意义上的正式课堂教材,也包括各种配套教材,譬如案例选集、案例库、资料汇编等。课堂教学的教材建设是专业建设的重要构成部分,对于促进快速转型中的新闻传播领域的知识更新和理论重构,具有极其重要的意义。我们以培养全能型、高素质、复合型、创新型的新时代卓越新闻传播人才为目标,着眼于培养学生的跨领域知识融通能力和实践能力。教材是实现上述目标的重要依托和载体。我们在推进卓越人才培养卷教材编撰的过程中,特别注重将新时代中国特色社会主义伟大实践和中国媒体深度融合发展的最新成果及时进行转化并融入其中,以增强新闻传播教育教学的时代性和针对性。

学生实践创新卷以提升学生实践水平为宗旨,致力于培养学生面向媒体融合前沿、面向文化传承、面向国际传播的实践意识和能力。新闻传播学类各专业具有很强的应用性,必须面向实践和行业。"以学为中心",在某种意义上就是要注重实践。新时代的卓越新闻传播人才培养,必须建构基于实践导向的育人机制,其中包括课程、实验室与实践平台、实践指导团队、学生团队实践、实践作品、实践保障机制等诸多要素,构成一个完整的闭环。我们编撰学生实践创新卷教材,是要通过对华中科技大学新闻传播学子原创实践作品的聚沙成塔、结集成册,充分展现他们在评论、报道、策划等领域的优秀成果,展现他们的创作水平、责任意识和家国情怀。这些成果中的一部分,可能稍显稚嫩,却是学生在专业领域创造的杰作,凝聚着青年学子的思想智慧和劳动结晶。当然,这些成果也是学院教师们精心指导的结果,是教学相长的产物,对于推动专业建设具有重要的参考、借鉴和示范意义。

在我们的理解中，教材的概念相对宽泛，不仅包括传统意义上的课堂教材和辅助性教学材料，还包括专业改革创新著作和学生实践创新作品。教材是构成专业建设的基石，一流的专业必然拥有一流的课堂教材、教改成果和实践成果。虽然本系列教材名为"国家级一流专业建设精品教材"，但并不仅仅服务于本科专业的建设，还囊括针对研究生各专业方向建设的教材作品。打通本科生专业建设和研究生专业建设，是本系列教材的一个重要创新。我们认为，只有在一流本科专业建设的基础上，才能建设好一流的研究生专业。

2023年将迎来华中科技大学新闻与信息传播学院四十周年华诞。四十年筚路蓝缕，以启山林；四十年创业维艰，改革前行。经过四十年的历程，学院建成了国内名列前茅的新闻传播学科，培养了数以万计具有国际视野、家国情怀的高素质复合型新闻传播人才，成为华中科技大学人文社会科学学科蓬勃发展的一张名片。值此佳期到来之际，我们隆重推出"普通高等教育新闻传播学类国家级一流专业建设精品教材"，为学院四十周年华诞献礼。本系列教材是教育部首批新文科研究与改革实践项目"基于多学科融合的卓越新闻传播人才培养体系创新改革研究"的阶段性重要成果，体现了华中科技大学新闻传播学科专业建设发展的主要特色。根据规划，本系列教材将在2025年前全部出版完毕，约50部作品，可谓蔚为大观。在此，我们要感谢中共湖北省委宣传部、中共湖北省委教育工作委员会、湖北省教育厅与华中科技大学共建新闻学院的项目经费支持，同时，我们也要感谢华中科技大学本科生院在经费上的大力支持，正是有了这些经费的支持，本系列作品才能出版面世，与读者相见，接受大家的评判和检验。

本系列教材是华中科技大学新闻与信息传播学院致力于推进中国新闻传播教育转型发展的努力与尝试。我们希望这样的努力与尝试，将在中国特色新闻传播学知识体系建构过程中留下历史印记，为新时代培养造就更多具有使命担当、家国情怀和国际视野的卓越新闻传播人才贡献华中大新闻传播学科的思想、智慧和方法。

华中科技大学新闻与信息传播学院院长，教授、博士生导师

张明新

2022年12月12日

前言

随着人工智能、计算机技术、无线通信技术的发展,互联网的发展进入了一个全新的时代。方便快捷的移动终端使得信息的传播速度更快,信息的获取更为容易。随之而来的,是数据的爆炸式增长。当今世界一年产生的数据量甚至超过了历史上几万年来产生的数据量的总和。全球数据量爆炸式增长,数据和互联网的深度融合形成行业创新点,不仅带来了新的经济增长点,也使得数据挖掘技术产生的价值受到广泛的关注。数据挖掘是一种从大规模数据中发现模式、趋势和关联的技术,已经成为信息时代进行信息处理的一把"利剑"。

在这样一个媒介深度融合的时代,高校教学需要有多学科交叉融合的思想,利用大数据技术积极进行转型。只有在教学思维、内容、平台和数据化方面不断尝试出新,才有可能在技术主推的教育转型中寻得新的发展路径。然而,对于众多人文社科的学生来说,数据挖掘似乎是遥不可及的领域,许多人认为数据挖掘与他们的专业没有太大联系。为此,笔者总结了2018—2024年面向华中科技大学新闻与信息传播学院本科生和研究生的数据挖掘课程教学实践,以解决实际问题为导向编撰了本书,试图通过实际案例分析,提升学生综合素质,努力培养其形成数据素养需要的四种基础能力,即数据的敏感发现能力、数据的收集能力、数据的分析处理能力、数据的利用能力。

全书共汇集20个案例,按不同类别分为四章展开分析阐述。第一章介绍了5个使用描述性统计分析方法进行数据挖掘的案例,包括对数据的频数分析、数据的集中趋势分析、数据的离散程度分析、数据的分布以及运用图表等工具描述数据。第二章介绍了4个使用关联分析及预测方法进行数据挖掘的案例。关联分析是数据挖掘的核心方法之一,通过分析不同数据项之间的关系,揭示数据集的潜在规律。其主要任务是发现频繁项集和关联规则,帮助理解数据中的模式和趋势。第三章介绍了8个使用主题挖掘与情感分析方法进行数据挖掘的案例。主题挖掘能够从大量文档中自动提取主题信息,能够帮助我们理解文档集的主题结构,有助于文档分类、聚类和信息检索并将高维的文本数据降到低维的主题空间,便于后续分析和处理。情感分析旨在识别和提取文本中的主观信息,如情感、情绪或意见。第四章介绍了3个综合运用各种方法对社交网络舆情进行数据挖掘与分析的案例。

本教材针对人文社会科学领域的本科生、研究生介绍数据挖掘的基本技术与方法,为其提供应用相关技术进行案例分析的参考。在本教材中,笔者将尽力以通俗易懂的方式解释数据挖掘的概念和技术,并通过丰富的案例分析来说明其在人文社会科学领域的具体应用。希望通过学习本教材,学生能够对数据挖掘有全新的认识,并将其运用到自己的研究中,为人文社会科学研究开辟新的路径。考虑到大多数人文社会科学领域的学生不大擅长计算机专业相关知识,笔者在本教材中尽可能避免使用数学公式及过多的计算机专业相关名词、概念、算法等。对这一部分内容感兴趣的读者,可以参考相关计算机专业书籍。

本教材在书末列出了主要的参考文献,在此对参考文献中的作者和出版机构表示感谢。

华中科技大学出版社杨玲、林珍珍两位编辑对本书的初稿提出了诚恳的意见和建议,华中科技大学 2018—2021 级新闻学和传播学本科生、2019—2022 级新闻学和传播学硕士生为本教材案例部分提供了部分数据分析,在此表示衷心的感谢。

本书受到中共湖北省委宣传部共建新闻学院项目"'新文科'视阈下新闻数据挖掘课程金课建设与实践研究"以及华中科技大学研究生研究课题经费资助。

数据挖掘相关学科发展极为迅速,方兴未艾,很少有人在每一个方向均有深刻理解与造诣。笔者自认才学疏浅、水平有限,更由于时间及精力所限,书中难免有错误和疏漏之处,恳请读者批评指正,若能不吝告知,更将不胜感激。

2024 年 4 月于喻家山

目录

第一章　描述性统计分析　1
  第一节　新闻传播学专业学子大实习指南　1
  第二节　"小破站"里的学习人——数说 B 站知识区　22
  第三节　社交媒体中的情感表达:基于互动仪式链视角的计算传播分析——以"走饭"微博转发(2017—2021)为例　42
  第四节　B 站 2018—2022 年百大 UP 主分析　52
  第五节　背单词 App 比较与分析　68

第二章　关联分析及预测　89
  第一节　B 站美食博主颜值与互联网传播影响力的关系　89
  第二节　豆瓣综艺节目评分影响因素研究　102
  第三节　基诺型彩票游戏"快乐 8"的开奖号码特征研究　116
  第四节　对豆瓣电影 Top 250 的评分预测　127

第三章　主题挖掘与情感分析　137
  第一节　科普短视频的受众分析与传播策略——基于"夹性芝士"的弹幕文本挖掘与情感分析　137
  第二节　虚拟数字人微博动态下评论文本的主题挖掘与情感分析　146
  第三节　新媒体时代国内传播学领域研究热点分析——基于共词分析与 LDA 主题模型的文献计量研究　156
  第四节　看不见的城市:基于流行歌曲中的文化符号对城市图景的还原　168
  第五节　基于文博类网络评论的文本挖掘与情感分析　183
  第六节　基于网络长短评论的特征检测水军——以 B 站《三体》为例　191
  第七节　2021 年度微博热搜数据分析报告　197
  第八节　微博上主流媒体的奥运报道内容分析——以《人民日报》为例　221

第四章　社交网络舆情数据挖掘与分析　241

　　第一节　基于微博数据挖掘的"网红雪糕多次抽检不合格"事件舆情分析　241

　　第二节　官方通报信息披露下的共识达成作用研究——以"开奔驰进故宫"事件的社交媒体讨论为研究对象　248

　　第三节　后真相时代微博意见领袖对网民态度的影响分析——以"王凤雅事件"为例　256

参考文献　271

第一章 描述性统计分析

描述性统计分析是数据挖掘的基础,是以揭示数据分布特性的方式汇总并表达定量数据的方法,其主要包括数据的频数分析、数据的集中趋势分析、数据的离散程度分析、数据的分布以及一些基本的统计图形绘制。

本章将介绍五个使用描述性统计分析方法进行数据挖掘的案例。

第一节 新闻传播学专业学子大实习指南

一、引言

随着社会经济的多元化发展,用人单位对高校毕业生的综合素质和动手能力提出了更高的要求。用人单位要求应聘者具备一定的实践能力,并通常把具备一定的工作经验作为录用的必要条件。而实习为大学生提供了和企事业单位零距离接触的机会,使学生们能够了解行业状况、工作内容,从而验证自己的职业选择;还能让学生们积累工作经验、完善自身知识结构,为将来步入社会做好准备。

有鉴于此,新闻传播学专业的学生们会在大三下半学期进行大实习。初步调查结果显示,学生们对"找实习"这件事或多或少地表现出焦虑情绪,大家对实习相关信息也充满了疑惑。为深入研究实习供需问题并帮助大家缓解焦虑情绪,我们通过大实习需求调查问卷,对某校新闻传播学专业的学生进行了前期调研。问卷调查结果显示,实习焦虑现象确实普遍存在。数据显示,92%的学生正为大实习焦虑,其中97%的人尚未找到实习单位,甚至有极少数的学生虽然已经找到了实习单位但仍在焦虑。仅有8%的学生表示不焦虑,这部分学生几乎全都确定了实习单位。

为了弄清楚是什么造成了学生们对实习的普遍焦虑,我们爬取了知乎有着352万浏览量的问题——"从来没有实习经历的大学生如何找实习单位"——的943份回答,对文本进行分词、词频统计,并制作了词云,如图1-1-1所示。

显然,大家焦虑的原因不尽相同。有的人在忧虑前程,比如"大厂最看重哪些因素""我要去做哪些工作""我能力够不够";有的人乐于"跟风",比如哪些城市相应岗位比较多、大家主要在哪些城市进行实习;有的人感到迷茫,比如拥有双学位会不会更有优势、是不是很多岗位都要求硕士研究生以上学历;还有的人更关心身价,比如大实习的薪资一般是多少、实

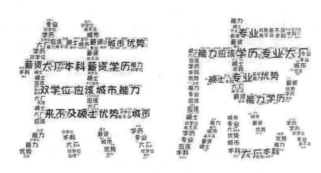

图 1-1-1 "焦虑"词云

习记者是不是一定"倒贴"。

个人和实习单位的信息不对称带来了学生对实习工作的迷茫和担忧,而焦虑背后的复杂成因也包括学生对自我能力的认识不清、对行业要求的了解不深、缺乏同类型参考等。据此,需要进行更深入的数据挖掘和分析。

尽管焦虑并不是一种绝对正向的情绪,但为了寻找一个适合自己的实习岗位而绞尽脑汁甚至感到焦虑,也正说明了学生普遍认可实习的重要性。实习中是否能收获课堂上学不到的知识,通过实习能否让自己变得更加优秀、在今后的求职路上比同龄人更具竞争力等,都是学生密切关注的问题。学生焦虑的背后实际上是自我提升的要求和对未来的期望。

如图 1-1-2 所示,大实习需求调查问卷结果显示,大部分学生希望通过实习了解自身所学专业对应的行业情况,在积累工作经验的同时提升自己的能力;小部分学生则希望通过实习获得工作薪酬,并争取转正机会。

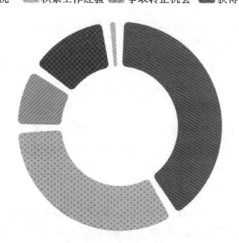

图 1-1-2 "你希望从大实习中收获什么"统计结果

针对这些问题和愿景,我们决定制作新闻传播学专业学子大实习指南,希望通过对数据的挖掘、整理、可视化和具体分析,呈现目前新闻传播学专业相关行业实习市场的供需现状,并为正在因实习而焦虑的学生提供一些新的思路。

二、实习指南数据分析

（一）他山之石，可以攻玉——以2017级新闻学专业和传播学专业学子大实习数据作为参考

1. 数据来源

数据来源于华中科技大学新闻与信息传播学院2017级新闻学专业和传播学专业学生的实习报告及实习证明资料。选择这些实习数据作为该学院2018级新闻学专业和传播学专业学生的同类型参考，主要有以下三个原因：第一，同样作为华中科技大学新闻与信息传播学院的学生，2017级和2018级的学生培养方案及课程内容差别较小，个人能力和专业素养相差不大；第二，2017级学生的实习时间与2018级的相差不到一年，时间间隔相对较短，行业内各单位对实习生的要求没有发生明显的变化；第三，2017级学生在实习过程中受到了新冠疫情因素的影响（如实习地点多改为线上），而2018级学生同样受新冠疫情影响，因此该数据具有较大的参考价值。

2. 数据描述

通过对2017级新闻班、新闻评论班、传播班学生提交的实习报告和实习证明纸质资料进行整理统计，共获取传播班26份、新闻班26份、新闻评论班20份资料。统计内容包括专业、实习时长、实习单位、实习岗位和实习地点（见图1-1-3）。

13	xxx	传播	3.5	美团	用户运营	上海
14	xxx	传播	1.5	务川融媒体指挥中心	微信、抖音运营	苗族自治县
15	xxx	传播	3	深圳市一览网络股份有限公司	内容运营	深圳
16	xxx	传播	4	网易	产品运营实习生	北京
17				上海萌鱼网络科技有限公司（趣头条）	产品经理实习生	上海
18	xxx	传播	3.5	芒果TV	产品助理	长沙
19	xxx	传播	5	美团点评	功能产品	北京
20				京东	平台运营	北京
21	xxx	传播	3.5	网易互娱	数据运营	杭州
22	xxx	传播	3.5	网易传媒科技有限公司	产品运营	杭州
23	xxx	传播	4	美团点评	功能产品	北京
24	xxx	传播	7	艾因互动科技发展有限公司	AI产品经理	北京
25	xxx	传播	4	磅帝信息技术有限公司	产品实习生	北京
26	xxx	传播	4	出门问问信息科技有限公司	产品助理	北京
27				3.5		产品运营	
28	xxx	传播	4	上海第一财经信息科技有限公司	产品经理	上海
29	xxx	传播	2	车来了北京有限公司	运营实习生	北京
30				湖北长江传媒数字出版有限公司	内容运营	武汉
	+ ≋	17传播 ▼	17新闻 ▼	17新闻评论 ▼		

图1-1-3 部分调查结果

3. 数据可视化

（1）2017级新闻与信息传播学院的学生实习时长情况

如图1-1-4所示，2017级新闻与信息传播学院的学生实习时长的分布较为分散，分别为0.5～7个月不等。其中实习时长为3个月和4个月的人数较多，分别为16人和23人，这对应了用人单位对实习时长"不少于三个月"的普遍需求和学院对于学生实习时长"四个月以上"的要求。

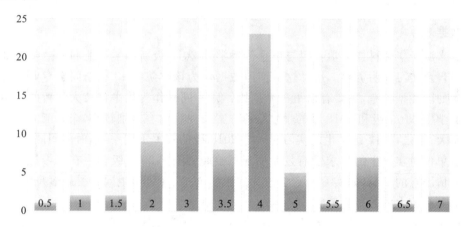

图1-1-4　2017级新闻与信息传播学院的学生实习时长

（2）2017级新闻与信息传播学院的学生实习公司情况

2017级新闻与信息传播学院学生实习公司名称词云如图1-1-5所示。从中可见，2017级新闻与信息传播学院学生实习的公司类型非常丰富，有澎湃新闻、新京报等新闻媒体，有腾讯、字节、网易等互联网公司，也有芒果TV、爱奇艺、中央电视台等综合视频媒体。实习单位普遍为中厂、大厂，其中，实习人数最多的是澎湃新闻和腾讯新闻。

图1-1-5　2017级新闻与信息传播学院学生实习公司名称词云

由此可见，华中科技大学新闻与信息传播学院的学生能够满足相关行业对实习生的要求，个人能力也已经达到了行业较高水平。

(3) 2017级新闻与信息传播学院的学生实习岗位情况

通过对不同实习岗位工作内容和工作性质的分析,我们将2017级新闻与信息传播学院学生的实习岗位分为运营、产品、媒体和编辑四大类,此外,还将非专业定向的一些岗位,比如人力资源部等归入"其他"类别。数据显示,统计数据中29.22%的学生就任运营岗,19.1%的学生就任产品岗,25.84%的学生就任媒体岗,10.11%的学生就任编辑岗(见图1-1-6)。编辑岗实习人数较少,其余则分布较为均匀。

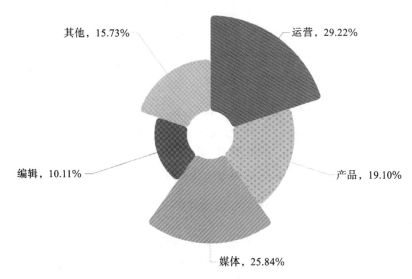

图1-1-6　2017级新闻与信息传播学院学生实习岗位情况

(4) 2017级新闻与信息传播学院的学生实习地点分布

我们得到的实习地点分布图显示,2017级新闻与信息传播学院学生的实习地点主要集中在北京、上海以及其他沿海发达城市。但受新冠疫情影响,线上实习成为多数人的选择,线上远程实习的学生人数多达29人,其中新闻班28人、传播班1人。

(5) 2017级新闻与信息传播学院的学生实习城市分布

2017级新闻与信息传播学院学生实习城市分布如图1-1-7所示。我们在问卷中选取"北上广深"作为主要城市,同时添加"线上"和"其他",以提高图表的完整性,得到的结果直

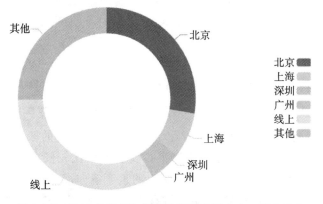

图1-1-7　2017级新闻与信息传播学院学生实习城市分布

观地展示了2017级新闻与信息传播学院的学生对与实习地点的选择倾向。为在新冠疫情形势下保证自身安全,33.33%的学生选择线上实习;为得到更多的锻炼机会,27.59%的学生选择了岗位需求大、实践机会多、资源丰富的北京作为实习城市。

(二)从用户调研出发——2018级新闻学专业和传播学专业学子大实习认知和诉求

1. 数据来源

为了直接了解新闻学专业和传播学专业学生对于大实习的需求和期望,我们针对2018级新闻班、新闻评论班、传播班共计92名学生发放了大实习需求调查问卷。

2. 数据描述

回收有效问卷61份,其中新闻和新闻评论班43份、传播班18份。该调查问卷主要包含以下三方面内容:一是基本情况,即专业、是否有实习经历、是否已经找到实习单位;二是实习需求,即对大实习地点、公司、岗位、薪资、时长的需求;三是实习认知,即自身应该具备哪些能力、对大实习的作用认知、希望从实习中获得什么。

3. 数据可视化

(1)岗位期望

从图1-1-8可以发现,传播专业学生在大实习中倾向于选择与产品相关的实习岗位,这也符合我们的一般认知。产品经理和产品运营所占比例几乎相同。而除了产品相关岗位之外,策划岗也是传播专业学生的重要意向岗位。同时,传播专业学生对于剪辑、记者岗位完全不感兴趣,无人选择。

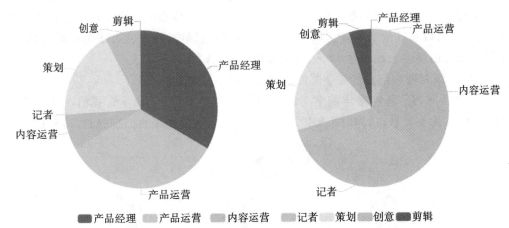

图1-1-8 2018级新闻专业和传播专业学生大实习期望岗位分布(左为传播专业,右为新闻专业)

而新闻专业学生的意向岗位与传播专业学生的情况有较大的区别。记者、内容运营成为占比最高的两个岗位,体现了新闻专业学生在就业方面比较倾向于与内容相关的工作。与传播专业相似,策划类岗位也是新闻专业学生的重要意向岗位之一。而产品相关岗位在新闻专业学生的意向选择中占比较小,更是没有人选择产品经理作为意向岗位。

（2）公司期望

从图 1-1-9 可以发现，对于传播专业学生而言，互联网公司占比最高。还有部分传播班学生希望在视频平台发展。新闻媒体并非传播专业学生的意向选择。在本次调查结果中，传播专业学生无人选择新闻媒体。

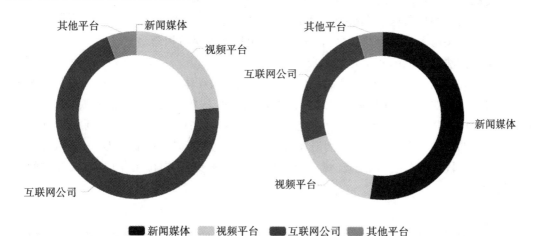

图 1-1-9　2018 级新闻专业、传播专业大实习期望公司类型分布（左为传播专业，右为新闻专业）

与传播专业相比，新闻专业学生的意向平台分布较为均匀，以新闻媒体为意向公司的新闻专业学生占一半以上。还有相当一部分新闻专业学生希望选择互联网公司和视频平台。

同时，传播专业和新闻专业都有一部分学生期望到除了新闻媒体、互联网公司和视频平台之外的其他平台，这体现了传播专业和新闻专业学生对于期望公司的选择具有类型多元化特征。

（3）薪资期望

如图 1-1-10 所示，绝大部分学生对于实习岗位薪资并没有具体的要求，而是将大实习看作学习实践和个人成长的机会。对于薪资有具体要求的学生则大部分期望薪资为每天 100～200 元，与现在大部分互联网公司的日薪差不多。将期望薪资定为 200 元以上的学生只有两位，且均来自传播专业。

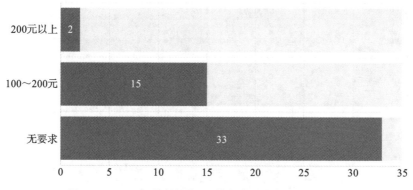

图 1-1-10　2018 级新闻专业、传播专业大实习期望薪资

(三)走向供给端——市场里的大实习究竟是什么样的

1. 数据来源

①爬取主流实习招聘网站:实习僧、BOSS 直聘、智联招聘。

②爬取权威的招聘信息发布公众号平台:新闻实习生、传媒圈招聘。

③收集相关用人单位招聘信息:在职学长学姐提供的实习招聘消息。

④爬取方法:Python、八爪鱼采集器。

⑤爬取关键词:IT 互联网—产品、IT 互联网—运营、媒体设计—媒体、媒体设计—编辑。之所以选取以上四个关键词,主要是考虑到指南面向的是新闻、新闻评论、传播这三个班最为对口的岗位。其中,产品包括用户研究、产品经理和产品助理;运营包括新媒体、内容运营、编辑、SEO 和产品运营;媒体包括记者和编导;编辑包括编辑(采编)和校对(排版)。

⑥爬取字段:岗位、公司、地点、城市、薪资、岗位具体要求、岗位工作内容、实习时间、实习福利。

2. 数据描述

一手数据虽然是从“实习僧”这类实习招聘网站爬取的,但资料内容并未被更改,是由相关公司发出的真实招聘内容。

3. 数据预处理

①去除重复数据:通过 Excel 自身的去重操作,进行去重。

②一致性检查:根据每个变量的合理取值范围和相互关系,检查数据是否合乎要求,发现超出正常范围、逻辑上不合理或者相互矛盾的数据。

③处理无效值和缺失值:由于问卷题项均设为必答,不存在含缺失值的样本。如果爬取的数据含缺失值,则视该字段是否关键而定,不关键则采用估算的方式。若缺失的是岗位要求,则将该字段整列删除。

经过数据清洗后,剩余 5023 条有效数据。其中,微信公众号 101 条,产品 1910 条,运营 1998 条,编辑 817 条,媒体 197 条(共 528 家用人岗位)。

部分爬取示例如图 1-1-11 所示。

1	岗位	公司名称	工作城市	薪资	学历要求	实习时间	工作地点	标签	岗位职责	详细要求
2	测试开发	京东数科	北京	200-300	硕士	3个月以上	北京亦庄	餐补班车	1.熟悉ja	1.计算机或相关专业,国内外院校全日制在读硕士研究生、博士研究生; 2.积极、主动、有责任心
3	医生运营	京东健康	北京	250-350	本科	4个月优先	北京市北	免费健身	1.2021届医学	相关专业本科及硕士毕业生(毕业时间为:2020年10月-2021年9月); 2.热爱电子商务行业
4	运营管理	京东数科	上海	250-350	本科	4个月优先	上海	下午茶实	1.配合各	1.统招全日制本科及以上在校大学生; 2.经济学、金融学、会计等专业优先; 3.熟练掌握办公软
5	整合营销	美团	上海	100	本科	4个月及以上	北新泾地	大厂实习	1.协助营销战役创意策划、文案产出、页面搭建、社交媒体传播,完整支持营销项目的落地执行; 2. 支持营	
6	测试开发	京东数科	北京	30元/时+绩效	本科	不少于3个月	北京市亦	餐补班车	1.负责数	1.计算机专业或相关专业本科以上学历; 2.熟悉软件工程,软件测试理论、方法和过程,熟悉持
7	商家运营	美团	上海		本科		北新泾地	大厂实习	1.部门业	1.对数据的意义和价值有感知,可熟练运用Office工具、SQL对原始数据进行录入并做出快速的分
8	运营	舒欢和他	成都	200-300	本科		成都武侯	朝九晚五	1.搜索实时新闻及热门话题,搜索行业资讯2.微博/B站KOL沟通商务合作事宜3.维护知乎账号以及运营4.领	
9	运营	幻维数码	上海	100-150	不限		大宁音乐	地铁周边	1.负责官	1.熟悉or能够快速学习get抖音平台运营规则,有抖音运营经验者优先2.对亲子、少儿、教育类内容
10	运营	明日世界	徐州	150	不限	3个月以上	云龙区绿	生日福利	职位描述:	岗位介绍:每天工作时间不超过6小时,一、负责公司网络平台的直播运营二、带薪培训、饮料畅饮
11	运营	黑快马	武汉		本科	至少半年	光谷梦工	可转正实	1.全面负	1.本科及以上学历2.有互联网、教育行业的销售和社群运营经验优先; 3.有成功用户增长和推广案
12	运营实习	正道	上海		本科	三个月以上	上海市浦	可转正实	1.对接客	1.较强的执行能力和团队合作精神; 2.良好的沟通能力; 3.电子商务/市场营销/社会学类相关专业
13	社区运营	趣头条	上海		本科	三个月以上	浦东新区	留学生实	1.根据短	1.有较好的沟通能力,能够与用户产生共情,了解目标用户的需求所在; 2.有较好的数据敏感度和
14	运营实习	同学库	郑州	100-150	大专		郑州市花	岗前培训	1.配合运	1.大专以上学历,热爱新媒体事业,有相关工作经验优先; 2.逻辑能力强,善于沟通,会基础的
15	海外运营	德力兄弟	广州	30	大专	3个月	广州 - 天	可转正实	1.定期在	1.大专及以上学历,英语、泰语、越南语、日语专业优先; 2.对互联网产品运营经验有一定了解; 3.
16	产品运营	绿皮书教	杭州		本科	至少保证3个月	杭州市余	可转正实	1.完善产	1.2020-2021届毕业生,有较多空余时间; 2.有较强的执行力和学习能力,做事积极主动; 3.优秀
17	运营助理	氪金科技	广州		大专	不少于三个月	广州市天	生日会	1.负责C端	1.熟悉微信、头条、贴吧、抖音、小程序小游戏等平台生态2.有较强的团队意识和执行能力; 有较强的
18	运营专员	让渡居	北京		不限	至少三个月	北京市朝	实习证明	1.定期与	1.有同理心; 2.有谈判经验的优先; 3.胆大心细、有同理心; 4.专业不限,有心理学、酒店管
19	运营助理	品誉电商	杭州	175	不限	3 个月及以上	拱墅区祥	责任心强	1.负责行	1.有熟悉电子商务,并热爱电子商务行业; 2.工作执行力强,拒绝懒人; 3.具备较强的沟通能力、
20	运营实习	Opera 欧	北京	200	本科	至少3个月	北京东城	上市公司	1.Labelc	1.FluentspeakingofGerman,excellentwritingandreadingskills.2.Highlyresponsibleandhavez
21	运营经理	IOODATA	北京		大专	3个月以上	北京市昌	培训学习	1.负责公	1.大二及其以上,专业不限2.学习能力强,具备领导力、创造力、执行力、自驱力,喜欢征服困难和
22	运营实习	新贵通	上海		本科	至少3个月	上海	可转正实	1.每日检	1.责任心强且细心,对数据敏感,积极主动; 2.本科在读大三、大四学生,专业不限,3.一周可以

图 1-1-11 部分爬取数据示例

4. 数据可视化

(1)岗位需求图

2020年行业岗位实习需求情况如图1-1-12所示。在新闻专业学子最对口的四个岗位（产品、运营、编辑和媒体）中，实习需求最大的是产品和运营。这两个行业的需求量占四个岗位总需求量的近百分之八十。其次需求量较大的是编辑，实习需求量最小的岗位是媒体。

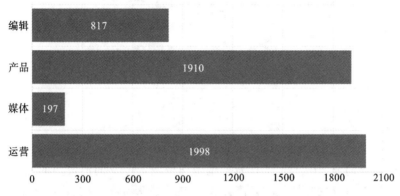

图 1-1-12　2020 年行业编辑、产品、媒体和运营实习岗位需求

(2)工作职责词云

产品岗位职责词云如图 1-1-13 所示。产品岗位人员工作职责众多，最突出的词汇是产品，说明产品岗位人员最主要的职责与产品息息相关，包括整体研究、策划、设计、完善产品等。其次，产品岗位人员还与用户、数据、项目、业务接触较多，这些职责是产品岗位职责的重要组成部分。除此之外，产品岗位人员还有其他多种工作职责，如团队、客户、方案、文档、内容、问题等。

图 1-1-13　产品岗位职责词云

运营岗位职责词云如图 1-1-14 所示。运营岗位人员工作内容涉及面较广，在运营岗位职责词汇中最突出的是用户、数据、产品和内容，说明运营岗位的工作内容与用户、数据、产品、内容息息相关，运营人员要统筹多方面的工作任务。此外，运营岗位人员还要注重策划、平台，以及整理、团队、部门、客户、视频等工作。

图 1-1-14 运营岗位职责词云

编辑岗位职责词云如图 1-1-15 所示。编辑岗位职责涉及词汇最多的是内容,其次是编辑。可以看出编辑岗位主要是对内容接触最多,或许成天都在审阅、修改或撰写不同的文案内容。编辑岗位与媒体接触较多,还要兼顾策划、专业、文案、职位、产品、视频等。

图 1-1-15 编辑岗位职责词云

媒体岗位职责词云如图 1-1-16 所示。媒体岗位同样与内容有着紧密的联系,其主要职责与内容密不可分,而突出的词汇是视频和策划,说明媒体岗位工作涉及视频和策划较多。除此之外,还要兼顾数据、用户、产品、媒体、新闻、整理等。

(3)岗位要求词云

产品岗位要求词云如图 1-1-17 所示。产品岗位要求中最重要的一项是产品。产品岗位必然与产品密不可分,公司必然对产品岗位人员的产品研究、运作、设计等能力有着较高的要求。其次,对数据、用户、软件、思维、互联网的要求也比较高,产品岗位要求相关人员拥有对数据进行挖掘分析和处理的能力、与用户进行沟通交流的能力,以及思维能力等。除此之外,产品岗位还对逻辑、计算机、意识、工具等能力提出了要求。

图 1-1-16　媒体岗位职责词云

图 1-1-17　产品岗位要求词云

运营岗位要求词云如图 1-1-18 所示。专业在运营岗位要求词云中尤为突出，充分显示了专业在运营岗位中的重要地位。运营岗位要求较高的还有团队、软件、用户和数据。要满足运营岗位要求，必须有过硬的专业技术和技能，还要有数据提取分析处理能力、团队协作能力以及对软件和用户的深度了解和掌控力。除此之外，运营岗位还有责任心、互联网、内容、视频、意识等方面的要求。

编辑岗位要求词云如图 1-1-19 所示。编辑岗位要求中最重要的一项是经验，可以看到经验在编辑岗位的重要性，因此想往编辑岗位发展的学生，可以通过实习积累工作经验，这对于日后正式找工作有很大的帮助。编辑岗位的主要要求还有新闻、媒体、文字、团队、内容、编辑、功底。可以看到，要成为一个优秀的编辑是很不容易的，要有深厚的文字功底和编

图 1-1-18　运营岗位要求词云

图 1-1-19　编辑岗位要求词云

辑能力、良好的团队协作精神等。

　　媒体岗位要求词云如图 1-1-20 所示,其中最亮眼的词汇是经验,可以看出公司对从业人员的经验最为看重,其次是策划、视频、媒体、内容、新闻,对这些能力的要求都非常高。紧接着是文字和互联网的要求。因此,要想成为优秀的媒体从业者,满足公司对媒体从业人员的

图 1-1-20　媒体岗位要求词云

要求,学生首先要积累经验,然后要提升自身在媒体、内容、新闻、视频、策划等方面的能力。

总结起来,不同岗位职责词频前十如下。

①产品岗位:产品、用户、数据、项目、业务、客户、团队、整理、文档、经理。

②运营岗位:用户、产品、数据、内容、策划、平台、社群、业务、客户、团队。

③编辑岗位:内容、编辑、媒体、专业、策划、文案、平台、产品、职位、资料。

④媒体岗位:内容、视频、策划、产品、用户、数据、媒体、整理、新闻、客户。

不同岗位要求词频前十如下。

①产品岗位:产品、软件、数据、用户、互联网、思维、责任心、计算机、逻辑、工具。

②运营岗位:专业、团队、软件、互联网、责任心、用户、数据、内容、视频、意识。

③编辑岗位:经验、媒体、文字、编辑、新闻、团队、内容、功底、软件、行业。

④媒体岗位:经验、媒体、内容、新闻、视频、策划、互联网、文字、责任心、编辑。

(4)岗位城市分布

岗位城市分布显示,四大岗位主要分布在东部地区和中部地区,其中上海、北京、浙江、广东、四川五个省级行政区居多。产品岗位的分布范围比较广,其中,北京分布最多;运营岗位分布范围也比较广泛,主要位于浙江、湖北和四川三个省份。编辑岗位的分布比较集中,主要位于上海、广东。媒体岗位分布也较为集中,主要位于河北、浙江、广东、四川等传媒大省。

接下来,我们从专业、学历、软件使用、薪资与福利几个维度对岗位要求进行拆解介绍。

①专业。

a.总行业需求——专业对口度图。

从图 1-1-21 可以发现,在可就业岗位中,新闻传播学专业相关的人才竞争优势并不明

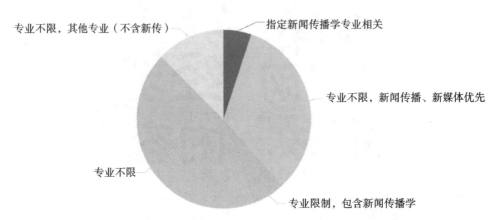

图 1-1-21　新闻传播专业相关可就业行业专业对口度（数据来源：实习僧微信公众号）

显。根据爬取数据的统计结果，指定新闻传播学专业相关的岗位仅占可选择岗位总数的 5.18%，专业限制、包含新闻传播的占 33.08%，专业不限、新闻传播和新媒体优先的岗位占可选择岗位的 6.16%。

b.分行业需求——专业对口度堆叠图。

从图 1-1-22 可以发现，在可选择的四个主要细分领域，编辑和运营岗位对新闻传播专业学生需求量更大。从比例来看，编辑、媒体、运营对新闻传播专业的要求更高。整体来看，拥有跨领域技能的毕业生在求职过程中更受青睐。

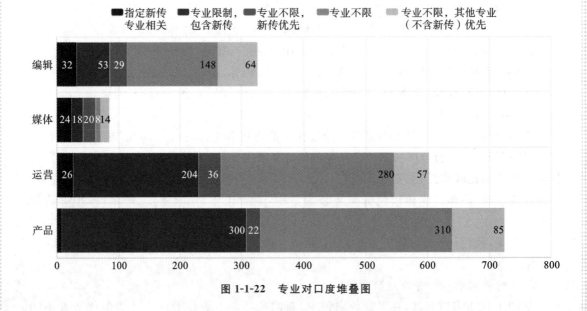

图 1-1-22　专业对口度堆叠图

c. 最受欢迎专业词云（为第二学位提供参考）。

产品、运营岗位最受欢迎专业词云如图 1-1-23 所示。媒体、编辑岗位受欢迎专业词云如图 1-1-24 所示。

图 1-1-23　产品、运营岗位最受欢迎专业词云　　　图 1-1-24　媒体、编辑岗位最受欢迎专业词云

可以发现，产品与运营岗位面向的专业更多地偏向于计算机、英语、金融，所以建议对这两个岗位感兴趣的学生，在修第二学位时考虑这些专业，或者是平时阅读相关书籍，以增强个人核心竞争力。

而媒体和编辑岗位主要面向新闻专业，次之是英语、中文专业。因此，对媒体和编辑岗位感兴趣的学生可以多了解这些专业知识，或是将其作为第二学位的考虑方向。

②学历。

四种岗位的学历要求和薪资分布如图 1-1-25 所示。我们可以发现，整体而言实习岗位对学历的要求并不高。尤其是硕士研究生学历，只有编辑行业有一定数量的岗位要求是硕士研究生学历，其他行业对本科和大专学生的需求量相对更大。不过，这是整体的数据，有

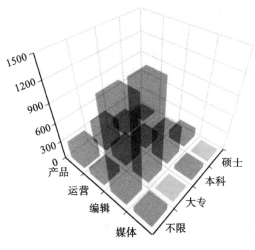

图 1-1-25　四种岗位的学历要求和薪资分布

本科及以上学历要求的岗位相对总体质量肯定要更高。由于本书面向的是新闻传播专业的学生，所以此处主要是分析本科与硕士研究生的相关数据差距。

③软件使用。

四种岗位的软件使用要求如图 1-1-26 所示。我们可以发现，产品和运营岗位对实习生的软件使用要求主要包括 Office 系列、Excel、Word、PS、Visio、Python、Axure、SQL、Xmind、Sketch、Java，而编辑和媒体岗位更加看重 PPT、Excel、PS、Word、AE、AI、Python、Xmind。

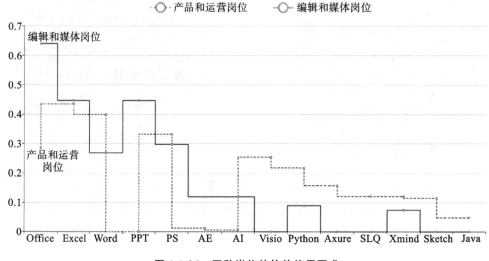

图 1-1-26　四种岗位的软件使用要求

所以，如果学生想要从事与产品和运营相关的工作，可以学一学 Visio、Xmind、SQL 等；如果想要进入编辑和媒体岗位，建议熟练掌握 PS、AI、PR、AE 等至少两种绘图或剪辑软件。另外，对于所有岗位来说，Excel 都是非常重要的，学生要尤其注意学习。

④薪资与福利。

a. 薪资箱型图。

四种岗位的薪资箱型图如图 1-1-27 所示。可以发现，产品和运营岗位的薪资分布基本上比媒体和编辑岗位要高。从城市来看，上海和广州的平均薪资水平高于其他城市，不过从最大值来看，北上广深并没有太大差别，只是最低薪资有较大差别。

另外，可以发现，在北京，媒体和编辑的岗位薪资均值高于产品和运营的岗位薪资，也就是说，实习记者这类岗位并不总是薪资很低，在一些转型互联网的媒体工作，同样可以获得比较好的实习薪资。

b. 福利词云。

四种岗位的福利词云如图 1-1-28 所示。整体来看，四种岗位的福利大同小异，基本是双休、地铁、弹性等。比较有特色的是，除去这三个关键词之后，产品岗位更注重班车、三餐、下午茶等福利，运营岗位更注重下午茶、健身房等福利，媒体岗位更看重团队氛围、周边，并支持远程实习。而编辑岗位有着最为明显的区别，其最主要的标签在于可以远程实习，次之才是双休、地铁等。

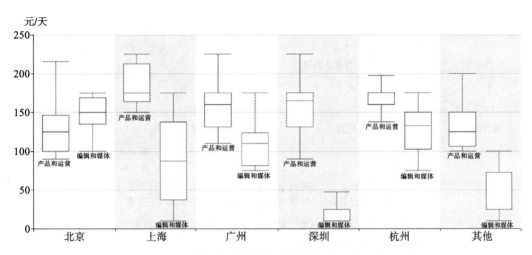

图 1-1-27　2020 年四种岗位的薪资箱型图（仅统计实习僧上的数据）

图 1-1-28　四种岗位的福利词云（从上到下、从左到右分别是产品、运营、媒体、编辑）

（四）匹配与平衡——当需求遇上供给

我们将供给端实际需要的能力与问卷中认为需要的能力和已经具备的能力运用雷达图的形式进行了对比（见图 1-1-29）。

六项指标由最初的问卷调查获取。传播专业的加分能力指技术编程能力，新闻专业的

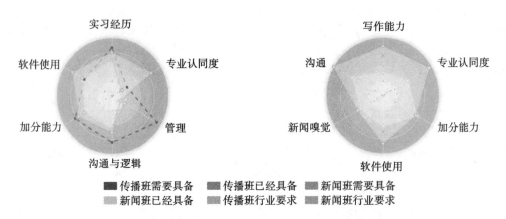

图 1-1-29　2018 级实习需要的能力认知、实际具备能力和行业要求能力雷达图（左为传播班、右为新闻和新闻评论班）

加分能力指 PS、PR、秀米等使用能力；传播班对应产品和运营相关岗位，新闻和新闻评论班对应媒体和编辑相关岗位。

可以发现，尽管学生普遍认为管理能力是传播班对口专业的必备能力，大实习岗位却并未对这个能力提出很高的要求。与此相对应的是，学生低估了岗位对软件使用的要求，而在这方面的实际能力上，也需要提升。

从新闻和新闻评论班学生的数据来看，六个指标都存在被低估的情况，尤其是沟通和软件使用两个指标。学生还需要加强对这两个方面的重视程度、提升相关能力。

（五）认知与准备——整合信息，指南提供的最优解：TF-IDF 分析

要想更好地与当前的实习岗位需求相匹配，学生到底需要具备哪些能力和哪些方面的素质呢？我们基于爬取的由 528 家用人单位发出的 5023 条实习招聘信息中的岗位能力要求部分进行了 TF-IDF 分析，以期找到在能力要求中具有较强重要性的关键词。

TF-IDF 分析法由康乃尔大学的杰拉德·萨尔顿（Gerard Salton）在 1988 年提出：词频 TF 为单词 t 在该文档中出现的次数，逆文本频数 $IDF=\lg(N/t)$，其中 N 代表训练集中的文本总数，代表出现 t 的文档数；以词频 TF 和逆文本频数 IDF 的乘积作为向量坐标系的值。TF-IDF 分析一般基于两条基本假设。其一，在一个文本中出现次数很多的单词，在另一个同类文本中出现的次数也很多，反之亦然。所以可以取词频 TF 作为测度的一部分来体现同类样本的特点。其二，采用逆文本频数作为词重要性的缩放因子，如果词 t 出现在许多文档中，其区分能力减弱，重要性也降低。TF-IDF 值与一个词在文档中的出现次数成正比，与该词在整个语言中的出现次数成反比。

在本研究中，我们提出如下假设：TF-IDF 值越高的词，为用人单位招聘相关岗位时越看重的能力指标。

图 1-1-30 为编辑岗位能力要求 TF-IDF 分析结果。根据图中数据可以发现，在编辑岗位招聘的能力要求当中最重要的词是"实习"，同时"经验"一词的重要性排名也相对靠前，这表明用人单位在招聘实习编辑时非常看重应聘者过往的实习经历，有相关实习经历和实习经验的应聘者入选概率更大。"媒体"一词也较为重要，表明有媒体经验或者比较了解媒体

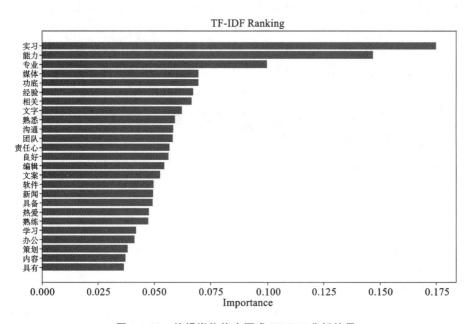

图 1-1-30　编辑岗位能力要求 TF-IDF 分析结果

的应聘者也具有很大的优势。

通过图中数据可以总结出如下结论：在招聘实习编辑时，用人单位注重个人的实习经历和文字功底、文案编辑能力，还要求应聘者具有较强的责任心，热爱新闻事业。

图 1-1-31 为运营岗位能力要求 TF-IDF 分析结果。根据图中数据可以发现，虽然"能力"和"实习"依然具有遥遥领先的重要性，但比较而言，运营相关岗位更看重个人能力而不是过往的实习经历。同时，运营岗位还非常强调个人的沟通能力和责任心，熟练地运用相关技能也成为运营岗必不可少的条件。

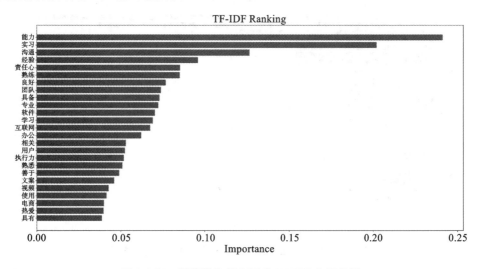

图 1-1-31　运营岗位能力要求 TF-IDF 分析结果

通过图中数据可以总结出如下结论：在招聘运营相关的实习岗位人员时，用人单位注重应聘者的沟通能力,要求应聘者熟练掌握相关技能,具备一定的文案写作和视频制作能力。

图 1-1-32 为媒体岗位能力要求 TF-IDF 分析结果。根据图中数据可以发现,媒体相关的实习岗位相当注重应聘者的过往实习经历,而个人能力也相当重要。

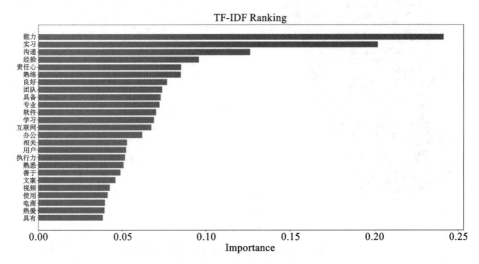

图 1-1-32　媒体岗位能力要求 TF-IDF 分析结果

通过图中数据可以总结出如下结论:在招聘媒体相关的实习岗位员工时,用人单位注重应聘者的沟通能力和团队合作能力,要求掌握相关软件技能,并具有视频制作经验。

图 1-1-33 为产品岗位能力要求 TF-IDF 分析结果。根据图中数据可以发现,相比实习经历,产品相关实习岗位更加看重个人能力,沟通能力、团队精神也是产品相关实习岗位从业人员所必不可少的素质。同时,产品相关项目经验也是用人单位非常看重的因素。

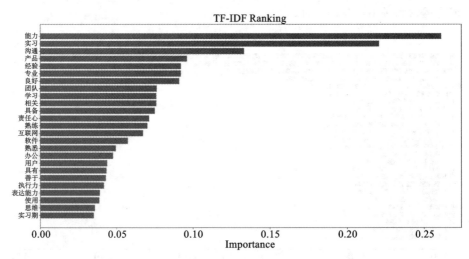

图 1-1-33　产品岗位能力要求 TF-IDF 分析结果

通过图中数据可以总结出如下结论:在招聘产品相关的实习岗位人员时,用人单位注重应聘者的沟通表达能力和逻辑思维能力,要求具备较高的执行力和产品相关实习经验。

三、总结与心得

新闻传播学专业学子大实习指南是一份以解决问题为导向的调查报告。我们在阐释研究结论时,也将采用问题导向的形式。

(一)能力技能:大厂最看重哪些因素?我要去做哪些工作?我能力够吗?

对于这些问题,我们将分别针对产品、运营、编辑、媒体岗位得出结论。

1. 产品岗位

产品岗位人员最主要的职责与产品息息相关,包括整体研究、策划、设计、完善产品等,次之还与用户、数据、项目、业务接触较多;从岗位要求上看,对产品研究、运作、设计等能力有着较高要求,此外对数据的挖掘分析和处理能力、与用户进行沟通交流的能力、思维能力等也是必不可少的。

2. 运营岗位

运营岗位的工作内容与用户、数据、产品、内容息息相关;要满足运营岗位要求,必须有过硬的专业技术和技能,还要有数据提取分析处理能力、团队协作能力以及对软件和用户的深度了解和掌握力等。

3. 编辑岗位

编辑岗位主要是对内容接触最多,甚至整天都在审阅、修改不同的文案内容或编辑、撰写内容,编辑岗位与媒体接触较多;要满足编辑岗位要求,就要多积累实习经验,同时有深厚的文字功底和编辑能力、良好的团队协作精神等。

4. 媒体岗位

媒体岗位也与内容有紧密的联系,同时非常注重视频和策划能力;通过媒体相关岗位的能力要求,可以看出公司对从业人员的经验最为看重,此外是策划、视频、媒体、内容、新闻,对这些能力的要求都非常高。

(二)城市分布:哪些城市岗位比较多?大家主要在哪些城市实习?

从实习岗位供给端来看,总的来说,北京、上海、广州、深圳、杭州、成都等地对于编辑、产品、媒体以及运营等传媒类人才的需求量较大。结合 2017 级学生的实习情况可以发现,2017 级传播专业和新闻专业学生的实习地点集中在北京、上海等发达地区,但受当时新冠疫情的影响,进行线上实习的学生也有很多。

(三)专业学历:拥有双学位会不会更有优势?很多岗位都要求具有硕士研究生以上的学历吗?

在就业市场上,新闻传播学专业人才的竞争优势并不是特别明显,指定新闻传播学专业或者优先考虑新闻传播专业的岗位仅占可选择岗位的 10% 左右。双学位相比单一的新闻传播专业学位的确存在一定的优势,但针对不同类型的岗位也有所不同。产品与运营岗位面向的专业更多地偏向于计算机、英语、金融;而媒体和编辑岗位主要面向新闻专业,其次是英语、中文专业。

在分析岗位的学历要求时,我们发现实习岗位整体而言对学历的要求并不高。尤其是硕士研究生学历,只有编辑岗位有一定数量的硕士研究生学历要求,其他行业对本科和大专学生的需求量相对更高。

(四)薪资问题:一般来说大实习的薪资是多少?实习记者一定是"倒贴"的吗?

实际上,的确有很多媒体单位的实习记者是没有任何薪资补贴的。但我们根据爬取的数据得出的四种岗位的薪资箱型图显示,大部分实习岗位日薪在 50~200 元这一范围,只有部分产品、运营相关岗位日薪超过 200 元。同时,产品与运营岗位的薪资基本上比媒体与编辑岗位高。

总之,新闻传播专业学子大实习指南是偏向描述性的数据挖掘,期望通过对 2017 级新闻传播专业学子实习情况的总结以及 2018 级新闻传播专业学子当下需求端和供给端的调查,使得新闻传播专业的学生更好地了解就业市场的需求情况,了解所期望岗位的具体要求和工作职责,进而做出更适合自己的选择,找到更适合自己的就业方向,更好地度过大实习这段宝贵的实践时光。

第二节 "小破站"里的学习人——数说 B 站知识区

一、引言

B 站(Bilibili)是一个神奇的视频社区,它为各种亚文化提供了生长的土壤,同时知识区的上线使得泛知识内容成为热门。它也成为"你感兴趣的知识都在 B 站"的多元化社群,"我在 B 站搞学习"在年轻人中蔚然成风。

2019 年 4 月,央视网发布的相关文章和数据指出,过去一年,超过 1827 万人在 B 站学习,相当于 2018 年高考人数的 2 倍。而 2019 年泛知识学习类内容的观看用户数突破五千万,接近 2019 年高考人数的 5 倍。新冠疫情期间,B 站更是成为上海市教育委员会指定的网络学习平台之一,为全市中小学生提供大量免费优质课程;同时,B 站联合清华大学、北京大学光华管理学院、学而思网校等上百家高校和知名教育机构,上线"B 站不停学"课程专题,提供涵盖从小学到高中的教育课程,计算机、会计、教师资格证等成人专业课,还有科普人文、艺术赏析等各类兴趣课堂,满足用户多元化的学习需求;众多高校教师的网络课堂,也以 B 站为平台进行直播授课。在 B 站,众多用户成为近在咫尺的同学。

2020年6月5日，B站正式上线一级分区——知识区。通过前期调研我们发现，B站已经成为很多人日常生活中必不可少的学习平台。华中科技大学的师生也通过B站进行授课或学习，比如居家上网课期间，熊硕老师通过B站为传播班讲授"游戏学导论"；再如，新闻学专业和广告学专业的学生通过B站的课程录屏进行复习。

那么，B站这个"学习网站"到底做了什么？B站的"学习人"形象有什么突出特点？这一节我们将对B站的知识区进行数据挖掘，分析其中蕴含的奥秘，探究当下年轻人在B站的学习偏好，折射年轻人的兴趣点与社会发展热点，反思B站知识区的现状，并对其进行批判性思考。

二、数据描述

我们综合运用Python、八爪鱼和Web Spider等数据挖掘工具，对B站知识区演讲、公开课和野生技术协会三个频道的热门视频进行爬取，获得了13374条视频的一手数据，包括视频名称、网址、播放量、点赞量、收藏量、投币量、弹幕数、发布时间、作者名称和标签信息。所得数据中，视频推出的时间跨度为2012—2020年，但受推荐算法影响，大部分视频于2019—2020年推出。

我们整合了演讲和公开课两个频道的7521条视频来研究大学、学科两个板块的视频信息。先人工核对，删除了583条虽然被归类于演讲和公开课频道，但内容显然与此无关的视频，最后剩下6938条。

对于大学板块，将信息导入Excel进行分析。与大学相关的绝大多数视频会在名称中带有"××大学"字样，如"北京大学变态心理学"。先以"大学"为关键词在视频名称栏中进行搜索并提取所有视频，再用"大学""校园""课堂"等关键词在标签栏中检索，接着将数据整合到一个Sheet中进行去重，最后依据每个视频完整的标题、标签信息，人工逐一剔除与大学无关的视频。在这个过程中如果遇到无法由爬取信息做出归类判断的视频，就点开网址进行核对。最后进行播放量的排序。

对于学科板块，最重要的是将所有视频进行学科分类，这一点主要依据的是视频的标签信息。我们先提取所有的标签，由于标签有的完成了分词，有的没有，因此需要先将其分词再根据词频进行分类。同时，由于B站的标签可以由用户自行设置，很多标签表述不同但类属同一学科，这就需要进行人工分类整合，这也是本次数据挖掘过程中碰到的最棘手的问题。将所有视频进行整合后，提炼出生物、教育、自然、物理、心理学、数学、地理、计算机编程、语言类、化学、社会、历史、法律、机械、经济、自动化与人工智能、音乐、环境、材料、哲学、医学、航空航天等20多个学科。依据其总播放量进行排序，并提取出前十。

与演讲和公开课两个频道相似，我们在野生技术协会频道提取已有资料在清洗之后剩余的5044条视频标签，完成分词并分类整合。但由于野生技术协会门类非常复杂，绝大多数标签用语通过R语言自带的词典识别不出来，如"手办模玩""技术宅""KEROSAN"等。而网上也并没有现成的B站相关词典来分词，因此我们爬取了B站超过1000个频道的名称，并对其进行人工补充。由此整理出热门分类用以完成后续的数据整合和可视化呈现。

同时,分别爬取总播放量排名前五的学科和两项代表性野生技术中播放量排在前三的视频弹幕,平均每个种类 25 页的弹幕数,绘制词云。为了明确研究学习的在场情况,我们从知识区热门 UP 主排行中随机抽了 6 位,并爬取了他们每人最热门的视频弹幕。由于 B 站会定时清理弹幕,我们没有爬取到每个视频中所标记的弹幕量。其中,罗翔老师"N 号房的罪与罚"有 22234 条,毕导"难言之隐!上厕所时如何科学压住水花,防止屁屁被溅湿?"有 26431 条,戴建业"苏轼悼亡妻《江城子》,我每次读都很难受"有 6530 条,"思维实验室""安史之乱有多可怕!"有 20854 条,宋浩"《高等数学》同济版(第一章)"有 15423 条,"硬核的半佛仙人""瑞幸咖啡是如何暴打资本主义的?"有 49112 条。最后整合,利用 Excel 排列组合比对 ID。

为了明确研究学习的持续性,我们爬取了十个不同学科内播放量最大的系列视频的第一集、倒数第二集和最后一集弹幕数,整合得出各自的占比。

三、可视化与分析

在对数据进行预处理后,我们主要围绕以下三个问题进行了数据描述、可视化与分析。

(一)在 B 站知识区能学到什么?

1. 这些大学最受欢迎

针对知识区的演讲和公开课频道的 6938 条视频,我们分类统计出 44 个大学,依据它们的视频数量绘制了大学词云(见图 1-2-1)。

图 1-2-1 依据视频数量得到的大学词云

从图中可以看到,清华大学、复旦大学、北京大学、浙江大学、耶鲁大学[①]的视频数量显著,多数大学视频数量仅为 1~2 个。

之后,我们在 44 所大学中选取视频数量大于 2 的 13 所大学,绘制视频数与播放量,即三个维度的双条形图(见图 1-2-2)和气泡图(见图 1-2-3)。

从图中可以清晰地看到,视频数量由多到少排序为:清华、复旦、北大、浙大、耶鲁、牛津、

---

① 这里跟图片对应用全称,后文出现相关介绍时都用的简称。

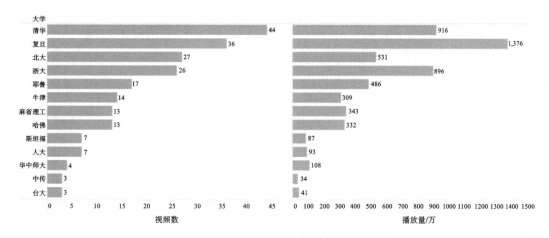

图 1-2-2　你可以听哪些大学的演讲和公开课

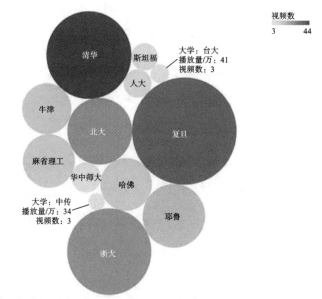

图 1-2-3　你可以听哪些大学的演讲和公开课

麻省理工、哈佛、斯坦福、人大、华中师大、中传、台大。

总播放量由多到少排序为：复旦、清华、浙大、北大、耶鲁、麻省理工、哈佛、牛津、华中师大、人大、斯坦福、台大、中传。

结合两种类型的图，可以发现复旦的视频数量位列第二，播放量却排行第一，浙大和华中师大也是异军突起，凭借较少的视频数，获得了较高的总播放量。

之后，我们根据13所大学的所有视频播放量绘制小提琴图（见图1-2-4）和箱型图（见图1-2-5）。从图中可以看到，绝大多数大学的演讲和公开课的播放量都处在较低的水平，高播放量的依然是少数。其中华中师大的四个视频播放量分布最为平均，戴建业老师为其主力。图中还显示出四个明显的离散值，即几个爆款视频，复旦的顶流由知名UP主老番茄带动。浙大求是特聘教授郑强老师很受欢迎。耶鲁大学播放量最高的是与死亡相关的哲学课。

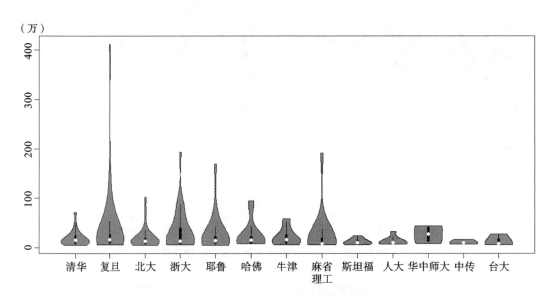

图 1-2-4　大学公开课和演讲的播放量

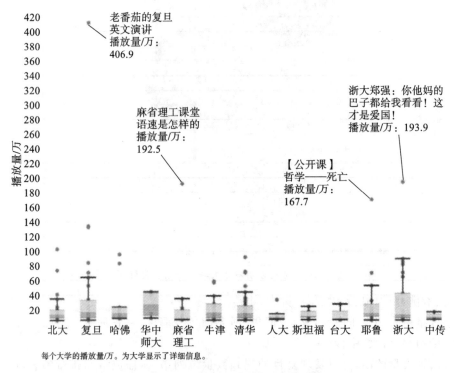

图 1-2-5　大学公开课和演讲的播放量

在剔除上述四个离散爆款后,再次绘制箱型图(见图 1-2-6)。

从图 1-2-6 中可以更明显地看出,北大、复旦、哈佛、清华仍有较多的离散值。各大学视频播放量的中位数值由大到小排序如下:华中师大、复旦、牛津、哈佛、清华、耶鲁、浙大、北大、斯坦福、人大、中传、麻省理工、台湾大学。

综上,华中师大作为一所"平凡的 211"大学,在视频数少的情况下,却能每个视频都获得

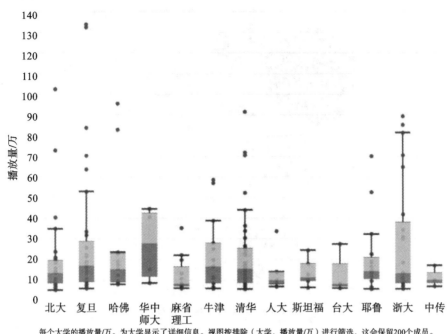

图 1-2-6 大学公开课和演讲的播放量

高关注度。复旦爆款与总播放量均最多,整体播放量也比较高。

2.这些学科最受欢迎

针对知识区的演讲和公开课频道 5952 个视频,分类统计出 20 种学科类型。依据它们的视频数量、总播放量绘制双条形图(见图 1-2-7)和气泡图(见图 1-2-8)。

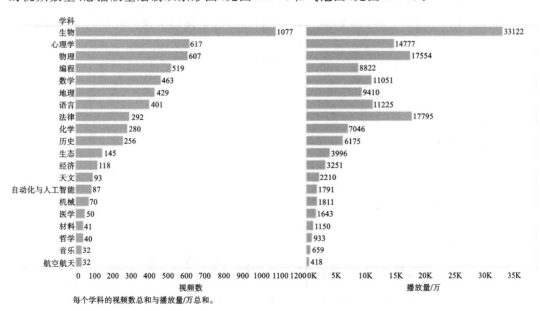

图 1-2-7 知识区的学科分布

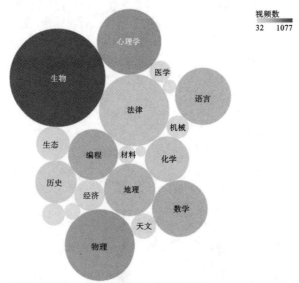

颜色显示视频数总和。大小显示播放量/万总和。按学科进行标记。

图 1-2-8　知识区的学科分布

由图可知,视频数由多到少排序为:生物、心理学、物理、编程、数学、地理、语言、法律、化学、历史、生态、经济、天文、自动化与人工智能、机械、医学、材料、哲学、音乐、航空航天。

播放量由多到少排序为:生物、法律、物理、心理学、语言、数学、地理、编程、化学、历史、生态、经济、自动化与人工智能、机械、医学、材料、哲学、音乐、航空航天。

可以发现,这些视频涵盖文科与理工科。生物的视频数和播放量都最多,推测与研究这一年的新冠疫情有关。法律的视频数位列第八,播放量却排行第二。

之后,依据播放量排名前十的学科的所有视频,绘制小提琴图(见图1-2-9)和箱型图(见图1-2-10)。从图中可以看到,绝大多数学科视频的播放量都集中在一百万以下,但都有一

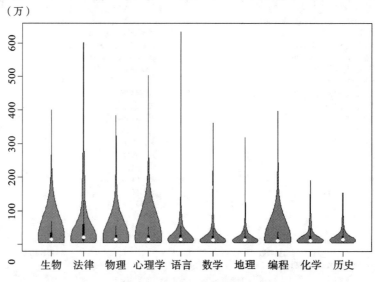

图 1-2-9　不同学科视频的播放量(小提琴图)

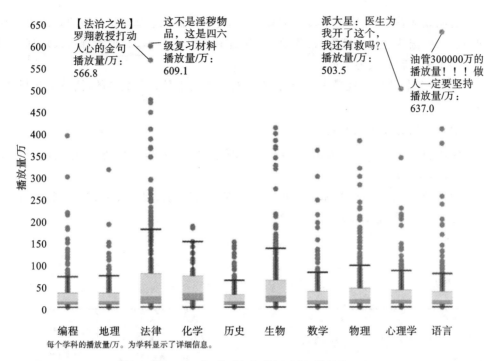

图 1-2-10　不同学科视频的播放量（箱形图一）

些"头部"。化学和历史较为落后。箱型图显示出四个明显的离散值，而这几个学科都属于文科大类。结合图 1-2-8 可以发现，法律的高播放量的重要贡献者为罗翔老师。

剔除四个显著的离散爆款后，再次绘制箱型图（见图 1-2-11）。

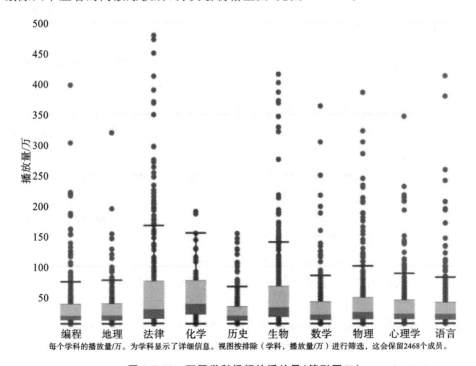

图 1-2-11　不同学科视频的播放量（箱形图二）

可以更明显地看出，几乎每个学科都有很多离散值，都不乏受到高关注的好课程。其播放量的中位数值按从大到小排序为：化学、生物、法律、物理、数学、心理学、语言、地理、历史、编程。化学出乎意料地最为平衡。

综上，法律在B站里表现最为亮眼，虽然其视频数并不是数一数二的，播放量却很高，且爆款多。

3. 在B站还可以学到这些技能

在传统内容之外，B站知识区还有一个特别的频道——野生技术协会，提供民众自发的技能教学和特殊技能分享。

针对爬取的5044个野生技术协会视频的标签，绘制词云（见图1-2-12）。剔除与技能无关的标签后再次绘制（见图1-2-13）。

图1-2-12　野生技术协会视频标签词云(1)　　图1-2-13　野生技术协会视频标签词云(2)

词云显示"手办""模型""动画""玩具"一类重度娱乐项目占据了绝大部分空间。这一情况也和野生技术协会初始发展相关，也可以从中得知，男生是这个频道的主力军。

剔除无关标签后再次进行分类，归纳并挑选20种技术门类，并依据它们的视频数和播放量绘制双柱状图（见图1-2-14）和气泡图（见图1-2-15）。

由图可知，视频数从多到少排序为：手办模玩、科技、数码、机械、游戏、手工、视频剪辑、修图、摄影、乐高、建模、日语、编程、英语、绘画、电竞、魔术、魔方、ppt、可视化。

播放量从多到少排序为：手办模玩、科技、手工、数码、机械、游戏、视频剪辑、摄影、编程、修图、乐高、建模、魔方、日语、英语、电竞、魔术、ppt、可视化。

其中，手办模玩视频数和播放量都最多。手工的视频数位列第六，播放量位列第三。

针对播放量排名前十的技能的所有视频播放量，绘制小提琴图（见图1-2-16）和箱型图（见图1-2-17）。

从图中可知，大部分视频的播放量都集中在下半部分。手工的爆款最多，主要贡献者是昵称为"才浅学殊的才浅"的UP主。可见技术宅峰起。

剔除四个极端离散爆款后，再次绘制箱型图（见图1-2-18）。

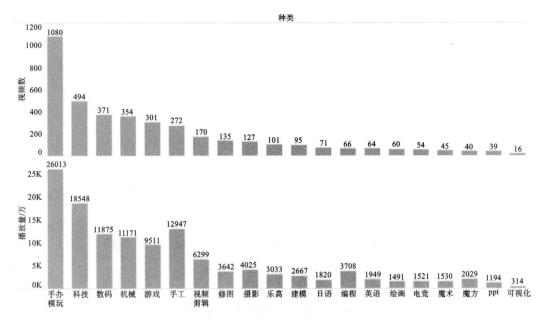

图 1-2-14 野生技术协会视频可以学到的技能双柱状图

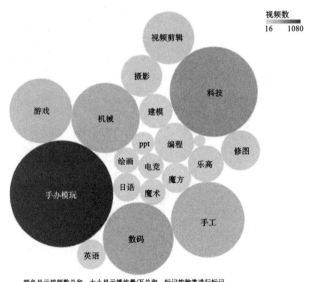

图 1-2-15 野生技术协会视频可以学到的技能气泡图

可以更明显地看出，每项技能都有很多离散值，都不乏受到高关注的好视频。其播放量的中位数值由大到小排序为：编程、视频剪辑、科技、手办模玩、手工、机械、数码、摄影、游戏、修图。编程是其中最为亮眼的一项技能，也可以从中感受到，编程成为许多人的必备技能。同时，视频剪辑也成为年轻人越来越感兴趣的技能。

综上，在野生技术协会频道，娱乐技能的受关注度要远远高于其他技能，但编程和视频剪辑这类实用技能有更加稳定的播放量。

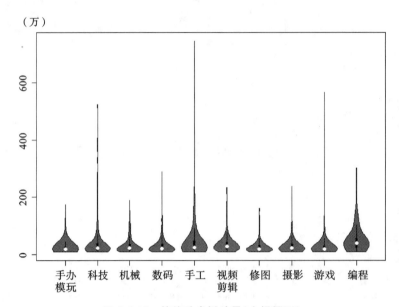

图 1-2-16 技能种类播放量（小提琴图）

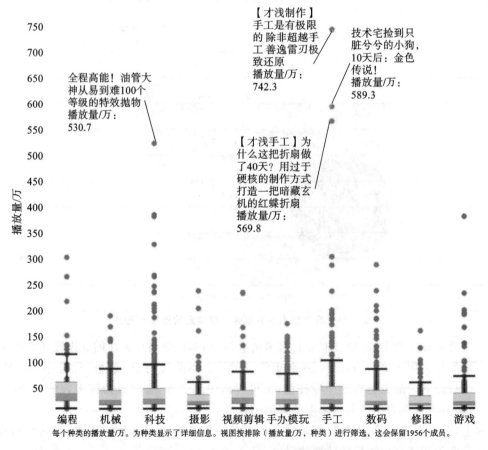

图 1-2-17 技能种类播放量（箱形图一）

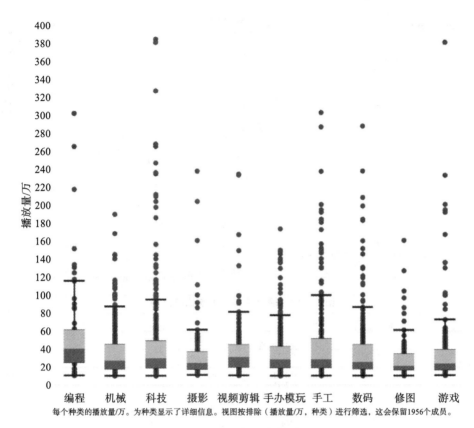

图 1-2-18　技能种类播放量(箱形图二)

(二)在 B 站知识区,你可能会有哪些学习习惯?

1. 那个"白嫖怪",说的是不是你?

对所收集的 13374 条视频的播放量和点赞收藏投币量进行回归分析,得到如图 1-2-19 所示的散点图。

可以看到,该图的左半边出现了一个高得离谱的异常值,这是五四青年节 B 站自己推出的"后浪"演讲视频。为了更好地观察大部分的视频,我们将这个异常值隐藏。隐藏后可以看到,随着年份增加,人们对视频的点赞反馈度变高。

图 1-2-20 为播放量和收藏散点图,从中可以看到,人们对视频的收藏反馈度与年份无明显关系。

图 1-2-21 为播放量和弹幕散点图。从图中可以看出,人们对视频的发弹幕反馈度与年份无明显关系。

图 1-2-22 为播放量和投币散点图。从图中可以看出,随着年份增加,人们对视频的投币反馈度变高。

图 1-2-23 为一键三连反馈度对比图。一般认为,斜率越高,就越容易产生这方面的反馈。从先前的播放量和投币散点图可以发现,虽然从纵向进行比较,可以发现随着年份增加,人们对视频的投币反馈度变高;但从横向进行比较,一键三连反馈度对比图中人们对视

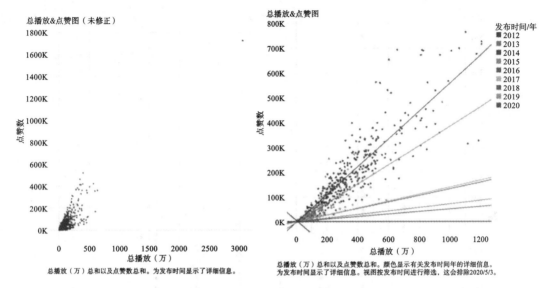

图 1-2-19　播放量和点赞收藏散点图

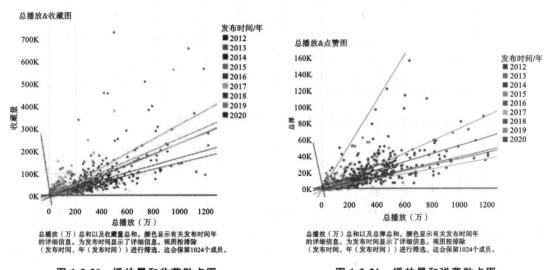

图 1-2-20　播放量和收藏散点图　　　　图 1-2-21　播放量和弹幕散点图

频的投币反馈度仍低于点赞和收藏。

2. 你可能会和多少人连续当同学？

对比百万博主的粉丝重合度工程量太大，本案例试图通过弹幕来反映不同视频下学习人的在场情况。我们在知识区的头部UP主中随机抽取了不同领域的6位代表，并逐一爬取了他们热门和最新视频中的全弹幕；接着，依据弹幕的所属UP主，将弹幕分类整合并两两比对。

不同UP主的弹幕ID重合度桑基和弦图如图1-2-24所示。总体来看，受众与其他UP主重合的总可能性由高到低排序为："毕导"、"硬核的半佛仙人"、"思维实验室"、罗翔、宋浩、戴建业。

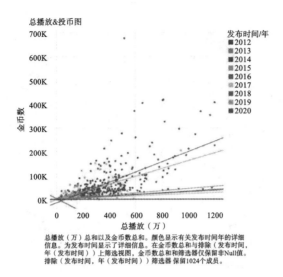

图 1-2-22 播放量和投币散点图

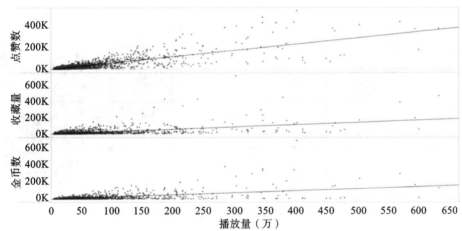

图 1-2-23 一键三连反馈度对比图

如图 1-2-25 所示,喜欢用科学胡说八道的"毕导"和热点事件段子手"硬核的半佛仙人"的在场学生重合度最高,和线性代数网红教师宋浩重合度相对最低。总的来说,"毕导"的受众范围是这几人里分布最广泛的。

如图 1-2-26 所示,"硬核的半佛仙人"和"毕导"的受众重合度最高,和武汉网红文学老教师戴建业的在场学生重合度最低。

如图 1-2-27 所示,"思维实验室"和"硬核的半佛仙人"的受众重合度最高,和武汉网红文学老教师戴建业的在场学生重合度最低。

如图 1-2-28 所示,罗翔和"硬核的半佛仙人"的受众重合度最高。这可能与他们两个的视频内容所共有的社会性特点相关。

如图 1-2-29 所示,宋浩和戴建业的在场学生重合可能性最低。

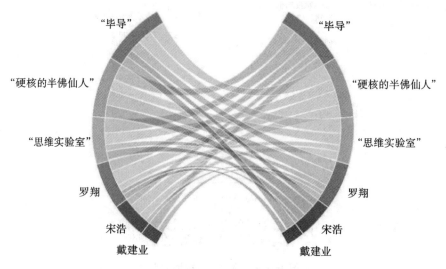

图 1-2-24　不同 UP 主的弹幕 ID 重合度桑基和弦图

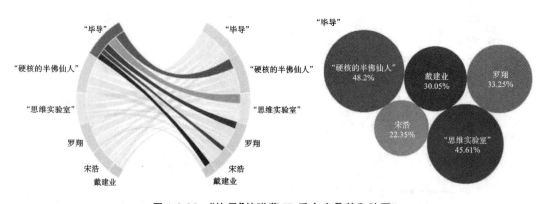

图 1-2-25　"毕导"的弹幕 ID 重合度桑基和弦图

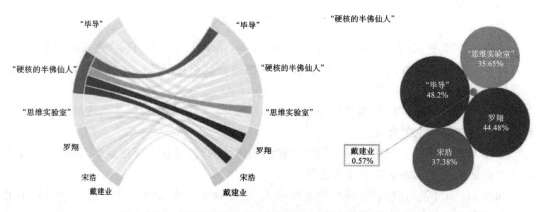

图 1-2-26　"硬核的半佛仙人"的弹幕 ID 重合度桑基和弦图

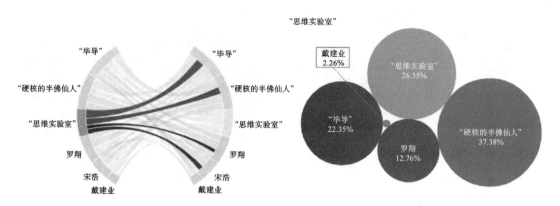

图 1-2-27 "思维实验室"的弹幕 ID 重合度桑基和弦图

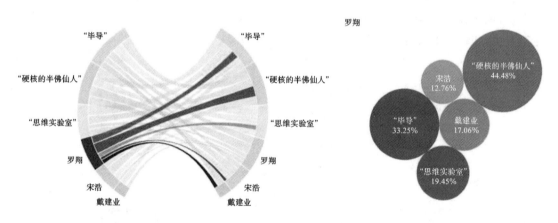

图 1-2-28 "罗翔"的弹幕 ID 重合度桑基和弦图

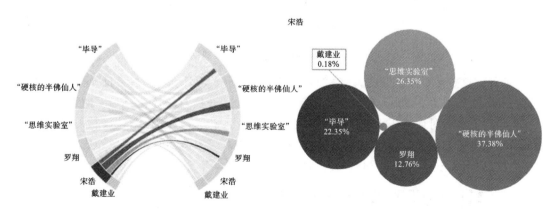

图 1-2-29 宋浩的弹幕 ID 重合度桑基和弦图

如图 1-2-30 所示,戴建业同"毕导"的在场学生重合可能性相对其他人而言最高。

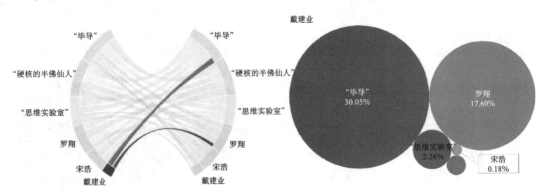

图 1-2-30　戴建业的弹幕 ID 重合度桑基和弦图

为了更清楚地观察在场情况,我们提取了 2020 年 6 月 23 日戴建业老师"苏轼悼亡妻《江城子》,我每次读都很难受"视频当天的弹幕,以该视频更新到 24 时为时间长度,与"毕导"热门视频"难言之隐!上厕所时如何科学压住水花,防止屁屁被溅湿?"同时段的弹幕 ID 进行对比,并绘制了实时受众重合度韦恩图(见图 1-2-31)。

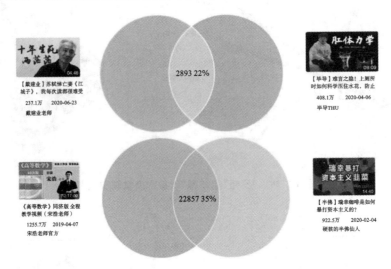

图 1-2-31　实时受众重合度韦恩图

两个视频当日的弹幕 ID 总计 13281 条,其中有 2893 条 ID 重合,占当日弹幕数的 22%。也就是说,当天至少有 2800 人一边感受戴建业老师的"心痛",一边在"毕导"的科学分析中认真学习"上厕所时如何压水花"。同理,我们随机抽了 2020 年 2 月 4 日"硬核的半佛仙人"的"瑞幸咖啡是如何暴打资本主义的?"的当日弹幕 ID,与宋浩当日的《高等数学》同济版"进行对比后发现重合人数为 22857,占总弹幕数的 35%。

(三)在 B 站知识区,你真的有好好学习吗?

1. 在知识区,大家都在说什么?

针对野生技术协会频道中的编程类视频弹幕与演讲和公开课频道中的法律学科、生物学科的视频弹幕分别制作词云并进行对比。

如图 1-2-32 所示,编程类视频弹幕中提及最多的是"从入门到放弃""去我的收藏夹吃灰吧"。而演讲和公开课里的法律相关视频中弹幕最多的则是"哈哈哈""我悟了""泪目""谢谢老师"(见图 1-2-33)。生物学科相关视频弹幕最多的则是"下次一定""泪目""万了""卧槽"等(见图 1-2-34)。这在一定程度上反映了公众对于这些学习类视频的娱乐化态度。

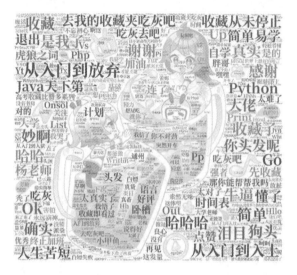

图 1-2-32　编程类视频弹幕词云

图 1-2-33　法律学科视频弹幕词云

图 1-2-34　生物学科视频弹幕词云

同理,对野生技术协会频道中视频剪辑相关视频弹幕与演讲和公开课频道中的心理学、语言类的视频弹幕制作词云并进行对比。如图 1-2-35 所示,视频剪辑相关视频弹幕中出现最多的是"学到了""感谢""懂了""谢谢""哈哈""你币有了"等。如图 1-2-36 和图 1-2-37 所

图 1-2-35　视频剪辑相关视频弹幕词云

图 1-2-36　心理学相关视频弹幕词云

图 1-2-37　语言相关视频弹幕词云

示,演讲和公开课频道的心理学相关视频弹幕中出现最多的则是"谢谢""害怕""真实""钟"等;语言类相关视频弹幕中出现最多的则是"加油""等我""内向"等。

2.在知识区,你坚持学完了多少课程?

为了更清晰地展示排名前十的学科系列视频不同集数的弹幕数比,本案例整理出热门学科播放量最大的系列视频,分别提取第一集、倒数第二集和最后一集的弹幕数,得到如图 1-2-38 所示的弹幕百分比堆叠图。

可以看到,弹幕数第一集占比高得离谱,而到了倒数第二集跌到最低,最后一集可能因为部分人的完结打卡心理,有了一点回升。这说明大多数人在 B 站学习的持久性不强。

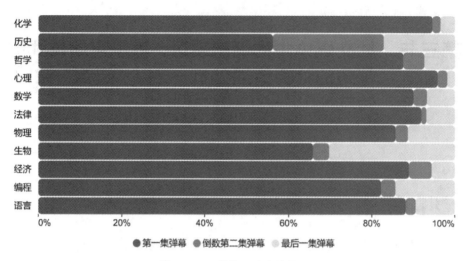

图 1-2-38　弹幕百分比堆叠图

四、结论与反思

通过本次数据挖掘,我们发现国内的清华、北大、复旦、浙大、华中师大,国外的耶鲁、牛津等大学较受学习者欢迎。其中复旦爆款最多,整体播放量也都较高。而华中师大在视频数较少的情况下,却能每个视频都获得高关注度,这在很大程度上得益于其网红老教师戴建业。学科方面,法律在 B 站里表现得最为亮眼,主要贡献者是罗翔老师;生物有最高的视频数与总播放量。

在野生技术协会视频中,手办模玩、手工、游戏等娱乐技能受关注度远高于其他技能。但编程、视频剪辑这两项实用技能也有较为稳定的播放量。

在 B 站学习的习惯方面,学习人往往偏向于"白嫖"。而"白嫖"行为与发布年代之间的相关性不明显,这说明"白嫖"行为并没有随着时代的发展而减轻(当然,这个结论存疑,因为所收集的视频数据集中于 2019 年和 2020 年)。

在学习持久度方面,学习者的表现与现实生活中相似,往往不能认真地坚持走完全程,通常第一节课满腔热情,但学着学着人就不见了,而最后一节课出于完结打卡心理(线下则是因为考前划重点)再次回到课堂。

在学习态度方面,据弹幕词云显示,学习者总是把"从入门到放弃""去我的收藏夹吃灰吧""哈哈哈""下次一定"等表达挂在嘴边,反映出学习者对这些学习类视频的娱乐化态度。

由此,我们可以得出一个可能不大权威的结论——在 B 站,娱乐属性仍然远远超过知识性,知识和娱乐之间的界限依然存在。在当今这个泛娱乐化社会,泛知识能否真的实现知识性,是 B 站这个让知识和娱乐进行碰撞的网站进一步发展知识区以及人们在 B 站学习时所需要思考的。

第三节　社交媒体中的情感表达：基于互动仪式链视角的计算传播分析——以"走饭"微博转发（2017—2021）为例

一、引言

2017年世界卫生日的主题是"一起来聊聊抑郁症"，这说明抑郁症问题已经成为一个极为严重的国际社会问题。这一年，世界卫生组织指出，抑郁症将在2020年成为全球最为流行的疾病之一，仅次于缺血性心脏病。关于抑郁症是如何产生的，社会文化视角下的相关理论认为：抑郁症起源于社会文化建构，主要表现为社会文化建构观点和知识发展观点。简单来说，社会文化环境的变迁与抑郁症的发展有着极其紧密的关系。全球个体化已是大势所趋，这要求每个人都比之前更有竞争力，个体面临更大的压力；同时，网络时代进一步激发了个体的物质欲望，鼓励个体追求自由、实现自我。强大的竞争压力与强烈的消费欲望使个体心理冲突愈发严重，也比之前更容易产生焦虑情绪、否定自我。这是关于抑郁症产生根源的一种解释。

中国的抑郁症问题同样严重。在2017年的相关统计中，中国已有超过九千万名有记录的抑郁症患者，考虑到一些患者没有记录，实际患者可能更多。在中国的自杀原因中，抑郁症排在首位。除了全球个体化趋势影响外，中国正在经历前所未有的大变局，处于社会大发展的时期。经济发展和社会建构的过程带来了大机遇，也为个体带来了更大的压力。与不容乐观的情形相对应的，是社会公众对抑郁症的不熟悉和不了解。长期以来，抑郁症患者一直以"他者"的形象出现在公众视野中。"他者"是与"自我"相对的概念，指自我以外的一切人与事物。他者往往由于各种历史和现实因素被边缘化、属下化，失去话语权，产生自卑感。

互联网突破了时空界限，创造了一个公共的虚拟空间。这个空间并非现实空间的直接映射，而是拥有自己的规则。我们在这个虚拟空间里可以听见彼此的表达，看见彼此的身影。互联网扩展了个体表达自我的途径，为人们提供了前所未有的互动可能。网络互动不仅给人们带来心理上的影响，从长远上看，它也会带来人群的分化，形成不同的网络群体。网络群体在一定程度上源于现实中的社会结构或人际关系，但是微博、微信等社交媒体进一步模糊了现实与虚拟空间的边界，传统的面对面的社会关系弱化，人们可以通过社交媒体寻找拥有共同利益和兴趣的人群，形成超越现实社交关系的网络群体。这些网络群体在表达与互动的过程中，会逐渐形成一种整体的氛围与心态。长期以来由掌握话语权的媒体所报道的"他者"——抑郁症群体，也可以通过社交媒体表达"自我"，寻求认同，形成网络群体。抑郁症群体的自我表达不仅可以让其纾解自己的情绪，还可以让公众更加深入地认识抑郁症。

互动仪式是人类最基本的活动,也是一切社会现象的研究基点。社会中的大部分现象都是通过人们的相互交流以各种互动仪式形成和维持的。美国著名社会学家兰德尔·柯林斯的互动仪式链理论为我们分析抑郁症群体在社交平台上的传播行为提供了很好的分析工具。互动仪式链的基础和核心是互动仪式。互动仪式链模型如图1-3-1所示。所谓互动仪式,指的是小范围内即时即地发生的面对面的人际交流,是生活世界中人与人之间最寻常不过的交往仪式。

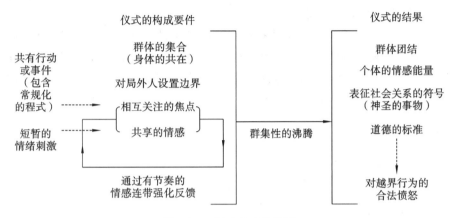

图 1-3-1　互动仪式链模型

根据柯林斯的观点,互动仪式是一组具有因果关联与反馈循环的过程,其发生需要具备以下四个要素:一是两个或两个以上的人聚集在同一场所;二是对局外人设定了界限;三是人们的注意力集中在共同的对象或活动上;四是人们分享共同的情绪或情感体验。这些要素共同作用,形成反馈循环,并且当它们有效综合,积累了较高程度的相互关注与情感共享时,互动参与者就会产生以下体验:一是群体团结;二是产生个体的情感能量;三是产生代表群体的符号或"神圣物";四是产生维护群体、尊重群体符号的道德感。由此可见,互动仪式核心的形成会经历一个随时间推移的过程,在该过程中,互动参与者发展出共同的关注焦点,并相互感受到彼此的微观节奏与情感,随之形成一套完整的互动仪式链模型。

二、研究问题和研究方法

转发,即直接将原微博转发到自己的微博主页,并选择是否附带转发文字对原微博做出回应。微博是一种以内容为连接纽带的社会网络,这种传播结构也意味着每一个链条都是一条传播的通道。美国社会学家欧文·戈夫曼认为,当个体说话的时候,就建构了一个"话头",它是互动和对话的根基。微博互动本质上也是一个对话过程。既然是对话,就必须有实质性的互动,即围绕各种"话头"展开互动,这在微博中表现为各类消息的转发和评论。与评论不同,转发将原微博转发到他人的微博主页,使得消息进一步传播,在一定程度上拓展了互动的空间。方便快捷的转发能够保证以原微博的内容为纽带中心,将外界信息随时随地吸收进来,更容易形成持续刺激。

本案例将网友"走饭"的微博转发区作为观察网络抑郁症群体互动仪式的窗口。"走饭"

是一位普通的抑郁症患者,她使用微博平台与他人交流。2012年3月18日,"走饭"通过皮皮时光机发出以下微博:"我有抑郁症,所以就去死一死,没什么重要的原因,大家不必在意我的离开。拜拜啦。"第二天,经江宁公安工作人员证实,这位"90后"的女生已经自杀身亡。而后,"走饭"的微博遗言下的留言区,成为一个公共的情感空间,十几年来每天都有抑郁症患者在她的微博下面倾诉、留言。网络抑郁症群体伴随社交媒体的发展而来,他们具有较强的群体认同感,并在其发展过程中形成了一定的共同符号与集体意识。从一定程度上讲,它已搭建了互动仪式链的基本模型。

本研究使用Python编写爬虫代码采集了2017年1月1日00:00至2021年12月31日23:59"走饭"置顶微博下的转发数据,清洗后得到13005条有效转发数据,包含8181位用户的评论信息。接着使用Python对文本进行分词统计、情绪倾向分类和主题分类;然后通过R语言、SPSS 24、Excel等软件制作图表。

三、研究结果及分析

(一)总体特征分析

1. 日期分布:全年不息,7次高峰

"走饭"生前最后一条微博的留言区作为在线哀悼社区,将一些网友纳入集体悼念活动之中。在其逝世的10年间,该条微博共获11万多条转发,而且从时间线上看贯穿全年。2017—2021年,留言区每年总转发量和回复量如图1-3-2所示。可以看到,2017—2020年,总转发量波动不大,相对稳定。2017—2021年这5年,该微博的总转发量为13005条:2017年总转发量为2654条;2018年总转发量为2253条;2019年总转发量为3151条;2020年总转发量为3277条;2021年总转发量为1670条。五年回复量总计549条,为总转发量的4.2%。

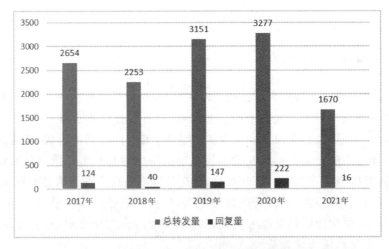

图1-3-2 2017—2021年每年总转发量和回复量(单位:条)

2017年1月1日至2021年12月31日间每日转发量和转发人数如图1-3-3所示。平均每天有8条转发,日转发量的中位数为6。这期间共出现7次转发的高峰(以当日转发量超过总体转发量的0.45%为标准),其中的顶峰出现于2019年10月15日,转发量达到89条,占总转发量的0.7%,参与转发的用户达到74人,占总转发人数的0.9%。内容多为雪莉自杀新闻、抑郁症、网络暴力等。

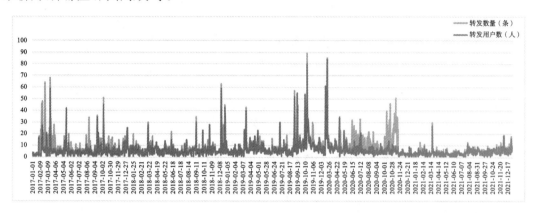

图1-3-3　2017年1月1日至2021年12月31日间每日转发量和转发人数

除此之外的6次转发小高峰分别为:2017年2月27日三位网友互动,诉说个人心事(64条转发,占总转发量的0.5%);2017年3月18日"走饭"的五周年忌日(68条转发,占总转发量的0.5%);2018年12月13日南京大屠杀死难者国家公祭日,"走饭"的微博上了热搜(63条转发,占总转发量的0.5%);2019年10月14日韩国女歌手雪莉自杀(65条转发,占总转发量的0.5%);2020年3月12日"走饭"微博被屏蔽后恢复显示(61条转发,占总转发量的0.5%);2020年3月18日"走饭"的八周年忌日(85条转发,占总转发量的0.65%)。

每年3月18日前后,该微博的转发量呈现明显的上升趋势,远超平均转发条数。除了上文在五年峰值中提到的2017年3月18日与2020年3月18日外,网友也在2018年3月18日(30条转发,占总转发量的0.2%)、2019年3月18日(43条,占总转发量的0.3%)和2021年3月18日(30条,占总转发量的0.2%)这些特殊的日子表达对"走饭"的哀悼。

2.时间分布:深夜为表达提供保护色

从以小时为单位的五年转发量(见图1-3-4)来看,夜晚是微博转发的高峰。从20时开始,转发量逐渐攀升,在23时达到单日小时单位内的最高值。每日22时至次日1时之间(不包含1时)的转发量合计达到3099条,占总转发量的比例达23.8%。每日20时至次日1时之间(不含1时)的转发量合计达到4449条,占总转发量的比重达34.2%。

对每日20时至次日1时之间(不含1时)总计4449条的转发内容进行简单的情感倾向分析,得到的结果如图1-3-5所示:转发内容为正面情绪的文本共1166条,占比26.2%,关键词汇有"快乐""开心""美好""加油"等;转发内容为负面情绪的文本共1179条,占比26.5%,关键词汇有"痛苦""难过""好累""抑郁"等;而占主导的是中性情绪文本,共2104条,占比47.3%。文本内容或是记录数据与某些重要时刻,例如"五年了""评论69万了",或是与"走饭"对话,表达自己的想念,例如"来看看你"。在这些文本里,没有明显的快乐或悲伤,就像是认识很久的朋友,平常地碰见,然后打个招呼。

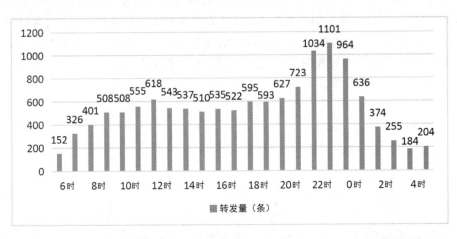

图 1-3-4　以小时为单位的 2017 年 1 月 1 日至 2021 年 12 月 31 日的所有转发

3. 高频词汇

对全量转发文本进行词频统计(去除单字、用户昵称、表情、英文、数字、微博等基础称呼词,保留"饭饭""饭""走饭"的称呼),结果如图 1-3-6 所示。词频最高的 10 个词语依次为"自己"(1599 次)、"没有"(1237 次)、"一个"(1075 次)、"知道"(951 次)、"什么"(874 次)、"世界"(774 次)、"希望"(760 次)、"真的"(748 次)、"这个"(746 次)和"时候"(710 次)。此外,对博主的称呼也频繁出现:词汇"走饭"出现 608 次,词频位列第 16;词汇"饭饭"出现 531 次,词频位列第 17。

图 1-3-5　转发内容情感倾向分析　　图 1-3-6　全量转发文本高频词云(前 100 位)

4. 表情符号

包含表情符号的转发文本数量较少,共计 301 条,占转发总量的 2.31%。对表情符号进行清洗(将使用中文简体、中文繁体和英文版本微博的表情符号统一为中文简体)及词频统计,结果如表 1-3-1 所示:使用频率最高的 10 个表情符号前两位为"红心"(48 次,占全部表情符号的 15.95%)、"双手合十"(35 次,占全部表情符号的 11.63%);"失望"和"嘻嘻"并列第 3 位,然后是"心碎""笑哭";"蜡烛""月亮""可爱"并列第 7 位,"药"排在第 10 位。

表 1-3-1 表情符号使用频次排名(前 10 名)

排名	表情符号	含义	频次	排名	表情符号	含义	频次
1		红心	48	6		笑哭	13
2		双手合十	35	7		蜡烛	6
3		失望	16	7		月亮	6
3		嘻嘻	16	7		可爱	6
5		心碎	14	10		药	5

5. 转发文本主题分析

根据高频出现的特征词汇、关键词、文本长度等特征,将 2017—2021 年共计 13005 条转发文本的主题细分为六个类别:表达哀悼与思念;告知新闻;节日或纪念日问候;个人状况倾诉;回复与鼓励;路人。各类转发文本数量如表 1-3-2 所示。

表 1-3-2 转发文本主题分类的定义与类别数量统计

类别	定义	代表性关键词	文本数量
表达哀悼与思念	表达对"走饭"的思念,对其离世的悲伤、不舍等感情	想你、看看、五年、六年、十年、时光、周年……	$N=2900$ (22.30%)
告知新闻	告知"走饭"社会新近发生的事情	雪莉、李文亮、疫情……	$N=78$ (0.60%)
节日或纪念日问候	节日、生日和纪念日的问候与祝福	生日、忌日、新年、元旦……	$N=122$ (0.94%)
个人状况倾诉	倾诉个人生活、表达个人情感	世界、自己、工作、父母、痛苦、好累、吃药、医生、抑郁……	$N=6523$ (50.16%)
回复与鼓励	转发网友之间的互动;鼓励性、积极性的文本内容	回复@、加油、坚持、抱抱、开心、快乐、美好……	$N=2478$ (19.05%)
路人	通过其他方式得知"走饭"的故事,像一个路过者	知乎、共青团、团子、树洞区、帖子、文章、朋友圈……	$N=904$ (6.95%)

在五年的时间里,转发内容所属类别最多的是"个人状况倾诉"(占比50.16%),其次是"表达哀悼与思念"(占比22.30%),再次是"回复与鼓励"(占比19.05%),之后是"路人"(占比6.95%),"节日或纪念日问候"(占比0.94%)和"告知新闻"(占比0.60%)则占比相对较小。在全量转发文本中,使用第一人称的文本占据主导。在所有词汇(包含单字)里,"我"位居第一位,词频达5603次。

(二)抑郁症群体的互动仪式链分析

1. 用户同在、共同符号、共同情感

传统媒体时期,柯林斯所强调的传统互动具有亲身的参与性,群体成员的身体共同在场是互动仪式链发生的先决条件,这主要是受限于当时媒介信息传输的单向性。然而,自第三次科技革命以来,尤其是随着互联网以及新媒体技术的迅猛发展,人与人之间沟通、互动的方式已经深刻地改变,进而影响着整个组织、社会的运行模式。而互联网技术最为重要的一个特征就是打破了时空对于传统沟通方式的局限——人与人不必身处同一物理空间就能够进行有效、流畅的沟通。在新媒体语境下,互动仪式是否能够在不满足身体共同在场的条件下发生呢?笔者认为,"走饭"微博下的群体空间就是一种基于用户同在的自然仪式建立起来的群体认同。群体成员在同一个虚拟空间内以多样的形式进行互动,共享的内容也愈发贴近现实生活的场景。于是,一种基于虚拟空间用户同在的集体意识与情感连接便产生了。

一定的社交距离和匿名化不仅可以满足人们强烈的情绪表达需要,而且可以使人们在表达自我的过程中产生虚拟的互动,获得趣缘群体的认同。德国社会学家滕尼斯将共享文化和情感的群体称为共同体,伯明翰学派的文化研究则认为亚文化群体的聚合是基于兴趣的情感体验,两者都认为共同情感是群体认同的核心,虚拟社区更是将以趣缘为纽带构建的群体紧密连接,使其在表达自我的同时获得群体认同。"走饭"微博下聚集的这群网友,并不能算是"派系"或是"圈子",他们没有共同的规范,也并不反映现实的社会关系;他们聚集在这里,有的是寻求抑郁症人群的身份认同,有的是宣泄情绪,有的只是偶然经过。但是,长期聚集在这里的人群,或许在某种程度上可以被称为"共同体",或者"网络社群",超越了传统的"强关系"。人们因为自我表达的需求或对"走饭"的悼念而聚集在这里,并且在互联网上形成了独特的集体记忆。法国学者哈布瓦赫认为,集体记忆是一个特定社会群体的成员共享往事的过程和结果。例如,在五年的时间里,网友每逢节日或纪念日对"走饭"的问候、日常的思念与哀悼,这些对话文字以及其中包含的情绪,成为一份特别的记忆(见表1-3-3)。但网络时代的集体记忆与传统媒体时代集体记忆的产生大为不同。一是集体记忆褪去持久与庄重之色,难以再形成。碎片化的、海量的信息流降低了所有事物被人们长久记住的可能性,并且在以弱关系连接的网络社群中,人与人之间的社会关系并不稳定,当社群中的个体失去兴趣时,容易转化为"路人"。虽然互联网连接了时空,跨越了地域,但集体记忆的构建仍然容易受到其他群体的影响。"走饭"的微博"树洞"可能在喧闹的网络信息中退出人们的记忆中心,2021年的转发较之前四年明显减少;或是受到网页限制(例如禁言、无法评论转发)、外来者的影响(例如谩骂、举报)等,集体记忆显得尤为脆弱。二是集体记忆容易成为集体记录。互联网以强大的存储搜索功能发现的可能只是数据信息记录,而无法探寻信息所代表的内涵。数据中流露的情绪与思念,并不能以11.4万条转发简单概括。

表 1-3-3 "表达哀悼与思念"与"节日或纪念日问候"主题的代表性转发文本

子主题	代表性转发文本	转发时间
表达哀悼	拜拜 走好 我要继续快乐生活 希望大家也是。	2020年10月31日 22:19:58
	饭饭,愿你在天堂没有痛苦 愿你来生不被抑郁症所困扰。	2019年10月24日 22:52:35
表达思念	饭饭,很想你。	2021年11月5日 14:11:59
	八年又一天,时间好快,想回到2012。	2020年3月19日 11:03:35
节日祝福	饭,还有几个小时2021年就要结束啦,新年快乐。	2021年12月31日 22:24:00
	今天圣诞节哦,是我最爱的节日,没有之一了。但是好像跟大家说了,她们也不能理解我呢,这就是所谓的,没有人能感同你的身受?我今天吃苹果了哦,虽然没有人送礼物给我,也没有人祝我圣诞快乐。你那边会过圣诞吗?会不会看到圣诞老人呢?	2018年12月24日 23:38:03
纪念日问候	饭饭,明天又是你离开的周年纪念了,你在那边还好吗?	2021年3月17日 09:01:14
	明天就5周年了,希望大家都好好的。	2017年3月17日 00:32:46

当人们登录微博,在"走饭"微博下留言时,互动仪式便开始了。来自五湖四海的抑郁症群体因为选择给同一位博主留言而结合为一个际遇群。对于"走饭"的悼念以及对个人境遇进行倾诉的冲动——短暂的情感刺激作为仪式的触发引擎是必要的。互动仪式开始时,参与者并不是特别在乎或有意识地关注自我之外的他人(留言文字多以个人表达为主,较少互动)。随着时间的推移,个体渐渐通过感受到他人的在场而产生了相互影响(逐渐增多的留言,以及针对留言而发的留言),互动仪式向前推进。小群体内部开展的互动仪式具有强烈的排外性,对局外人设限是保证群体信仰纯洁进而增强集体团结性的关键。参与者必须知道谁在参加、谁被排除在群体之外了。"走饭"微博下的留言存在部分"路人"文本,这些"路人"留下的内容与抑郁症群体的文字差别十分明显。柯林斯强调一个人会从参与群体的互动中获得充分的情感能量。参与者在留言时,情绪振幅达到了高度契合,是最理想的互动状态。发送、阅读、通过留言交流,这些互动仪式的程序化活动,对于体验共同参与和瞬时共在的感觉、形成相互关注的焦点颇有贡献。抑郁症群体通过表达自己、阅读其他参与者的文字、互相鼓励、共同悼念博主来建立彼此间的共享情感。

2. 自我表达、"他者"解构

自我记录与表达似乎是多数人使用微博的基本动机,人们尝试将自己的只言片语发到虚拟的公共空间。但在微博平台上,能够得到广泛评论与转发的微博并不多,人们大多时候是在"自言自语"。而"走饭"的微博在10年间得到了超过11万条的转发和100万条的评论,并且这些数字还在不断增加。网友在这个庞大的"树洞"下的"自言自语"呈现出怎样的特征?我们对转发高频词进行社会网络关系组生成(两两组合,前100组),结果如图1-3-7所示:词组"自己"作为语义网络图的中心,拥有最多的词组关系(933组)。

其中一组具有代表性的语义网络是"自己""知道",合计出现211次。网友们表示知道自己的个人情况和情绪,但这些状况与情感很难向他人倾诉,只有自己知道。另一组具有代

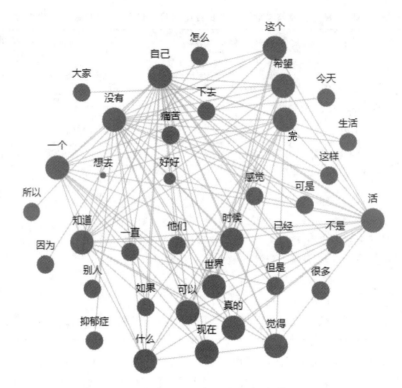

图 1-3-7　转发高频词社会网络关系图(前 100 组)

表性的语义网络是"自己""没有",合计出现 223 次。转发者表示对自己的现状感到不满、难过和无能为力。而语义网络"这个""世界"的组合出现次数最多,合计 344 次。网友们纷纷对这个世界表达自己的想法,流露出或悲伤或乐观的情绪态度。这三组语义网络的代表性转发文本详见表 1-3-4。

表 1-3-4　三组语义网络的代表性转发文本

语义网络	代表性转发文本	转发时间
"自己""知道"	好颓废啊,我知道自己现在不太行,可是疲于改变(或许可以说是懒)。	2021 年 3 月 17 日 12:18:26
	其实我知道自己偶尔是有轻度抑郁症的,不过我还能自己走出来。	2019 年 10 月 20 日 21:07:49
"自己""没有"	没有办法和自己和解的人生。	2020 年 5 月 22 日 20:50:38
	开始没有自己了,可能那时我的人已经跳楼了,留下的只是我的躯壳。	2019 年 8 月 6 日 10:43:07
"这个""世界"	过了零点就是我的生日了,又跟这个世界切磋一年,我却在想你。	2021 年 12 月 8 日 23:29:52
	晚安,这个世界。	2017 年 2 月 19 日 22:04:07

对全量转发文本进行处理,计算文本字符长度后发现:共有 7087 条转发文本超过了 15 个字符,占全量转发文本(13005 条)的 54.49%;共有 2252 条转发文本超过了 50 个字符,占

比 17.32%；超过 100 个字符的转发文本有 854 条，占比 6.57%。其中，达到微博转发字数上限(140 字)的转发文本有 278 条，占比 2.14%。转发内容整体呈现长文本的特点。词语"自己"(1216 次)、"我"(5603 次)高频出现；超过半数的转发文本都是在倾诉个人状况，且以第一人称为主要表达方式，转发文本内容涉及生活、工作、情感，不乏私密。以"个人状况倾诉"为主题的代表性转发文本如表 1-3-5 所示。

表 1-3-5 以"个人状况倾诉"为主题的代表性转发文本

子主题	代表性转发文本	转发时间
倾诉个人生活	成年人的世界有多难呢？工作不满意不敢换，因为现在的工作离同学近，换了的话就是自己一个人生活了，我害怕再熟悉新的环境，认识新的同事。可是现在的工作不会成长，公司的宿舍不能住了，只能再租房子，又是五六百块钱。我真的是觉得活着没意思，我害怕一个人住，害怕面对新工作。	2019 年 8 月 26 日 21:51:52
	饭，今天我还和我的妈妈说，我要养只猫，我太孤独了。妈妈不想我养猫，她说你给它买猫粮啥的，还不如给自己多买点吃的，哈哈……但我知道如果我养了，她也会很开心的。	2020 年 4 月 11 日 02:42:14
表达个人情感	我爱我自己，永远都爱。	2018 年 11 月 16 日 19:44:04
	生活很累啊！	2019 年 12 月 8 日 14:35:08

为什么越来越多的人选择在互联网上表达自我，而回避现实中的社会关系？美国学者戈夫曼提出的拟剧理论是一种解释人类行为的理论。该理论认为，人通过符号进行表演，目的是赢得观众的认可；表演主要分为"前台行为"和"幕后行为"。现实的社会场景就像"舞台"，而社交媒体作为"后台"，为人们提供了一个跨时空的虚拟空间，人们可以用匿名的"假面"，突破现实生活的规范与束缚，进行情绪的宣泄与表达，释放压力，排遣孤独。

自我表达也体现为个体的形象塑造。微博等社交媒体平台为人们提供了更多的表达渠道和话语权。根据议程设置和拟态环境理论，公众对某种疾病的认识与态度在一定程度上来自媒体的建构性报道。长期以来，大众媒体是公众获取健康信息、了解疾病的主要渠道，报道所塑造的抑郁症人群的形象，也是公众认知里的印象，是一种"他者"形象，它暗示了边缘、异质、沉默等。而新媒体时代使传统的自上而下的话语权力结构发生变化，作为"他者"的抑郁症群体能够有更多的渠道发出自己的声音，并可以围绕意见领袖或是以共同的情绪、文化与意义(例如博主"走饭")为核心连接起来，聚合成一个网络社群，形成群体认同，产生更大的影响。这在一定程度上解构着抑郁群体"他者"的身份，改变着公众对其的形象认知。

在全量转发文本中，主题为"路人"的转发文本要明显多于"节日或纪念日问候"和"告知新闻"的转发文本。这些"路人"或者说"过客"，通过其他方式偶然得知"走饭"的故事，来到这个"树洞"，留下文字。他们了解的渠道往往是微信公众号文章、知乎帖子等社交媒体平台，他们在留言中或表示感慨、鼓励，或表示对抑郁症有了更加开放的认知。

四、总结与思考

词语"我""自己"多次出现、第一人称的频繁使用、超过一半的转发文本是倾诉个人状况,这些表明抑郁症群体在"走饭"微博"树洞"里实现了从"他者"到"自我"的形象转变,完成了互动仪式。新媒体赋权与社会化媒体的出现,为抑郁症群体提供了表达与抗争的平台,也为不同群体之间提供了交流的平台。他们在"走饭"的微博下互相回复,在信息共享与线上互动的过程中建立起自我认知与群体认同。

综上所述,网络亚文化群体作为一种新型的互动仪式主体,已然形成了高度的情感连接与身份认同,并逐渐成长为一股不可忽视的社会力量。因此,对网络亚文化群体的互动仪式链模型探究,不能局限于对互动现状的解读,而应不断完善优化该模型,以指导或规范群体的互动仪式行为。因此,如何正确看待、引导网络亚文化群体是一个非常有意义的问题。正如抓取的文本中多次出现"禁言""无法评论"等词——"为什么,就一个树洞都不行吗?想找一个地方说话都不行吗"此类转发文本,反映了抑郁症群体自我表达的欲望、对倾诉途径的强烈需求和专业的心理疏导、生命教育的缺失。与其对社会压力视而不见、对精神疾病与死亡避而不谈,不如正视与尊重抑郁症等精神疾病,正视现代人特别是青年群体自我表达的诉求,关注在社会变革下出现的各种社会心态。对死亡与精神疾病的回避使中国的死亡教育长期处于缺失境地。但死亡具有深刻的生命意义,这不单是一个自然科学方面的问题,如何正确面对死亡是一个重要的有关社会、文化与精神意识的议题。在社交媒体时代,网络发言需要引导,但更为根本的是补全缺失的生命教育,完善社会负面情绪的释放渠道。社交媒体上的数据是有温度的,数据背后是情感、是人心,希望公众对于抑郁症等群体能给予正视、理解和关怀。

第四节 B 站 2018—2022 年百大 UP 主分析

一、引言

(一)B 站简介

B站是以中国年轻人为核心的文化社区,既是年轻人输出文化价值观的平台,也是引领年轻人价值观的平台。B站具有内容与社交双重属性,内容属性主要以视频为载体呈现,而社交属性则通过平台互动及其独特的弹幕文化呈现。

早期的 B 站主要为二次元爱好者的聚集地,平台以"ACG 内容(动画、漫画、游戏)+弹幕"的形式吸引了一大批忠实的视频生产者(UP 主)和用户。经过几年的发展,B 站的标签开始变多,逐步覆盖二次元社区、学习资源、直播平台、游戏平台、电竞赛事观看平台、视频创作社区等。B 站并未满足于二次元社区,而是开始广泛地面向热爱互联网的所有年轻群体。2022 年第三季度财报显示,B 站已经拥有 9030 万个日活用户,3.326 亿个月活用户,在视频平台中拥有极为重要的分量。

B 站目标用户是以"90 后""00 后"为主的来自一二线城市的年轻人。这些用户的成长环境较为优越、伴随着网络长大、受过良好的教育,素养相对较高,有表达和创作的意愿和能力,也有良好的付费意识。对于目标用户来说,B 站可以满足其找到各类内容消费的需要、与同行进行交流的需要、为创作者提供价值认同的需要。对于 B 站来说,这部分目标用户可以让 B 站实现营收增长,营造良好的社区文化氛围,提供优质的创作内容。

(二)百大 UP 主简介及其研究意义

百大 UP 主是 B 站给予表现出色的 UP 主的含金量极高的荣誉。其评选维度有专业性(创作具有高度专业性,可作为对应内容类型的代表)、影响力(本年度重要作品取得过积极、正面、广泛的社区影响力)、创新性(突破自我、勇于创新,积极尝试不同的创作方式)等维度。2023 年 1 月 13 日,B 站公布了 2022 年百大 UP 主名单,本次有 64 人首次获得该荣耀。据 QuestMobile 的统计数据,截至 2023 年年底,B 站近 82% 的用户是 Z 世代(即 1995 年至 2009 年出生的一代人)用户,他们当前大多数是中学生和大学生,是在互联网的影响下成长起来的一代人。2022 年 6 月的统计数据则显示 B 站为 Z 世代用户月人均单日使用时长 Top 10 应用,时长为 1.83 小时。由此可见,B 站与 Z 世代深度绑定,B 站因 Z 世代而繁荣,而 Z 世代也深刻地受到 B 站的影响。百大 UP 主是 B 站评选的具有较大影响力,在相当大的程度上可以代表 B 站风格、氛围的内容创作者,其往往是有百万以上粉丝量的意见领袖,能够对其粉丝产生极为深刻的影响。

分析 B 站历年的百大 UP 主,借助百大 UP 主这一极具代表性的群体分析对 Z 世代影响深远的 B 站经历的内容风格变化,一方面可以帮助内容创作者优化创作内容,创作出更符合受众需求的高质量内容,另一方面可以借助百大 UP 主的变迁,了解 B 站用户喜好的变迁,从而在一定程度上了解 Z 世代用户的兴趣偏好。

二、数据获取与处理方式

本研究使用 Python 进行数据挖掘,通过 B 站的百大 UP 主颁奖页面获取百大 UP 主的用户编号、昵称与介绍,随后依据百大 UP 主的用户编号,爬取其粉丝量、播放量、关注数、点赞量、视频数等数据。

爬取数据后,本研究使用 Python 中的 pandas、Numpy、Re、json 等对爬取的数据进行处理。本研究所爬取的数据有效性较高,在众多 UP 主中有 3 位 UP 主被封禁而无法获取数据,针对这 3 名 UP 主的数据,采用删除与平均值修正的方法解决。处理缺失数据后,本研究采用不同的处理方式对数据进行分析,例如通过统计的方式分析按年份爬取的 UP 主名单,通过计算平均值、比值方式分析 UP 主的播放量、点赞量。对不同的数据采用具有针对性的数据分析方式,从而更好地挖掘不同数据所代表的不同内涵,得出更为可靠的结论,详细的数据分析方式与结果会在下文进行详细介绍。

三、数据分析

(一)百大 UP 主获取次数

在 5 次百大 UP 主评选中,共有 317 名 UP 主获此荣誉,其中 5 人连续 5 次获评,15 人获评 4 次,26 人获评 3 次,65 人获评 2 次,206 人获评 1 次,如图 1-4-1 所示。连续 5 次获评的 5 人为"木鱼水心""老番茄""逍遥散人""泛式""某幻君",这 5 人称得上 B 站的"常青树",所属分区分别为影视区、游戏区、游戏区、动画区、游戏区。5 人中有 3 人均为游戏区 UP 主,由此可见游戏区自 2018 年至今一直在 B 站占据着比较重要的地位。

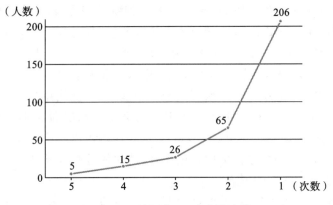

图 1-4-1 B 站百大 UP 主获取次数

(二)百大 UP 主之新 UP 主数量

2019—2020 年,新 UP 主的数量呈逐年上升趋势,2019 年与 2020 年均只有 46 名新 UP 主获评百大 UP 主,而 2021 年有 61 名,2022 年则有 64 名,如图 1-4-2 所示,这体现了 B 站对于新 UP 主的扶持力度与决心,放弃评选一些粉丝量更多的曾经获评百大 UP 主的人而选择数据表现较好的新 UP 主。

B 站的这种做法无疑有助于激励新人产生更大的创作热情。2022 年获评百大 UP 主的"衣戈猜想""汪苏泷""碎嘴企鹅"等均是开始创作视频仅一年时间便获此殊荣。但 B 站这种做法无疑也导致了百大 UP 主的含金量相较以往不可避免地有所降低。在 2022 年百大 UP 主公布不久后,便爆发了 UP 主"老蒋巨靠谱"评论 2022 年百大"侯翠翠"为"伪下沉"事件,引发网友围观。同时,网络之中吐槽百大 UP 主新面孔众多、评选标准混乱的言论也屡见不鲜,认为一些理应获得百大 UP 主的 UP 主没有获评,而一些"德不配位"的人却获评了。

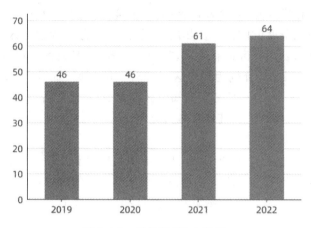

图 1-4-2　历年新 UP 主数量

(三) 百大 UP 主分区分析

1. 整体分析

就整体情况而言，百大 UP 主共有 17 个分区，如图 1-4-3 所示。其中游戏区在百大 UP 主中以绝对优势位居第一，总数为 106 个，占据超五分之一的席位，随后则是生活区(71 个)、美食区(50 个)、音乐区(48 个)、动画区(44 个)，这是排在前五的分区。结合 B 站各分区热度，这五个分区也一直是 B 站热度较高的几个分区，动画区是 B 站建站之初的"自留地"，而生活区、美食区的高流量则是 B 站"破圈"成功的有力例证。

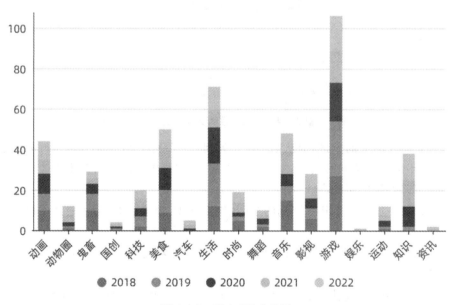

图 1-4-3　百大 UP 主分区

2. 趋势分析

在进行趋势分析时，我们依据百大 UP 主的席位数量将其划分为热门分区、普通分区与冷门分区:热门分区标准为有40个及以上席位;普通分区标准为有11～40个席位;冷门分区则为仅有10个及以下席位的分区。热门分区有6个,分别为游戏区、生活区、美食区、音乐区、动画区、知识区;普通分区也有6个,分别为鬼畜区、影视区、科技区、时尚区、运动区、动物圈区;冷门分区有5个,分别为舞蹈区、汽车区、国创区、资讯区、娱乐区。值得一提的是,虽然知识区只有38个席位,但考虑到知识区自2020年成立后,2020年、2021年、2022年均占据超过10个席位,故这里将其划入热门分区。

(1)热门分区趋势分析

热门分区百大UP主趋势如图1-4-4所示。从趋势分析中可以得出之前整体分析无法得出的结论:游戏区在2018年、2019年均占据近三分之一的席位,在2020年迅速下降,维持17个左右的席位,由此可以判断B站游戏区热度在2020年有所下降,但相较而言,游戏区依旧占据最多的席位。

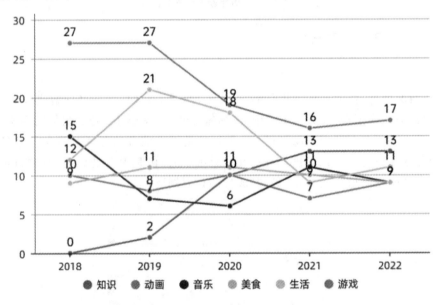

图1-4-4 热门分区百大UP主趋势

生活区是排在第二的分区,但从图中可以发现,生活区自2019年到达顶峰后接连下降,甚至在2021年席位数位列第四,热度远不及之前,在网络中也时常看到不喜生活区的言论,这与其席位下降的情况相吻合。

音乐区在第一届百大UP主评选的2018年占据15个席位,之后直线式下降为7个,随后有所回升。

动画区与美食区相较于其他几个热门分区则有着较为稳定的表现,席位波动不超过2个。

知识区在2020年上线后,稳定占据超10个席位,在2021年与2022年则均占据13个,这与B站的风格、目标用户高度吻合。考虑到B站是一个中长视频平台,B站的用户主要为教育水平相对较高的Z世代群体,知识区关注度较高也就成为一种自然的现象。

(2)普通分区趋势分析

普通分区百大UP主趋势如图1-4-5所示。可以看到,鬼畜区是一个十分有趣的分区,

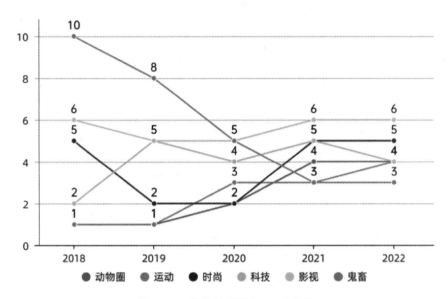

图 1-4-5　普通分区百大 UP 主趋势

中国的"鬼畜"始于 2005 年的"一个馒头引发的血案"。B 站在 2010 年就已经出现了鬼畜视频，2015 年成立了鬼畜区，在早期甚至有"B 站只有两个分区——鬼畜区和鬼畜素材区"的戏说，由此可见早期 B 站鬼畜区的繁荣，当时高质量鬼畜作品以超强的洗脑效果快速在平台增长。B 站鬼畜区的巅峰出现在 2012 年到 2016 年之间。随后，在流量经济的刺激以及 B 站运营策略的影响下，鬼畜区出现更迭，涌入大批新人创作者，视频内容开始倾向大众娱乐，出现技术含量较低却符合大众消费习惯的语音剪辑、贴片剧情。老观众与新用户"隔离"加剧，"玩梗"泛滥，鬼畜区衰落说兴起。从鬼畜区的百大 UP 主席位占据情况不难发现其与 B 站鬼畜区发展情况高度吻合，几乎是连年下降，自 2018 年的 10 个席位不断下降至 2021 年、2022 年的 3 个席位。

其他分区中，影视区的表现较为稳定、波动很小，科技区呈现动态平衡态势，运动区呈现逐渐上升趋势，动物圈区呈现小幅波动态势，时尚区则除 2019 年与 2020 年两年低谷外，席位占据稳定。

(3) 冷门分区趋势分析

除热门分区外，冷门分区百大 UP 主趋势(见图 1-4-6)也可以反映 B 站的发展趋势。除舞蹈区外，冷门分区其他均为 2019 年后新出现的分区，从中也可以分析 Z 世代群体关注领域的多元化方向。国创区自 2019 年在百大 UP 主中占据 1 个席位后保持稳定，可以推知国创区在 B 站具有稳定的观看群体，规模保持平衡。汽车分区在 2020 年出现后，2021 年、2022 年均占据 2 个席位。资讯区的 2 个席位分别为"孝警阿特"与"谭谈交通"，在一定程度上反映了官方宣传在 B 站取得了成效。

(四) 百大 UP 主个人数据分析

1. 百大 UP 主稿件数分析

百大 UP 主稿件数如图 1-4-7 所示，数据爬取时间为 2022 年 2 月 5 日。截至统计时间，

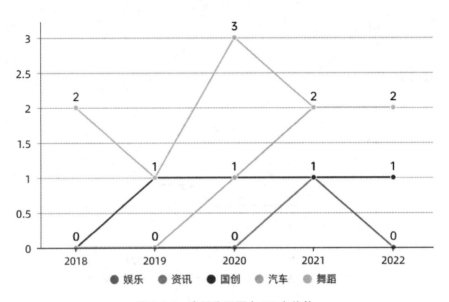

图 1-4-6　冷门分区百大 UP 主趋势

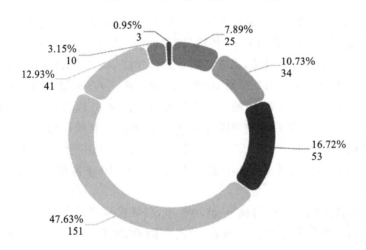

数据由B站爬取，爬取时间为2023年2月5日

图 1-4-7　百大 UP 主稿件数

百大 UP 主的平均稿件数为 288 条，投稿数大多集中在 100～500 条，占比超 60%；有近 1%，即 3 名 UP 主投稿数不足 10 条，均是因遭到"封杀"。值得一提的是，其中一位 UP 主在被"封杀"前自 2018 年至 2020 年连续三次被评为百大 UP 主。

投稿数为 10～50 条的 UP 主几乎都在 2021 年与 2022 年获评百大 UP 主，仅有"老师好我叫何同学"为 2019 年获评的 UP 主，他 2022 年大学毕业，到数据爬取时已经两次获评百大 UP 主，粉丝量过千万，而其投稿数仅有 46 条，无疑其视频平均质量相对较高。

有 4 名 UP 主投稿数超过 2000，分别是"聚印象视频""老实憨厚的笑笑""雨说体育徐静雨""籽岷"。除"雨说体育徐静雨"外，其他三人均为游戏区 UP 主，而他们之中，除"聚印象视频"外,其余三人均在 2022 年获评百大 UP 主。四人中"聚印象视频"内容为游戏"英雄联盟"各主播直播、各比赛切片剪辑,"老实憨厚的笑笑"为游戏英雄联盟"笑笑""西卡""德云色"三名比赛解说官方账号,"雨说体育徐静雨"内容为即兴演讲体育比赛相关内容,三名 UP 主的视频制作难度相对较低。"籽岷"以 5137 条投稿成为百大 UP 主中投稿数最多的 UP 主,且其视频内容多为游戏"我的世界"实况剪辑,制作难度相对较高,也因此有"审核君噩梦"的绰号。

此外,在稿件数超 1000 的 25 名 UP 主中,有 16 名属于游戏区,占比超六成,游戏区可谓 B 站视频的高产区。

综合百大 UP 主稿件数,可以看出百大 UP 主中既有视频质量过硬而视频数量相对较少的精益求精型 UP 主,也有视频数量极多、更新频率极高的高产型 UP 主。当然,大多数还是视频质量与数量相对平衡的均衡型 UP 主。

2. 百大 UP 主粉丝量

由于本数据为 2023 年 2 月爬取,无法获得之前百大 UP 主被评选时的详细数据,因此不再进行详细分析,在此只对除被封禁的 3 名 UP 之外的 314 名 UP 进行分析。以下关于百大 UP 主的数据皆为去除 3 名被封禁 UP 主后的数据,如图 1-4-8 所示。

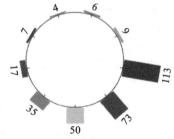

● 80 万以下　● 80 万～100 万　● 100 万～200 万　● 200 万～300 万　● 300 万～400 万
● 400 万～600 万　● 600 万～800 万　● 800 万～1000 万　● 1000 万及以上
数据来源:B 站爬取,爬取时间为 2023 年 2 月 5 日,剔除 3 名被封禁 UP 主

图 1-4-8　百大 UP 粉丝数

在网络中流传着百万粉丝量是百大 UP 主门槛的说法,但从数据分析来看,这一说法似乎并不成立。有 15 名 UP 主粉丝并未突破百万,其中 3 名 UP 主在 2018 年、1 名 UP 主在 2019 年、4 名 UP 主在 2021 年、7 名 UP 主在 2022 年获评百大 UP 主时均不足百万粉丝量,甚至 2021 年获评百大 UP 主的"利维坦 mY"在 2022 年依旧以不足百万的粉丝量获评 2022 年百大 UP 主。由此可见,粉丝量在百大 UP 主中的重要性或许并没有网络中流传的那般重要。

百大 UP 主的平均粉丝量为 300.72 万,大多集中在 100 万～300 万,有 186 名 UP 主的粉丝量在这一区间,占比近六成;粉丝量为 300 万～600 万的 UP 主有 85 位,占比超四分之一;粉丝量在 800 万以上的有 11 位,这 11 位可以说是 B 站 UP 主的绝对头部,大多数人都获评 3 次及以上的百大 UP 主,尤其是"罗翔说刑法"与"老番茄",在数据爬取时,前者拥有 2600 万粉丝,后者拥有 1800 万粉丝,而排名第三的"绵羊料理"粉丝量虽破千万,但与两者有着较大差距。

3. 百大 UP 主视频播放量、点赞量

截至 2022 年 2 月 5 日,百大 UP 主视频播放量、点赞量分别如表 1-4-1、表 1-4-2 所示。百大 UP 主的平均播放量为 3.58 亿,平均点赞量为 2106.2 万。具体来看,百大 UP 主总播放量集中于 1 亿～5 亿,共有 205 位,占比近三分之二;总点赞量集中于 500 万～4000 万,共有 215 位,占比超三分之二。

表 1-4-1　百大 UP 主视频播放量

总播放量	数量
1 亿以下	40
1 亿～3 亿	145
3 亿～5 亿	60
5 亿～8 亿	36
8 亿～10 亿	13
10 亿～15 亿	16
15 亿～20 亿	3
20 亿以上	1

表 1-4-2　百大 UP 主视频点赞量

总点赞量	数量
500 万以下	32
500 万～1000 万	80
1000 万～1500 万	53
1500 万～2000 万	34
2000 万～2500 万	30
2500 万～3000 万	18
3000 万～4000 万	26
4000 万～5000 万	16
5000 万～6000 万	10
6000 万～7000 万	3
7000 万～8000 万	5
8000 万～1 亿	3
1 亿以上	4

总播放量小于 1 亿且总点赞量小于 500 万的 UP 主共有 25 位,其中 6 位是 2018 年的百大 UP 主,8 位是 2021 年的百大 UP 主,11 位是 2022 年的百大 UP 主,后两年评选的百大 UP 主总播放量与总点赞量较少情有可原,在这里重点分析 2018 年的 6 位百大 UP 主。这 6 位百大 UP 主分别为"小可儿""茶理理理子""一花啦啦啦""帅你一脸毛蛋""拉草莓的西瓜 JUN""小缘"。6 名 UP 中有 4 名属于音乐区,2 名属于时尚区,其中"帅你一脸毛蛋"保持较

高的更新频率但视频播放量普遍在 10 万以下,其他 5 位更新频率在每月 2"更"以下,由此可以略微窥见时尚区与音乐区的衰落,同时可以看出 B 站百大 UP 主的荣誉并不能使 UP 主保持长久的热度,UP 主如果不保证视频质量与更新频率就难以维持其热度。

总播放量在 20 亿以上的有 1 人,为"老番茄",其总点赞量为 1.5 亿,粉丝量目前在 B 站排行第二,而 B 站粉丝量第一人"罗翔说刑法"总播放量为 7.5 亿,总点赞量为 8000 万,与"老番茄"存在较大差异。

总播放量在 15 亿以上的另外 3 人分别为"敬汉卿""中国 BOY 超级大猩猩""小潮院长",此外"尴尬的铁根 er"也拥有 14.9 亿播放量。"老番茄""中国 BOY 超级大猩猩""尴尬的铁根 er"为游戏区 UP 主,"小潮院长"曾经为游戏区 UP 主,之后转型为生活区 UP 主,"敬汉卿"为生活区 UP 主。5 位 UP 主有 3 位属于游戏区,还有 1 位曾经属于游戏区,可见游戏区在 B 站的发展之早、热度之深。总点赞量超 1 亿但总播放量未达 15 亿的 UP 主有 2 位,分别是动画区的"凉风 Kaze"与游戏区的"籽岷",两人的视频点赞量相对较高,播放量也均在 10 亿以上。

图 1-4-9 是不同年份百大 UP 主的视频播放量与点赞量分布图。图中圆圈大小表示稿件数量,可以清楚地发现播放量与点赞量靠前的 UP 主多为 2018 年与 2019 年评选的百大 UP 主,但有趣的是,有 4 位 2022 年入选的百大 UP 主有着靠前的播放量与点赞量,但 2020 与 2021 年的百大 UP 主却没有这种情况,由此可以得知 B 站的百大 UP 主评选标准必定在 2022 年发生了较大变化。2022 年新入选的 4 名播放量破 10 亿的 UP 主为"籽岷""真探唐仁杰""刘埔干净又卫生""尴尬的铁根 er"。这四人的入选无疑为百大 UP 主提升了含金量。

还有一个比较有趣的发现,就是 2020 年新入选的百大 UP 主在最低播放量与点赞量处占比很少,虽然在高播放量上也表现平平,但考虑到 2020 年仅有 46 名新 UP 主入选,其在高播放量处表现平平便情有可原了。大量前两届的 UP 主连续在 2020 年获评,综合来看,就播放量与点赞量而言,2020 年的百大 UP 主无疑是含金量极高的。

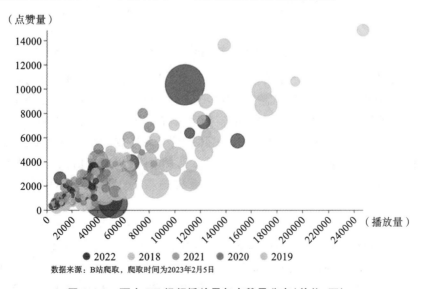

图 1-4-9　百大 UP 视频播放量与点赞量分布(单位:万)

4. 百大UP主视频平均播放量、点赞量

百大UP主的单条视频平均播放量为139.43万,平均点赞量为9.04万,对比平均粉丝为300.72万,可以看出,百大UP主大多数的视频播放量是低于粉丝量的。

如果说视频总播放量与点赞量可以反映UP主在B站的历史影响力与总热度,那么,视频的平均播放量与点赞量则可以反映UP主单条视频的质量。百大UP主视频平均播放量与点赞量分布如图1-4-10所示。可以看到,图中有一个与其他点相差极大的数据——科技区的"老师好我叫何同学",其视频平均播放量达749.95万,点赞量达95.68万。从数据来看,其视频相对而言有着极高的质量,这也解释了其为何可以以46条视频"吸粉"千万,获评百大UP主3次。为使得结果更加科学,本研究剔除"老师好我叫何同学"的数据后再进行分析。

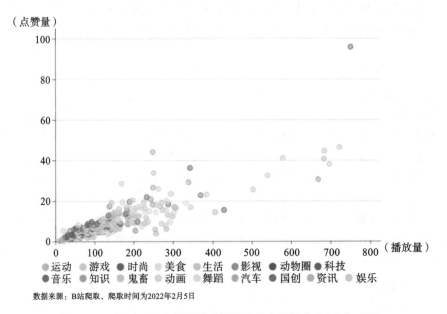

数据来源:B站爬取,爬取时间为2022年2月5日

图1-4-10 百大UP主视频平均播放量与点赞量分布(单位:万)

剔除"老师好我叫何同学"相关数据后的百大UP主视频平均播放量与点赞量分布如图1-4-11所示,这时可以更加直观地看到其他UP主的数据。图中平均点赞量与播放量最高的是两名生活区UP主,分别为"逗比的雀巢""机智的Kason",且两者均有相对不算少的稿件数。图中游戏点则是前文介绍过的"小潮院长"。高播放量与高点赞量方面,生活区独占3个席位。平均播放量与点赞量皆高的,还有鬼畜区的"伊丽莎白鼠"、知识区的"小约翰可汗"、游戏区的"老番茄"。此外,还有一个播放量较低但点赞量极高的知识区"温柔JUNZ",值得引起人们关注。

具体看各个分区的数据(见图1-4-12),可以发现知识区的平均播放量与点赞量几乎全在平均线之上,游戏区与生活区的视频则多集中在平均线附近。同时,观察圆圈大小和视频点赞量与播放量可以发现,视频的数量与质量并不成绝对的反比关系,既有大量稿件数少但播放量与点赞量均低的百大UP主,也有很多稿件数多但视频平均播放量与点赞量均高的百大UP主。但视频稿件数与平均播放量、点赞量依然有较强的负相关关系。也就是说,平

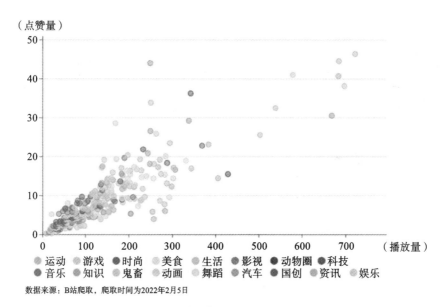

图 1-4-11　百大 UP 主视频平均播放量与点赞量分布(单位:万)

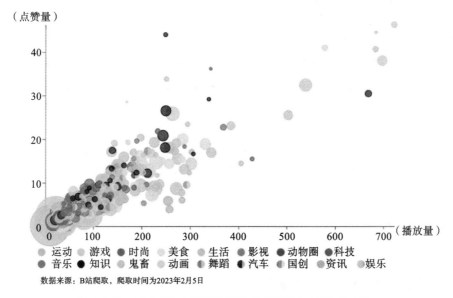

图 1-4-12　百大 UP 主视频总播放量点赞量分布(单位:万)

均播放量、点赞量较高的稿件数比播放量与点赞量较低的投稿数要少。

5. 百大 UP 主视频点赞率与播放粉丝比

播放粉丝比可以反映 UP 主的粉丝活跃度与粉丝黏性,点赞率则可以反映 UP 主的粉丝对视频内容的认可度与粉丝黏性。百大 UP 主视频点赞率与播放粉丝比如图 1-4-13 所示。该图剔除了动画区 UP 主"阿萨 Aza"的数据,其点赞率为 25.26%,播放粉丝比为 77.50,其过高的点赞率会影响整体数据。

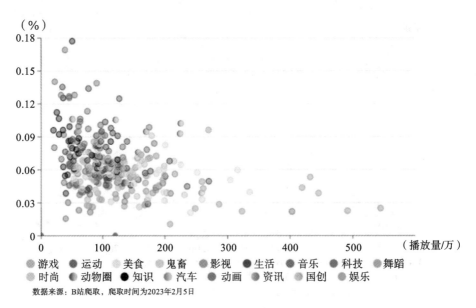

图 1-4-13　百大 UP 主视频点赞率与播放粉丝比

百大 UP 主视频平均点赞率为 5.89%，平均播放粉丝比为 118.95。游戏区与美食区的视频大多拥有较高的播放粉丝比，但点赞率则相对并不突出，由此可以推测游戏区与美食区的 UP 主粉丝活跃度较高，但粉丝对于内容的认可度相对不高；知识区、音乐区则与游戏区、美食区相反，播放粉丝比并不出众，但点赞率较高，也就是粉丝活跃度较低但对内容有着极高的认可度；动画区与生活区的播放粉丝比介于两者之间，粉丝活跃度与对内容的认可度居中，其中，生活区的粉丝活跃度高于动画区，动画区的粉丝对内容的认可度高于生活区。

综上，六个热门分区的粉丝活跃度由高到低排序依次为游戏区、美食区、生活区、动画区、音乐区、知识区，粉丝对内容的认可度由高到低排序依次为知识区、音乐区、动画区、生活区、美食区、游戏区。

（五）分区数据分析

1. 分区稿件数量

截至爬取时间，百大 UP 主共投稿 114643 条，图 1-4-14 显示了各分区稿件数量分布情况。排名前五的分区分别是游戏区、生活区、美食区、影视区、音乐区。可以看到，影视区、运动区、动物圈区稿件数量并不少，但是相对百大 UP 主数量并不多。影视区有 15 位 UP 主，6 人投稿数超 480 条，平均稿件数量达 482 条，影视区 UP 主相对高产；运动区 UP 主"雨说体育徐静雨"单人发布视频 4759 条，占运动区视频总数的近六分之五；动物圈区则有 4 名 UP 主投稿数远高于 288 条这个平均值，拉高了分区稿件数量。

各分区稿件数量如表 1-4-3 所示。就平均稿件数量而言，知识区、时尚区、鬼畜区、音乐区、动画区五个分区均拥有超过 15 名百大 UP 主，但平均投稿数量不足 200 条，可见这些分区的平均视频质量相对较高。

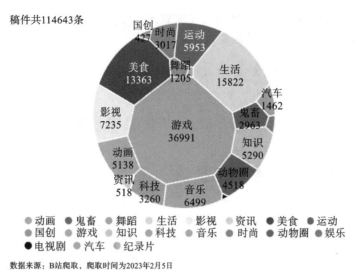

数据来源：B站爬取，爬取时间为2023年2月5日

图 1-4-14　各分区稿件数量分布

表 1-4-3　各分区稿件数量表

分区	稿件数量	UP 主数量	平均投稿数量
娱乐	62	1	62.00
国创	259	2	129.50
知识	4021	29	138.66
舞蹈	974	7	139.14
时尚	2499	16	156.19
鬼畜	2580	16	161.25
音乐	5703	35	162.94
动画	4036	23	175.48
资讯	364	2	182.00
生活	10201	46	221.76
汽车	1213	4	303.25
科技	3043	8	380.38
美食	13055	34	383.97
影视	5856	15	390.40
动物圈	4327	11	393.36
游戏	37664	57	660.77
运动	5731	8	716.38

2. UP 主本分区投稿占比

本研究将分区投稿在总投稿中占比为 100％ 的 UP 主称为绝对分区者，将分区投稿在总投稿中占比为 90％～100％ 的 UP 主称为分区坚定者，将分区投稿在总投稿中占比为 80％～90％ 的 UP 主称为分区动摇者，将分区投稿在总投稿中占比为 60％～80％ 的 UP 主称为潜在转区者，将分区投稿在总投稿中占比为 60％ 以下的 UP 主称为转区者或分区未定者，

图 1-4-15 是分区投稿数占总投稿数比例的详细数据。可以发现,B 站百大 UP 主绝大部分本分区投稿占总投稿比例超 80%,转区者或者分区未定者在百大 UP 主中占比较小。

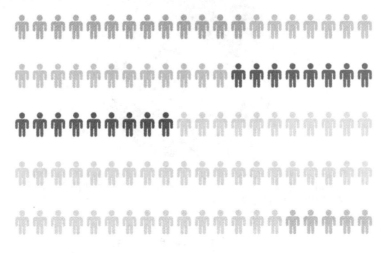

数据来源:B站爬取,爬取时间为2023年2月3日,图中数据左闭右开

图 1-4-15 分区投稿数占总投稿数比例示意

同时本文选取了 11 名稿件数占比最低的 UP 主进行了详细分析,分析结果如表 1-4-4 所示。

表 1-4-4 稿件数占比最低的 UP 主投稿信息

昵称	稿件数	所属分区	稿件数 2	分区稿件数比例	转区	备注
-LKs-	396	游戏	102	25.76%	无	游戏区、科技区、生活区、知识区、音乐区反复横跳
★⑥槌轮囲★	606	动画	206	33.99%	有	动画区转影视区转生活区
老爸评测	242	生活	83	34.30%	评测区?	生活区、时尚区、美食区、知识区等均有
吃素的狮子	658	生活	227	34.50%	有	鬼畜区到梗百科系列,动画区、游戏区后转生活区
狂风桑	236	音乐	82	34.75%	有	音乐区到生活区到动物圈
丰兄来了	203	动画	77	37.93%	无	搞笑抽象视频为主,各分区内容均有所涉及
阿萨 Aza	507	动画	193	38.07%	虚拟主播	动画区、音乐区、游戏区均有所涉及
nya酱的一生	287	时尚	110	38.33%	有	时尚区到生活区
多多 poi、	283	音乐	120	42.40%	虚拟主播	涉及动画区、音乐区
逗比的雀巢	103	生活	44	42.72%	有	动画区转生活区
矮乐多 Aliga	205	舞蹈	90	43.90%	无	以舞蹈区为主、生活区也有所涉及

3. 分区涉及 UP 主数量

表 1-4-5 和图 1-4-16 显示了不同分区涉及 UP 主的数量,即有多少个百大 UP 主在该分区发布过视频,从中可以发现,生活区的百大 UP 主数量虽然并非最多,但是 314 位百大 UP 主中却有 275 位(即 87.6%)UP 主发布过生活区的视频,生活区可谓 B 站 UP 主的交集区与"公约数",同时,结合之前稿件数占比最低 UP 主几乎全部涉及生活区,且转区 UP 主大多选择生活区的现象,可以戏谑地说"生活区是 B 站 UP 主的最终归宿"。

表 1-4-5 分区涉及 UP 主数量

分区	涉及 UP 主数量	分区 2	涉及 UP 主数量 2
电视剧	3	娱乐	95
国创	30	运动	97
纪录片	36	影视	101
鬼畜	54	动画	109
舞蹈	56	美食	132
资讯	60	音乐	154
汽车	62	知识	161
时尚	71	游戏	184
科技	80	生活	275
动物圈	85		

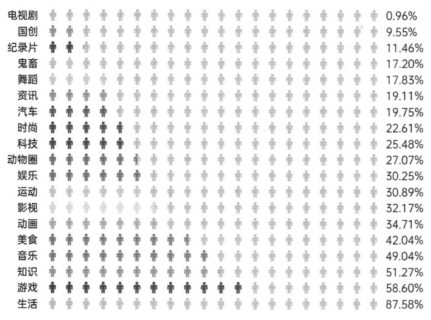

数据来源:B 站爬取,爬取时间为 2022 年 2 月 5 日

图 1-4-16 分区涉及 UP 主数量占比示意

第五节　背单词 App 比较与分析

一、选题背景与意义

随着"互联网＋"的浪潮席卷人们生活的方方面面，教育与学习本身不再需要对着纸质课本死记硬背：在线教育产业蓬勃发展，呈现欣欣向荣的景象。根据第 46 次《中国互联网络发展状况统计报告》，截至 2020 年 6 月，我国在线教育用户规模达 3.81 亿，占网民整体的 40.5％；手机在线教育用户规模达 3.77 亿，占手机网民的 40.4％。特别是新冠疫情期间，大众对于在线教育的认知与使用水平迅速提升，一方面，在"停课不停学"政策的引导与助推下，各地教育部门积极推进在线教育平台的使用，让学生与家长加深了对在线教育的认知，大大提升了个人购买、使用移动端设备进行学习的热情；另一方面，各大在线教育平台加速渗透下沉市场，随着在线教育需求的不断增多，各大在线教育平台也不断采取各种方式吸引用户，进一步提升了大众对在线教育的接受度。

而在线外语学习领域无疑是在线教育的先行者与领头羊。蓝鲸教育与易观千帆数据中心公布的数据显示，2020 年 7 月末，外语学习 App 共 155 家，活跃用户 5496.9 万，占教育全网用户的比例达 13％。其中，背单词 App 凭借以下几点优势吸引了大众的注意力。

第一，作为英语学习的基础，大多数学生已养成了背单词的学习习惯。我国的英语教育把背单词作为英语学习的起点，并且在中高考、大学四六级等考试中重读写轻听说，即使是在雅思、托福等考试中，背单词也是非常必要的，因此扩充词汇量成为大部分英语学习者的既定思维与学习习惯。

第二，背单词的学习成本相对较低。相较于口语、语法的学习，背单词的学习成本最低，不需要专业的指导，一本词汇书足矣，而且进行机械的记忆要比理解语法、与英语人士对话易操作得多。

第三，背单词成果易于可视化，学习有既得感、成就感。背单词类产品容易进行可视化统计，将成绩直观地用数字呈现出来，让用户获得每天进步一点的满足感，更易于坚持，因此背单词类 App 的用户留存率相对较高。

尽管背单词 App 是广大用户进入英语学习赛道的一个切入点，然而目前市面上过多的背单词 App 让用户难以选择。

仅在知乎一个平台，关于"背单词软件"的提问就超过 50 条，且在"哪款背单词的 App 更好用？"这一个问题下就有 762 个回答，一条热门回答下集聚了超过 7000 条赞，如图 1-5-1 所示。

如何在浩如烟海的背单词 App 中，找到功能最强、最适合用户的那一款学习软件呢？

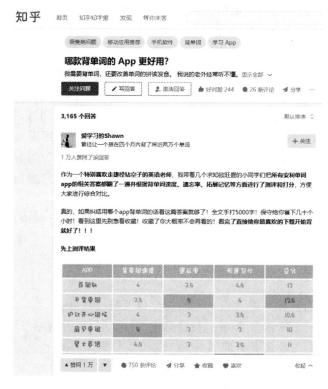

图 1-5-1　知乎热门问题"哪款背单词的 App 更好用？"

带着这样的疑问，我们开始了对背单词软件的数据挖掘，力求从大数据中找到真实、有效的信息。

二、数据挖掘思路

（一）研究对象

综合考虑数据挖掘结果的有用性以及实际操作的可行性，我们在背单词软件市场上选取了四款下载量最高的 App 进行对比分析，它们分别是百词斩、墨墨背单词、不背单词以及扇贝单词英语版（以下简称扇贝单词）。

（二）研究思路

为了综合评估这些软件给用户带来的使用体验，我们将从产品热度和产品功能两个方面进行数据挖掘与分析工作。

在产品热度方面，由于这四款背单词 App 除软件内部的社群运营（例如背单词打卡微信群等）之外，主要在微博和微信公众号两个平台进行内容推送与用户联系，且微信公众号上的内容较少，因此我们以微博为基础，进行如下数据挖掘工作。

首先，以四款软件的名称为关键词，爬取微博上所有的相关内容，对比数量，印证整体的软件讨论热度；其次，选取微博与微信公众号上四款背单词 App 官方账号的推文，以数量对比反映其在微博上的运营效率与力度；最后，爬取官方微博的转评赞数量，对比反映官方微博的响应程度与影响力。

在产品功能方面，首先对微博的关键词讨论的数据进行情感分析，分析大众对于四款 App 的整体态度倾向。之后，以已下载并使用的用户评价为基础进行数据挖掘与分析。

我们通过无差别大量采样的方式，爬取了 Appstore、Google Play、豌豆荚、酷安中关于这四款 App 的评论内容，并从其他网站收集华为、小米、魅族等应用商店的应用评论。

第一步，以评分为依据，制作好评与差评的词云，直观展现用户的整体感知。

第二步，以 TextRank 分析背单词 App 整体的功能关键词，发掘用户最关心的背单词 App 的功能。

第三步，以上一步分析出的功能为关键词，统计其在好评和差评中出现的频率，对比分析四款 App 在这些功能上的优劣势，进而总结不同 App 的侧重点。

(三)研究目的

第一，对比分析四款背单词 App 的运营力度以及响应程度。

第二，找出用户对于这四款 App 的讨论热度、讨论话题以及情感态度。

第三，找出用户最关心的背单词 App 的功能，并发掘各 App 在这些功能上的用户感知价值，对比分析背单词 App 的发展历程及未来的优化方向。

第四，指导广大英语学习者按照自己的需求及偏好，选择适合自己的背单词 App，达到以大数据指导行为的使用目的。

三、数据描述与技术选择

(一)数据描述

以"墨墨背单词""百词斩""不背单词""扇贝单词"为关键词，选择 2020 年这一时间段，在微博进行搜索，得到微博关键词搜索数据集，通过 Scrapy 爬虫框架爬取 weibo.cn 完成，单机单 IP 单 Cookie 配置，爬取约 36 小时，获得 394329 条相关数据。

微博数据维度如表 1-5-1 所示。

表 1-5-1 微博数据维度

数据维度	数据类型	数据解释	样例
_id	String	MongoDB 数据 ID	"yDRW9sWjv"
crawl_time	Int	爬取该内容的时间	"1608819161"
weibo_url	String	该微博链接	"https://weibo.com/1949163791/yDRW9sWjv"
user_id	String	发布者 ID	"1769964801"
created_at	String	该微博发布时间	"2012-09-27 23:53:53"

续表

数据维度	数据类型	数据解释	样例
tool	String	发布者所使用的工具	"百词斩"
like_num	int	点赞数	0
repost_num	int	转发数	0
image_url	引用,String Array	微博内所使用的图片的链接集合	0:"http://ww3.sinaimg.cn/wap180/697f8501jw1dxbinanj6aj.jpg"
comment_num	int	评论数	0
content	String	正文内容	"♯百词斩学霸认证♯书山有路勤为径,学海无涯苦作舟;若是得助大杀器,山高海远何须愁!我正在背硕士研究生入学考试,爷已经完成任务6天,今日……"

1. 微博官号数据集

爬取微博四款 App 官方账号的发布情况与内容,构成微博官方账号发布数据集。通过 Scrapy 爬取 weibo.cn 网站个人主页,共获得 20571 条数据。

2. 应用市场评论数据集

通过爬取四款 App 在 Appstore、小米、华为、酷安、Google Play(部分)应用市场的评论,构建评论数据集。具体的获取方式如下:通过 Python 访问 Appstore 开放 API,抓包分析酷安 Ajax 移动端请求,以 Node.js 构建 Google Play 爬虫等;小米、华为应用商店的评论则源自七麦数据。共计 552041 条评论,数据维度如表 1-5-2 所示。

表 1-5-2 应用市场评论数据维度

数据维度	数据类型	数据解释	样例
发表时间	String	该评论发表时间	2020-12-22 23:29:13
作者	String	发表评论的作者	"丑丑的小张同学"
评级	int	评分	该评论打分
标题	String	该评论标题	"好评"
内容	String	评论内容	"真的超级好用 不强制收费!制定自己的目标可以复习之前学的单词还可以学习新的单词"

(二)基本统计

在微博关键词数据集中对"content"维度以四款 App 名称为关键词进行二次过滤,并剔除各 App 以打卡、分享等为代表的无意义内容,得到各个 App 在微博 2020 年的讨论热度,如表 1-5-3 所示。

表 1-5-3　各个 App 在微博 2020 年的讨论热度表

产品	百词斩	墨墨背单词	不背单词	扇贝单词
微博数量	31986	4036	11703	6047

对微博官方账号数据集以月为单位进行切分,统计其各月发布数量、发布趋势以及全年发布总和,如表 1-5-4 所示。

表 1-5-4　各个 App 在微博 2020 年各月份发布微博数量

产品	月份											
	1月	2月	3月	4月	5月	6月	7月	8月	9月	10月	11月	12月
百词斩	35	35	35	65	66	62	64	61	30	68	99	57
墨墨背单词	5	47	83	6	37	81	59	37	14	0	1	0
不背单词	23	22	40	73	72	79	42	42	41	24	44	46
扇贝单词	78	73	55	66	62	68	75	71	82	105	106	105

之后,对其微博官方账号所发布内容的转发、评论、点赞数进行统计,得到其中位数,并将其作为代表指标,如表 1-5-5 所示。

表 1-5-5　各个 App 在微博的转发、评论、点赞数

产品	转发中位数	评论中位数	点赞中位数	总和
百词斩	25	1	11	37
墨墨背单词	58	2	16.5	76.5
不背单词	30	1	9	40
扇贝单词	86	13	11	110

(三) 情感分析

对微博内容进行情感分析,判别微博用户对这四款 App 的整体情感态度。

由于 SnowNLP 在训练过程中大量涉及评论内容,其语料库与本次分析内容更加匹配,因此,分析工具选用 SnowNLP。

通过 SnowNLP 得到的结果 $(x-0.5) \times 200$,得到如表 1-5-6 所示的四款 App 微博内容情感得分,从 -100 到 100,数值逐级增长,情绪由消极到积极。

表 1-5-6　四款 App 微博内容情感得分

产品	Lower	Q1	Median	Q3	Upper
百词斩	−99.99	−89.19	−29.44	81.46	100
墨墨背单词	−99.99	−85.15	54.65	99.89	100
不背单词	−100	−90.65	−43.48	93.63	100
扇贝单词	−100	−62.07	68.78	99.89	100

(四)主题提取

对微博讨论内容通过 TF-IDF 开展主题提取,可以让我们对用户的使用场景、心理活动与状态有所了解。结果如图 1-5-2 所示。

```
总内容:
Topic #0:
超话 打卡 单词 扇贝 可以 day 墨墨 今天 别以为 studyaccount 每日 数学 今日 考研 tfboys 日常 微风 环球 拜拜 100

Topic #1:
王源 单词 一个 现在 自己 就是 还是 什么 知道 时间 可以 每天 喜欢 但是 觉得 还有 没有 这个 感觉 因为

Topic #2:
转发 理由 doge 2020 微博 你们 图片 2021 哈哈哈 怎么 人物 品牌 干嘛 查看 跑步 记录 然后 amp 求求 粉丝

Topic #3:
真的 不想 哈哈哈 允悲 今天 开心 app 二哈 昨天 哈哈哈 失望 可爱 天天 开学 软件 cry 少年 打开 就是 以为

Topic #4:
阅读 坚持 英文 篇文章 政治 10 笔记 真题 听力 30 整理 翻译 早起 熬夜 计划 背诵 读完 他们 基础 一篇

Topic #5:
http cn 百词 显示 地图 有道 词典 一起 单词 网易 主宰 联合国儿童基金会 专栏 倒计时 萧邦 chopard gt 下载 大家 官方

Topic #6:
英语 努力 考研 加油 词汇 四级 六级 视频 微博 开始 教育 老师 做个 四六级 雅思 20 逻辑 拓词 核心 专升本

Topic #7:
今天 自己 不能 时候 开始 明天 没有 晚上 别人 起来 很多 一天 睡觉 手机 希望 怎么 一定 好好 不是 已经

Topic #8:
百词 完成 今日 任务 单词 11 12 分享 正在 已经 25 13 高考 17 16 20 考试 19 一般 背着

Topic #9:
大使 看到 微笑 为了 睡不着 悲伤 世界 日记 这个 一个 我们 不会 放弃 痛苦 自律 回家 今晚 最后 学生 朋友圈
```

图 1-5-2 微博讨论内容主题 TF-IDF 统计

对四款 App 分别选取 45000 条评论,并对评论内容通过 TextRank 进行关键词提取,人工筛选出权重最大的功能词汇,并以此为关键词在四个 App 的评论集中分别查询词频,计算占比。

由于本次分析内容以评论为主,内容单薄、文本短小,且整体内容面向背单词这一主题,因此有大量稀有度较高的词出现在文本中,诸如"艾宾浩斯""遗忘曲线"等。这些词受到 IDF 值过高的影响而重要程度异常高,导致结果不准确,故采用 TextRank 算法。TextRank 算法不易受到文本自身题材限制,使用起来效果会更好。

最终获得的关键词列表为:"记忆""例句""曲线""界面""发音""词根""助记""规划""词缀"。

关键词列表主要表现了用户在评论中所展现出来的最重视的十大功能,而关键词词频统计结果则表现了某一个功能是否多次出现在评论中,如表 1-5-7 所示。若频繁出现在好评中则认为该功能被多次好评,该 App 这一功能评价则会有所提升,反之则会下降。而占比表现了提及这一功能的评论数在所有评论数中的比例。

表 1-5-7　各个 App 关键词词频

产品	记忆	例句	曲线
百词斩	0.273931366646598453	0.2235851896447923	0.053506923540036125
墨墨背单词	0.4098869532987398	0.0897887323943662	0.23549851742031133
不背单词	0.1784182706691932	0.3657125760446794	0.03680063827665304
扇贝单词	0.5347711267605634	0.13380281690140844	0.02112676056338028
产品	界面	发音	词根
百词斩	0.20168573148705599	0.06441902468392535	0.10573449729078868
墨墨背单词	0.08283914010378057	0.03609154929577465	0.02103409933283914
不背单词	0.2181111000299192	0.048120075795352546	0.07943552408497058
扇贝单词	0.07922535211267606	0.10849471830985916	0.045774647887323945
产品	助记	规划	词缀
百词斩	0.020319084888621313	0.005945213726670681	0.050872968091511137
墨墨背单词	0.07880837657524092	0.039566345441067456	0.006486286137879911
不背单词	0.014660416874439015	0.004388151989628004	0.054353246235165055
扇贝单词	0.058538732394366196	0.008362676056338027	0.009903169014084508

四、数据呈现

(一)产品热度方面

1.背单词 App 在微博上的讨论热度

本研究统计了微博上以"百词斩""墨墨背单词""扇贝单词"和"不背单词"这几款 App 名称为关键词的微博数量(因为各 App 超话中的微博几乎全部来源于软件的"背单词打卡"功能,为了进一步精确到讨论热度方面,删除了这四款软件超话中的内容),统计结果如图 1-5-3 所示。百词斩为 31986,占比 59.6%;不背单词为 11703,占比 21.81%;扇贝单词为 5999,占比 11.18%;墨墨背单词为 3978,占比 7.41%。

由以上数据可知,背单词软件市场中被大众讨论得最多的 App 为百词斩,且其热度远远高于后三位。

2.背单词 App 微博官方账号在 2020 年的发博数量、趋势以及用户的响应程度

(1)背单词 App 的微博官方账号发博数量与用户响应程度

通过数据挖掘,可以得出 2020 年这四款 App 官方账号在微博上发布的总微博数量与用户互动响应(转+评+赞)程度,如图 1-5-4 所示。

百词斩发博 677 条,一条微博收获用户的互动响应中位数为 37;墨墨背单词发博 370 条,一条微博收获用户的互动响应中位数为 76.5;扇贝单词发博 946 条,一条微博收获用户

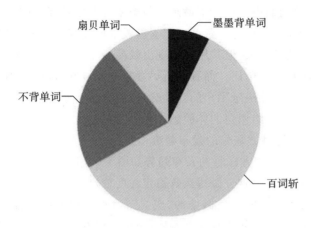

图 1-5-3 不同背单词 App 在新浪微博上的讨论热度

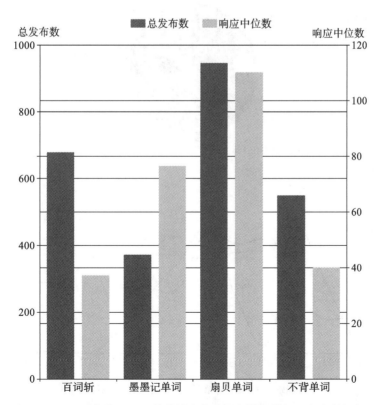

图 1-5-4 不同背单词 App 的微博官方账号发博数量与用户响应程度

的互动响应中位数为110;不背单词发博548条,一条微博收获用户的互动响应中位数为40。由以上数据可看出:四款App官方账号在微博的运营频率与力度方面,扇贝单词做得最好,百词斩其次,保持了较高的活跃度;不背单词和墨墨背单词表现稍差。

在用户与微博官方账号的互动热情与响应程度方面,扇贝单词做得最好,墨墨背单词其次,保持了较高的活跃度;不背单词稍差,百词斩垫底。

综上所述,扇贝单词的用户保持了最高的与微博官方账号互动的热情,这与扇贝单词微博官方账号活跃度最高的数据是一致的。但墨墨背单词在这一方面也逆势翻盘,位居第二,尽管其官方账号发博数量最低,但其用户呈现出较高的互动热情,每条官方微博下的转评赞总数都超过了百词斩和不背单词。而百词斩尽管官方账号发博活跃,用户却并不买账,这说明官方的运营频率并不直接决定用户的互动热情,用户愿不愿意响应官方账号、与官方账号互动,还是要看产品本身带给用户的体验感。

(2)背单词App微博官方账号的发布趋势

不同背单词App微博官方账号的发布趋势如图1-5-5所示。综合四款软件的发博基数来看,扇贝单词和不背单词的官方微博运营稳定程度较好,基本保持稳定;百词斩表现稍差,但整体上也基本保持了每天发一条微博的"底线",但墨墨背单词的官方微博运营则完全是大起大落,3月和6月达到高峰,4月降到谷底,一个月仅发4条微博,且自10月起官方微博基本瘫痪,几乎完全不再发微博,给用户以不踏实不稳定的"危险感"。

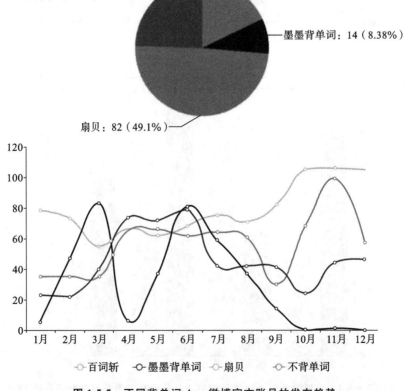

图 1-5-5　不同背单词 App 微博官方账号的发布趋势

(二)产品功能方面

1. "谁更好?"——哪个 App 的大众感知影响与风评更好?

(1)背单词 App 的微博讨论情感态度统计

以四个 App 的名称为关键词进行搜索,对通过情感分析得到的大众讨论态度进行评分,情感态度为完全正面的记为 100,完全负面的记为 -100,中立的记为 0。四个 App 的微博讨论情感态度如图 1-5-6 所示。

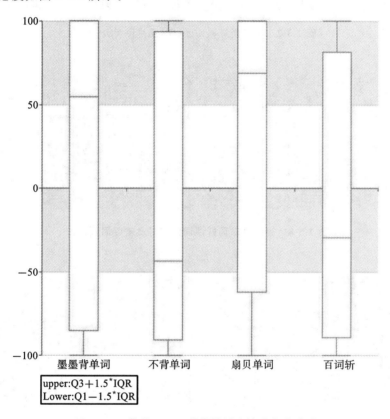

图 1-5-6 背单词 App 的微博讨论情感态度统计

百词斩的中位数为 -29.45,上四分位数为 81.46,下四分位数为 -89.19;墨墨背单词的中位数为 54.65,上四分位数为 99.89,下四分位数为 -85.15;扇贝单词的中位数为 68.78,上四分位数为 99.89,下四分位数为 -62.07;不背单词的中位数为 -43.48,上四分位数为 93.63,下四分位数为 -90.65。

综合来看,大众对于这四个 App 的感知评价较为分散,基本都存在好坏参半的情况。但以中位数为基准,得出在微博讨论情感态度方面,好评度由高至低排序为:扇贝单词、墨墨背单词、百词斩、不背单词。

(2)背单词 App 产品的用户评价词云(按评分分类为好评组与差评组)

图 1-5-7 至图 1-5-10 分别显示了不同背单词 App 产品的用户好评评价词云以及差评评价词云。

图 1-5-7　百词斩好评词云（左）及差评词云（右）

图 1-5-8　墨墨背单词好评词云（左）及差评词云（右）

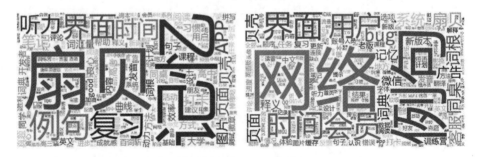

图 1-5-9　扇贝单词好评词云（左）及差评词云（右）

图 1-5-10　不背单词好评词云（左）及差评词云（右）

2."谁更强？"——哪个 App 能更好地满足用户需求？

(1)用户需求的挖掘

基于爬取的数据进行用户讨论主题的分析与相关产品的体验与思考,我们明确了用户对背单词 App 的诉求与使用背单词 App 的场景。

通过对用户评论的爬取与 TF-IDF 分类可看到用户在讨论什么内容,相关词语有"阅读""四六级""雅思""考研""翻译""有道""晚上""例句""打卡""分享""坚持""地图"等。

在动机方面,大部分用户的诉求指向考试,他们需要通过背单词来应对大学英语四六级、雅思等考试。

在使用场景方面,大部分用户的使用场景是以睡前的集中时间为主,以日常零碎时间为辅。

在词汇要求方面,用户精力有限,通常比较关注高频词汇的背记与使用,但总体涉及范围较广。部分用户对于词汇的质量要求较高,主要体现在对单词的英译中以及精准理解与运用方面。

在记忆要求方面,用户注重单词的记忆效果,希望 App 能帮助自己培养坚持的学习习惯;最好能把学习情况汇总成数据,并进行可视化呈现。

在情感态度方面,高频出现的词有"痛苦",较多用户认为背单词仍然是一件不轻松的事情;部分用户期待 App 能提供分享或游戏等轻社交功能,以激发用户学习兴趣。

综合整理的用户需求如表 1-5-8 所示。

表 1-5-8　用户需求

用户需求	需求描述
基本型需求	1. 科学高效的背单词功能,提高词汇量; 2. 丰富全面的单词书,满足不同场景的需求; 3. 提供单词训练与复习功能,强化学习记忆; 4. 提供单词、短语的搜索功能,方便进行便捷的单词查询; 5. 能制订每日的学习计划并自动灵活调整。
期望型需求	1. 起到激励和督促学习的作用,激发用户持久学习热情; 2. 有趣的学习模式,激发学习兴趣; 3. 能提高英语的应用能力(阅读/口语等),对工作起到积极作用; 4. 优质的英语学习课程与学习类文章,助力英语提升。
兴奋型需求	1. 在学习中建立自己的学习圈子,大家相互交流、共同进步; 2. 能边娱乐边学习,比如与英语相关的游戏等; 3. 提供听力功能,不只是听单词,还包括考试听力练习等,助力考试中的听力部分; 4. 将学习情况汇总成数据,并进行可视化呈现。

综合整理的用户使用场景如表 1-5-9 所示。

表 1-5-9　用户使用场景（以百词斩为例）

姓名	身份	年龄	目的	场景描述
李皓	学生	20	计算机专业，大一以486分的成绩顺利通过了大学英语四级考试，但后续参加了两次大学英语六级考试均未通过，且一次比一次分数低，现在大三，想尽快通过大学英语六级考试。	在网上搜索了背单词App，选择下载百词斩试试，发现效果还不错。每天除了听两个小时网课外，晚上还花半个小时时间在App上背单词。他发现百词斩还有大学英语六级听力真题，感到非常兴奋，决定在考前两个月充分利用这项功能。除此之外，喜欢游戏的他还玩起了单词PK，不断提升自己的段位。
陈小英	学生	21	市场营销专业，正在准备考研，目标院校是某知名财经院校，难度极大，希望能坚持背单词，持续提升词汇量，通过初试。	之前用过百词斩，后来由于学习英语兴趣不高，也无应试需求，于是卸载。最近重装，每天安排一个小时的时间背单词。为了督促自己，她还加入了学习小班，每天定时打卡签到。另外，为了了解自己的学习情况，定期进行阅读词汇测试。
Judy	会计从业者	27	现就职于一家国际会计师事务所，单位业务系统都使用英语，日常工作也经常会接触到全英文材料，感到词汇水平不够，想要提高专业英语水平。	每天利用上下班的碎片化时间，在地铁上进行单词打卡，但地铁嘈杂，她每次都带上自己的耳机。同时，她也喜欢上了单词电台，可以戴上耳机边听边背。打卡一段时间后，发现仅背单词还不够，朋友圈有朋友在打卡薄荷阅读，于是选择了外刊并将其设置为学习计划。
张飞	银行从业者	38	想为上小学的孩子营造良好的英语氛围，希望孩子能每日学习英语。	在年轻同事的推荐下下载了百词斩，自己试用了一番，发现百词斩界面风格简洁有趣，能够满足孩子需求。他给孩子演示了单词TV功能，可以让孩子边看视频边记单词，还给孩子展示了单词PK的玩法，每天下班回家都陪着孩子学习40分钟英语单词。
笑笑	英语专业硕士	23	英语狂热爱好者，手机里安装了大量英语学习App，包括阅读、听力、交流、职场等，学习英语已经成为习惯和爱好。	本科就开始使用百词斩，图背单词的特色功能、百词斩的创文化以及各类活动让她成为百词斩的忠实粉丝。她参加每月推出的"斩家"活动，喜欢"爱阅读"中推荐的书籍，也经常购买百词斩商城中的各类周边，但单纯的背单词已经不足以满足其需求了。

（2）用户最关心的产品功能挖掘

除了通过分析用户的讨论主题得出用户使用背单词App的需求外，我们还通过提取评论中出现的功能高频词,得出用户最关注的前九位核心产品功能,按重要程度排序分别为:记忆、例句、曲线、界面、发音、词根、助记、规划、词缀。

①背单词 App 产品功能评价态度。

以挖掘的关键功能为基础,按照"提到了以下功能的好评数/全部好评数"方式,得到用户对于四款背单词 App 的功能评价态度柱状图,具体如图 1-5-11 至图 1-5-14 所示。

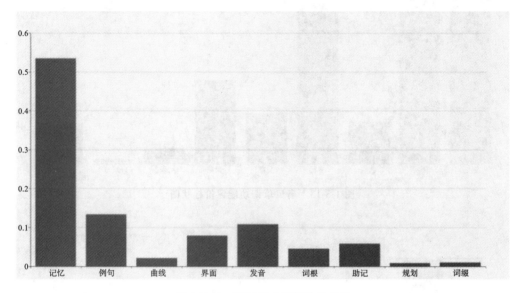

图 1-5-11　百词斩功能评价柱状图

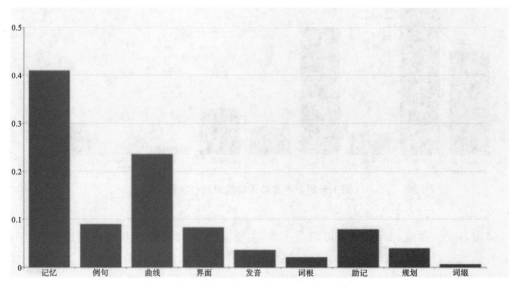

图 1-5-12　墨墨背单词功能评价柱状图

②背单词 App 产品功能优劣。

图 1-5-15 为背单词 App 产品功能优劣雷达对比图。九大核心产品功能按重要程度由高到低排序(从最上方的"记忆"开始逆时针转)为:记忆、例句、曲线、界面、发音、词根、助记、

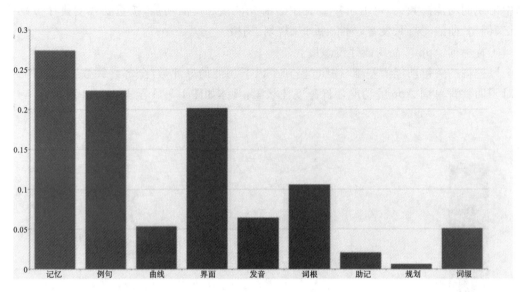

图 1-5-13　扇贝单词功能评价柱状图

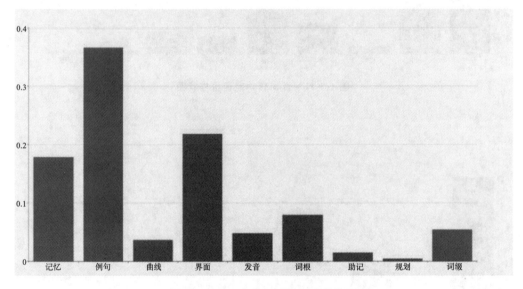

图 1-5-14　不背单词功能评价柱状图

规划、词缀。

其中,记忆、曲线、助记、规划可归为一类,主要是 App 如何设计功能以帮助用户实现短期或长期的良好记忆;例句、发音、词根、词缀属于一类,衡量的是背单词 App 基础的词汇储备质量;界面单列,主要针对 App 的表现层设计方面(交互和 UI 设计)。

四个 App 在不同功能的用户评价上,由高到低排列如下。记忆:扇贝单词、墨墨背单词、百词斩、不背单词。例句:不背单词、百词斩、扇贝单词、墨墨背单词。曲线:墨墨背单词、百词斩、不背单词、扇贝单词。界面:不背单词、百词斩、墨墨背单词、扇贝单词。发音:扇贝单词、百词斩、不背单词、墨墨背单词。词根:百词斩、不背单词、扇贝单词、墨墨背单词。助

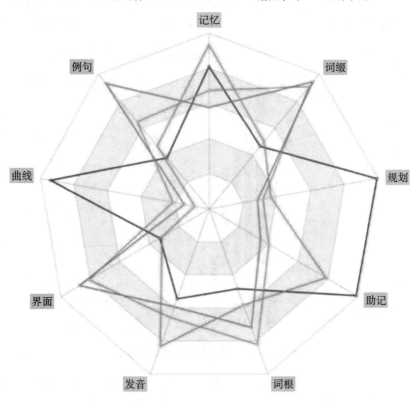

图 1-5-15　背单词 App 产品功能优劣雷达对比图

记：墨墨背单词、扇贝单词、百词斩、不背单词。规划：墨墨背单词、扇贝单词、百词斩、不背单词。词缀：不背单词、百词斩、扇贝单词、墨墨背单词。

综合来看，这四个背单词 App 中，墨墨背单词和不背单词在整体的用户感知评价上具有比较优势，百词斩和扇贝单词在用户体验上的评分较为均衡，但亮点突出的地方较少。

五、产品分析与优化建议

为了进一步提升背单词 App 的质量，这里我们将结合数据结果具体分析各个背单词 App 的优势功能，并基于分析结果给出优化建议。

（一）记忆规划与效果反馈

学习者背单词时难以避开的困扰就是要不断跟"遗忘"做斗争，信息输入大脑后，遗忘也就随之开始了，"记了就忘"的状况让不少英语学习者半途而废。这时，背单词 App 的核心功能就是帮助用户了解适合自己的背单词节奏，合理安排每次背单词的时间。

在"记忆""曲线""助记"这三类复习功能的评论关键词中，墨墨背单词的好评度一骑绝尘,这与它本身的产品定位是相当契合的——"一款面向四六级考研等英语词汇记忆的需求人群,以图表的方式记录每日学习的点点滴滴,直击人类记忆痛点,精准规划海量记忆的抗遗忘单词 App";其宣传语是"更懂你的记忆"。墨墨背单词记忆曲线界面如图 1-5-16 所示。

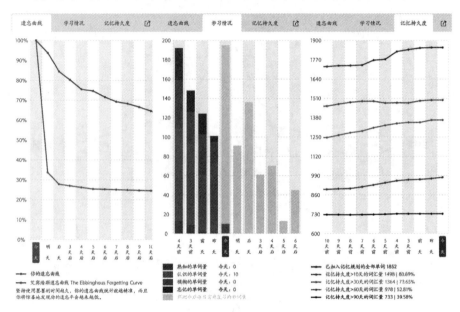

图 1-5-16　墨墨背单词记忆曲线界面

墨墨背单词专门的复习功能设计也有其不合理之处:首先,用户需要学习完今日的单词,其次在首页中点击日历中的 logo,进入今日学习详情;再点击查看详情,进入今日回顾界面;最后点击右上角的再次复习,选择复习模式才能成功进入复习界面。复习功能隐藏过深,导致部分新用户很难发现。

图片记忆是百词斩的首创功能,也是其唯一的优势功能,即"图背结合",图片记忆界面如图 1-5-17 所示,通过生动活泼的图片配合单词记忆,打破了传统背单词方法中一个单词匹配一条中文释义的枯燥感,让用户借助形象进行记忆。每个单词配套的四张图都设计得十分用心,内容精美且不乏搞笑元素,选择正确或错误时,右词斩还有相应的音效,让用户在使用过程中拥有轻松愉悦的感受。

但百词斩的这种方法也有一定的弊端。

第一,学习者只记住了图片没有记住意思,这在一定程度上是因为其他内容过于丰富以至于"喧宾夺主"。面对生僻单词,学习者通过图片可能会猜对意思从而选择正确,但这时候大脑里存储的是图片而非单词的准确含义,不过详细释义和右上方关于上一个单词的释义可以在一定程度上解决这个问题。

第二,学习者知道释义却选不出图片。不是每个单词的意思都可以被图片准确地表示出来,百词斩的图片总体上设计得很不错,但仍然存在配图解释比较牵强的情况。这种情况下,用户也许知道单词的意思却纠结于选哪张图片,就有些本末倒置了。

第三,不能解决"只会看英语回忆汉语意思,而看到汉语意思却想不起来有哪些英语单词可以对应使用"这一痛点问题。

图 1-5-17　百词斩图片记忆界面

(二)词汇质量方面

这一部分包括词根、词缀、发音、例句。这几个维度用来衡量背单词 App 本身的内容质量如何,App 如何对一个单词进行拆解(词根、词缀可以帮助用户联想与串联记忆),发音是否标准,例句的选取是否合理(来源是什么、是否专业、风格偏严肃还是偏活泼等)。

在背单词的过程中,词根主要起到促进理解、协助记忆的作用。不背单词在这一部分做得很好,将词根、词缀释义部分做得比较专业,尽管需要付费,仍然得到了用户的认可。此外,不背单词还衍生出相关记忆包,如派生串记等。

在背单词的过程中,例句主要起到结合语境、加深理解、提高单词应用能力的作用。不背单词在这一功能方面遥遥领先,特色点在于该软件选取的单词例句均来源于影视、新闻等真实语境,相较于其他软件随意编造的一句话,更真实、更有记忆点和吸引力,如图 1-5-18 所示。

发音也是衡量一个背单词 App 词汇质量的重要维度。扇贝单词在发音模块和其他 App 的区别有以下两点:一是自动读出例句,帮助用户加强记忆,熟悉词汇的应用场景;二是听词模式,可以根据单词的发音提醒用户猜测单词的拼写和含义,帮助用户提高听力过程中的翻译能力。扇贝单词发音模块界面如图 1-5-19 所示。

(三)UI 设计与交互方面

在界面部分,好评度较高的不背单词和百词斩均采用了较为简洁大方的设计思路,如图 1-5-20 和图 1-5-21 所示,其中不背单词的首页会随机更换精美的壁纸,更加人性化。

从布局、配色和图形的设计来看,百词斩首页没有任何广告位,观感舒适;首页直接显示

图 1-5-18　不背单词例句界面　　　　图 1-5-19　扇贝单词发音模块界面

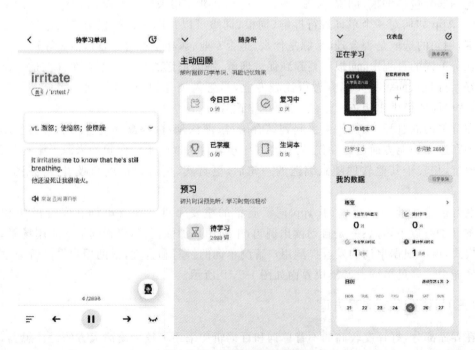

图 1-5-20　不背单词基础界面

图 1-5-21　百词斩基础界面

用户正在背的词汇书,今日计划和需要复习的单词重点显示,而"开始背单词"的提示按键加粗高亮,强烈引导用户进行点击。背单词对大部分用户来说是一件"反人性"的事情,百词斩通过相应的交互设计缩短用户开始背单词行为的使用路径,清晰显示、明确目标,从而激励用户进入背单词的状态。

百词斩在独具特色的图背单词上做了改进,将单词释义也在图中进行展示,弥补了图片与单词实际意思不够符合的缺陷;对于简单的单词,用户可以选择"斩"去;对于难度较高的单词,用户可以选择"提示",根据提示选择答案,但提示不得超过 3 次,超过 3 次时直接跳转到单词详情页。这一页面的改进更加契合用户背单词的场景,将已熟悉、较模糊、完全陌生的单词进行了划分,节省了用户的时间,优化了用户的体验。

六、用户选择背单词 App 指南

第一,对于词汇质量要求较高的用户,推荐不背单词、扇贝单词,不推荐百词斩。原因有以下两点。一是不背单词和扇贝单词词汇书种类丰富、划分较细。不背单词有几百本词汇书,扇贝单词有各类细分专业词汇书,而百词斩的类目与数量较为薄弱,尤其是在应试英语词汇书方面。百词斩现有的词汇书中基本都是收录的单词,一类考试的单词对应一本词汇书。二是不背单词和扇贝单词词根、词缀延伸功能较为完善。不背单词通过词根、词缀整合出相关的记忆包,让用户把同类词打包记忆,减轻了用户的记忆负担,也增强了用户对词汇的变形规律的理解能力、推测能力。

第二，对于词汇灵活应用度要求较高的用户，推荐不背单词、墨墨背单词。因为大部分背单词App的例句来源是牛津词典等专业可信度较高的词典，质量较高，但是日常使用频率可能不高，而不背单词的例句来源于各大知名英美剧台词、小说等，更加生动活泼，更加贴近用户日常生活。

墨墨背单词针对重点词汇采用"看汉语意思回忆英语拼写"方式，能真正帮助用户学会"使用"单词，避免了在写作、口语交流过程中，知道汉语应该怎么表达，而不知道对应的英文单词是什么的情况出现。

第三，对于背单词过程中发音标准要求高的用户，推荐扇贝单词、百词斩。通过对用户评论的爬取与分析可以看出，用户在发音这块对百词斩和扇贝单词的认可度最高。

第四，对于记单词感到困难，希望科学拟定背单词计划的用户，推荐墨墨背单词。原因包括以下两点。一是墨墨背单词中记忆曲线的展现可以帮助用户清楚地了解自己的记忆规律、科学地规划自己的节奏。二是墨墨背单词中使用体验感最优质的强化记忆安排，临近用户记忆遗忘点的单词及时出现，帮助用户将短期记忆转化为长期记忆。

第五，对于自控能力不强，认为普通背单词模式枯燥的用户，推荐百词斩、扇贝单词，因为这两个App的好友对战、背单词排位赛等功能让用户感到背单词不那么孤单和无趣。同时，用户可以通过百词斩上生动的图片辅助自己完成单词的记忆，每次"斩"掉单词都会有声音提醒，能够给予用户一种身处游戏之中的愉悦感。

第一章　在线图说明

第二章 关联分析及预测

关联分析是数据挖掘的核心方法之一,通过分析不同数据项之间的关系,揭示数据集中的潜在规律。关联分析的主要任务是发现频繁项集和关联规则,帮助人们理解数据中的模式和趋势。

本章将介绍四个使用关联分析及预测方法进行数据挖掘的案例。

第一节 B站美食博主颜值与互联网传播影响力的关系

一、研究背景

(一)技术视角下媒介参与变迁

互联网技术的不断发展使得人们传统的内容消费习惯发生了变化,各类新媒体平台应运而生,构筑起一个全新的参与式内容消费的模式体系。互联网技术的发展打破了传统媒介下受众单调的被动接收信息者身份,传播者和受众逐渐产生互动,受众突破了以往行为模式的局限,开始以多种方式与媒介互动。如今,以B站为代表的新型媒介平台开始呈现交互性、移动性、即时性、参与性等特点,深刻改变着受众与生产者、媒介内容以及其他用户的互动方式。同时,新型传播渠道的出现也促进了网络社区的形成,比如"粉丝圈""球迷圈""ACG圈"等。

B站是当前较为流行的参与性视频网站,其成立于2009年,之后逐步发展成为中国最大的弹幕视频网站。观看者通过集体观看和集体创造产生集体归属感,弹幕评论和自制视频是该网站最典型的两种参与模式。同时,B站具有突出的社群特点,其成员积极进行信息的共享和交流。本研究以B站为例,对参与式视频网站的美食社群的受众行为进行研究,可以更好地展示美食社群的观看者对传播内容变化的反应。

(二)餐桌文化下"吃播"对观看者的情感陪伴

随着网络直播的发展,网络吃饭直播也逐渐进入了人们的视野,并在各大视频网站占据一席之地。网络吃饭直播简称"吃播",兴起于韩国。2014年,韩国朴舒妍的"吃播"视频被网友剪辑后放在YouTube上,随后"吃播"节目便在全球特别是亚洲地区盛行起来。在"吃播"过程中,主播一般会对食物进行展示、介绍和评价,记录品尝过程,描述口感体验。各具风格的主播所做的各具特色的"吃播",在引发全民狂欢的同时,也促使我们从传播者及观看者的心理角度去做更深层次的分析。

餐桌文化在中国传统文化中占据着重要的地位,作为维系家庭情感的纽带,餐桌成为快节奏社会中人们的情感寄托,弥补了人们的情感空缺。在这样的背景下,"吃播"能够缓解人们的精神孤独感,满足观看者寻求陪伴的情感需求。除此之外,心理代偿机制下对食物的虚拟享受、审丑猎奇心理的驱使、"吃播"平民化带来的身份认同等都是"吃播"能够在中国蓬勃发展的重要原因。

(三)眼球经济下颜值影响受众的视像消费与审美取向

在眼球经济模式下,信息传播在新技术手段的加持下展现出更加强大的传播力与吸引力,注意力资源被反复切割、刺激以至于钝化,追求更大的视觉冲击力、营造身份认同的社群等频繁出现在关于注意力的市场竞争中。视频流的生产逻辑中,首因效应带来的第一印象成为用户产生认知偏好、博主进行自我呈现的关键。以"央视记者王冰冰"为例,甜美笑容、活泼开朗、专业能力强等标签建构了她在互联网的个人形象,她在 B 站开通账号的当天便涨粉百万,发布的第一个视频便获得了千万播放量。颜值作为社会稀缺品,在消费主义浪潮下更容易直接影响受众的视像消费与审美取向。

因此,本研究聚焦传播者的颜值对受众视像消费与审美取向的影响,探析"吃播"博主的颜值是否会对视频内容的传播产生影响。在当今互联网时代,人人都可以生产内容,每个传播者的传播内容都带有强烈的个人色彩。视频形式首要的表达形式即视觉语言的传达。本研究尝试提取视觉语言中的"颜值"因素,研究传播者的视觉话语变化对"吃播"视频传播效果的影响。

二、研究意义

(一)理论意义与价值

2018 年"中国劳动力动态调查"数据显示,外貌对于我国劳动力工资性收入的影响包括直接影响(外貌歧视)以及个体外貌差异所引起的社会资本(信心、机遇、能力)差异。学者就此提出劳动力市场上的"美貌溢价"与"丑陋罚金"。颜值作为一种重要的非语言符号,在视觉传播语境中极易被受众选择性注意。美食类视频以食物为媒介,网络饭局将社交距离无限缩小,受众在传授互动中享受着感官刺激与陪伴代偿。同时,互联网放大了人们的审丑猎奇心理,一些审美异化现象频频出现。而在以食物为核心的视频中,博主外貌与个人形象是否会影响受众的黏性、"美貌溢价""丑陋罚金"等现象是否适用于美食博主的生存秩序呢?本研究针对美食类博主进行评价与测量,以美食视频的视角分析外貌的影响机制,弥补了面向特定领域的颜值研究的空缺。

本研究借鉴心理学视角的面孔吸引力法则,分析美食博主面孔诱发的正性情绪体验驱使受众产生接近意愿的程度。现有面孔吸引力研究多是从观察者的假设出发,从生理学、心理与行为和社会文化角度解释面孔吸引力。本研究则从面孔所有者假设出发,基于数据的深度学习算法,利用微软小冰、百度人脸识别等 API 对美食博主进行颜值评分与情绪识别,避免观察者个体因素的干扰,同时结合用户赞评弹数据,分析受众对美食博主的面孔偏好与审美指标,丰富并拓展了面孔吸引力的实践研究。

(二)实践意义与需求

现阶段,美食类视频风头正盛但作品良莠不齐。针对美食博主颜值和神态对于内容传播和受众黏性的影响力研究,有助于厘清优质内容生产的界限。了解在开放包容的互联网生态中,用户选择怎样的身份符号、间接彰显什么样的个人形象为社会所期待,有助于提高美食视频创作者的审美追求,打造具象化、差异化的个人形象,提高竞争力,同时促使短视频行业健康发展。本研究通过数据直观展现"吃播"受众对于视频创作者个人形象的消费需求,也有助于视频平台更有针对性地进行分类与推送,反向增强用户使用的体验感。

三、研究方法

本研究将研究内容分为两个可量化的研究对象,分别为美食博主的颜值水平和美食博主的互联网影响力得分(以 B 站平台为主)。通过爬取影响力较大的美食博主信息,收集美食博主的人脸图像信息和对应的视频总数、标题、播放量、弹幕量、点赞量、投币量、转发量、评论量、视频标签等平台呈现信息形成模型原始数据。再通过 Python 技术对原始数据进行清洗整理,形成结构化数据,以适应模型计算要求;通过视频图像内容测量美食博主颜值,并对抓取的数据进行清洗,去除数值较小、代表性较弱的样本。

(一)美食博主影响力得分估算

关于在线社交网络中用户的影响,先前已有研究通过不同的度量和算法来衡量,已有方法大致可分为两种主要类型,即基于属性的方法和基于图像的方法。但是大多数基于属性的方法只考虑单个度量,如总浏览量或转发量。基于图像的方法不能用于难以获得某些度量的平台。

有研究提出一种基于三角模糊数的度量用户影响的方法,该方法包含多个用于计算的度量,基于三角模糊数,综合视图、评论等计数来衡量用户影响。对于有众多衡量标准的视频平台而言,视频的浏览量、点赞量等指标没有准确的阈值可以识别用户是否具有高度影响力,用户的影响力是模糊的,所以本研究引入三角模糊数来表示用户的影响力。用户影响力得分估算过程如图 2-1-1 所示。

(二)美食博主颜值水平得分计算

人脸颜值评估,即评估人脸图像对应的具体颜值分数。在早期以传统方法为主的人脸颜值评估方法中,研究者通常将颜值预测归为分类问题。基于传统机器学习方法的人脸颜

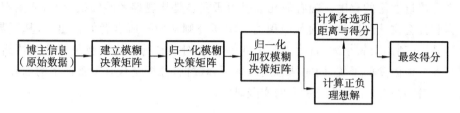

图 2-1-1　用户影响力得分估算过程

值评估一般包括四个部分，即对输入的数据进行预处理、利用特征提取器提取图像中的人脸颜值特征、对提取的人脸颜值特征进行特征选择和融合、利用分类器或回归器进行分类或回归。

　　人脸颜值评估问题相对抽象，采用传统方法进行人工设计和提取，在对人脸颜值问题的描述中具有一定的局限性。而深度学习通过采用深层网络结构和更多的参数，可以提取更高阶、更抽象的特征，实现更好的效果。虽然人脸颜值评估问题受数据集限制发展缓慢，但同类型发展良好的图像质量评估、图像吸引力评估领域以及几近解决的人脸识别领域都可提供有益的借鉴。囿于研究时间和能力水平，本研究收集了 100 位美食博主的人脸信息作为数据集。

　　颜值测量与计算过程如图 2-1-2 所示。人脸颜值评估中包括颜值评分和情绪识别。颜值评分包括基于几何特征的方法和基于纹理特征的方法，其中，基于几何特征的方法分为脸部特征点、几何距离、关键部位面积和全局特征；基于纹理特征的方法包括测量人脸皮肤状况、存在皱纹情况、面部粗糙程度以及面部是否有疤痕等。人脸颜值评估流程如图 2-1-3 所示。

图 2-1-2　颜值测量与计算过程

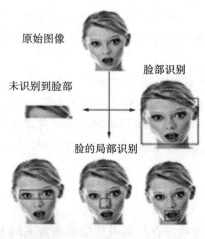

图 2-1-3　人脸颜值评估流程

　　对于情绪识别，首先对画面中的人脸信息进行识别，然后基于自适应直方图均衡化进行图像增强，再通过离散小波变换提取人脸特征，最后基于深度卷积神经网络进行人脸情绪识别，其流程如图 2-1-4 所示。

　　为了对美食博主人脸颜值进行打分，首先随机抽取一个美食博主发布在 B 站的五个视频，对视频进行平均抽帧，获得以博主面部为画面主体的人脸图片，在爬取视频数据的过程中基于深度学习，通过使用微软小冰、百度人脸识别等多个成熟的 API，对于视频截图进行批量颜值打分，加权平均，最终得到该美食博主的颜值分数。

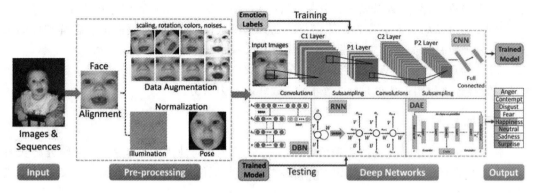

图 2-1-4　人脸情绪识别方法示例（截屏复制）

为了检验人脸颜值得分的准确性,本研究借鉴之前研究得出的"回归算法根据人脸图像得分计算人脸颜值回归分数"的算法,因此本研究数据涉及的评价指标主要包括平均绝对误差、平均均方误差和皮尔逊相关系数。

四、研究过程

(一)数据来源

本研究所采用的数据来源于笔者在 2021 年 B 站美食区随机抽取的影响力较大的 100 位博主。笔者获取了 100 位博主每个视频的标题、播放量、弹幕量、点赞量、投币量、转发量、评论量以及视频标签。

(二)数据清洗与处理

1. 数据清洗

在收集视频数据时,笔者发现视频的播放量、点赞量等数据需要做如下清洗:首先,删除数据中的"播放""弹幕"等后缀字,并且删除"万""w"这种单位并对数值进行处理;其次,针对数据中的空值、异常值额外收集数据,确保收集全量数据;最后,将字符串类型转为 float,并建立每个视频与美食博主的对应关系。

2. 数据处理

在基于三角模糊数进行计算时,使用二维列表来存储每位美食博主的视频信息,并进行运算。计算的主要步骤如下。

首先,将表格的数据存入二维列表,并且对视频的不同属性进行加权计算,构建模糊决策矩阵,权值计算逻辑为播放量、弹幕量、评论量等属性的逆排序。由于播放量数据一般远大于其他属性,因此需要将播放量的数据适当缩小。

其次,原本需要在这里对数据进行归一化处理,但是由于播放量与其他数据仍存在较大差异,如果进行[0,1]的归一化,很多美食博主的视频属性会归为 0,从而使矩阵成为一个稀疏矩阵,无法进行计算,所以先进行分数计算,再在最后对分数值进行归一化排序。

再次,通过模糊决策矩阵先计算出每一列数据的最值,之后确定模糊正理想解和模糊负理想解,并确定每位美食博主与模糊正理想解和模糊负理想解的距离 d_i^+、d_i^-。

最后,计算每位美食博主的影响力得分,计算公式为 $S=d_i^-/(d_i^-+d_i^+)$,并对100位美食博主的得分进行归一化处理,由此得到其最终影响力得分。

(三)概念测量

本研究的自变量是美食博主颜值水平。基于用户不同性别的审美差异,本研究将美食博主颜值水平分为男性视角的颜值水平和女性视角的颜值水平。采用人脸识别测量技术进行颜值和情绪打分。

本研究的因变量是美食博主的影响力。参考以往对于媒体影响力评估的量表后,本研究选择将三角模糊数模型作为影响力的测量标准。

(四)研究过程

本研究通过 SPSS 统计软件对所得数据进行统计处理与分析,采用描述性统计对样本情况进行概括,同时用皮尔逊相关系数来分析变量之间的关系。

为了使分析结果更具科学性,本研究结合相关文献,选取了四个控制变量,即博主性别、博主年龄、视频类型、博主风格。

在博主性别方面,设置男、女两个测量指标,由于用户对不同性别的博主颜值有不同的审美标准,将美食博主性别作为控制变量1。

在博主年龄方面,年龄的变化会影响容貌以及颜值,因此将美食博主年龄作为控制变量2。

在博主视频类型方面,"吃播"视频内容的不同类型对应不同的受众,不同类型对应的受众特征不一,从而使得不同类型的视频传播影响力也不同,因此将视频类型作为控制变量3。优质的美食类视频一般具有内容重度垂直细分、基于内容的场景构建等特征,因此本研究从制作、侦探、测评、户外、综合五个维度出发设计测量指标。其中,制作是指其视频内容以"美食制作+吃播"为主,侦探是指视频内容以"美食探店+吃播"为主,测评是指以"食物味道评价+吃播"为主的视频内容,户外是指在非室内的场景下进行"吃播"的视频内容,综合指融合多种类型的视频内容。场景化思维以场景为王,对处于同样场景的受众能够起到魔弹论所说的效果,强烈的代入感能够直击受众内心,满足受众的个性化需求。

在博主风格方面,赋予内容以人格属性能够使视频具有较高辨识度,因此,美食博主的个人风格对应的受众不一,吸引着不同的受众,从而对视频的传播影响力产生影响。本研究在博主风格方面,以搞笑、治愈、干货、生活化四个维度设计测量指标。

(五)描述统计

本研究针对100位美食博主得到的描述性统计结果如表2-1-1所示。

表2-1-1 描述性统计结果

统计量	女性颜值	男性颜值	视频影响力
平均值	66.06	65.3	0.118323
最大值	84	83	1

续表

统计量	女性颜值	男性颜值	视频影响力
最小值	39	37	0.000267
众数	69	72	—
极差值	45	46	0.999733
中位数	65.85	65.81	0.046891

从描述性统计结果中可以看出,男性和女性颜值平均值皆大于65,且男性颜值和女性颜值各项数值接近,博主的颜值水平较为均衡。同时,极差值较大说明样本中也有颜值较低和较高的博主,但不受极端值影响,中位数为65.85(女性)和65.81(男性)。综合分析得出,美食博主整体颜值水平较高。在视频影响力方面,平均值为0.118323,极差值较大,中位数为0.046891,视频影响力差距大且整体影响力不高。

(六)相关性统计

皮尔逊相关性常常用于度量定距型变量间的线性相关关系。两个变量之间的皮尔逊相关系数通常为变量间的协方差和标准差的商,用 r 表示,其值介于 -1 与 1 之间,$|r|$ 越靠近 1,则表明两个变量之间的线性相关性越强。

本研究的目的是探讨美食博主颜值水平与美食视频影响力之间的相关性。在计算过程中,将 C 定义为美食视频影响力,将 A、B 分别定义为男性视角和女性视角的颜值水平。先要在 SPSS 中绘制三者的散点图矩阵(见图 2-1-5),判断变量是否适用于皮尔逊相关系数。

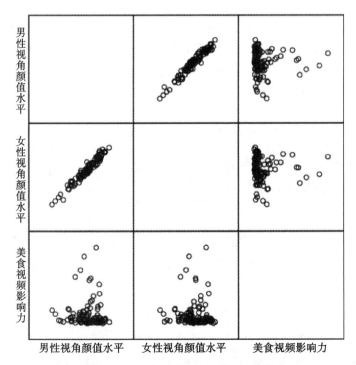

图 2-1-5　相关关系初步分析散点矩阵

相关性分析测量结果如表 2-1-2 所示。当 Sig. 大于 0.05 时，两个变量之间没有显著的相关关系。由上述图表可知，男性颜值和视频影响力的 Sig. 为 0.919，大于 0.05，女性颜值和视频影响力的 Sig. 为 0.936，大于 0.05，均没有显著的相关关系，而男性颜值和女性颜值之间 Sig. 小于 0.01，相关性显著。因此，无论是男性颜值还是女性颜值对于视频影响力都不构成影响。

表 2-1-2　相关性分析测量结果

控制变量		男性颜值	女性颜值	视频影响力
男性颜值	皮尔逊相关性	1	0.972**	−0.01
	Sig.（双尾）		0	0.919
	个案数	100	100	100
女性颜值	皮尔逊相关性	0.972**	1	−0.008
	Sig.（双尾）	0		0.936
	个案数	100	100	100
视频影响力	皮尔逊相关性	−0.01	−0.008	1
	Sig.（双尾）	0.919	0.936	
	个案数	100	100	100

** 在 0.01 级别（双尾），相关性显著。

（七）偏相关分析

研究采用皮尔逊相关性来分析美食博主颜值和视频影响力的关系，然而，现实生活中的情况是，两个变量之间的相关关系往往会受到其他变量的干扰。例如在美食博主颜值和视频影响力的分析中，考虑到博主性别、博主年龄、视频类型和视频风格存在一定的干扰作用，故将其作为控制变量。在研究方法上，采用偏相关性进行控制分析，得到如表 2-1-3 所示的测量结果。

表 2-1-3　偏相关分析测量结果

控制变量		男性颜值	女性颜值	视频影响力	博主年龄	视频类型	视频风格	博主性别
男性颜值	相关性	1.000	0.972	−0.010	−0.596	0.160	0.081	−0.408
	显著性（双尾）		0.000	0.919	0.000	0.112	0.424	0.000
	自由度	0	98	98	98	98	98	98
女性颜值	相关性	0.972	1.000	−0.008	−0.575	0.137	0.072	−0.349
	显著性（双尾）	0.000		0.936	0.000	0.174	0.476	0.000
	自由度	98	0	98	98	98	98	98
视频影响力	相关性	−0.010	−0.008	1.000	0.116	−0.177	−0.113	0.128
	显著性（双尾）	0.919	0.936		0.250	0.078	0.264	0.203
	自由度	98	98	0	98	98	98	98

续表

控制变量			男性颜值	女性颜值	视频影响力	博主年龄	视频类型	视频风格	博主性别
	博主年龄	相关性	−0.596	−0.575	0.116	1.000	−0.094	−0.015	0.163
		显著性(双尾)	0.000	0.000	0.250		0.352	0.885	0.105
		自由度	98	98	98	0	98	98	98
	视频类型	相关性	0.160	0.137	−0.177	−0.094	1.000	−0.067	0.069
		显著性(双尾)	0.112	0.174	0.078	0.352		0.508	0.497
		自由度	98	98	98	98	0	98	98
	视频风格	相关性	0.081	0.072	−0.113	−0.015	−0.067	1.000	−0.181
		显著性(双尾)	0.424	0.476	0.264	0.885	0.508		0.071
		自由度	98	98	98	98	98	0	98
	博主性别	相关性	−0.408	−0.349	0.128	0.163	−0.069	−0.181	1.000
		显著性(双尾)	0.000	0.000	0.203	0.105	0.497	0.071	
		自由度	98	98	98	98	98	98	0
年龄&类型&风格&性别	男性颜值	相关性	1.000	0.955	0.155				
		显著性(双尾)		0.000	0.131				
		自由度	0	94	94				
	女性颜值	相关性	0.955	1.000	0.135				
		显著性(双尾)	0.000		0.190				
		自由度	94	0	94				
	视频影响力	相关性	0.155	0.135	1.000				
		显著性(双尾)	0.131	0.190					
		自由度	94	94	0				

注:单元格包含零阶(皮尔逊)相关性。

表 2-1-3 显示了在将博主年龄、视频类型、视频风格、博主性别作为控制变量的基础上,各变量之间的皮尔逊相关性、显著性水平及样本量。可以看出,当前男性颜值、女性颜值与视频影响力的偏相关系数分别为 0.155 和 0.135,$p>0.05$,说明有理由推翻原假设,即实际上美食博主颜值和视频影响力之间不存在相关关系。

同时,控制变量中博主年龄、博主性别、视频风格、视频类型与分析项之间均没有呈现出显著相关关系,说明这些变量并非真正的控制变量。

值得注意的一点是,博主年龄与男性颜值和女性颜值的相关关系中 $p<0.01$,存在显著的负相关关系,说明年龄的大小会影响博主颜值的高低;同时,性别与颜值的 $p<0.01$,同样存在显著的负相关关系。

(八)可视化分析

根据男性美食博主的影响力数据,分别与男性视角颜值与女性视角颜值做散点图,如图 2-1-6 所示。根据女性美食博主影响力数据,分别结合男性视角颜值和女性视角颜值绘制散点图,如图 2-1-7 所示。

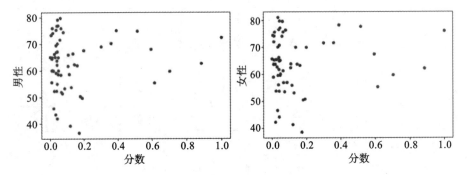

图 2-1-6　男性美食博主影响力与男性视角(左)及女性视角(右)颜值得分关系

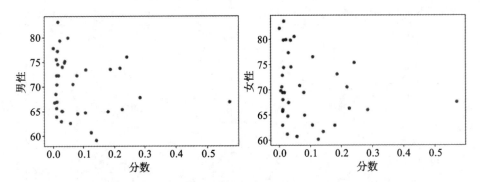

图 2-1-7　女性美食博主影响力与男性视角(左)及女性视角(右)颜值得分关系

根据美食博主影响力分别与男性视角颜值与女性视角颜值做散点图,如图 2-1-8 所示。我们发现,B 站美食类男性美食博主的影响力明显高于女性美食博主,并且女性美食博主颜值水平明显高于男性美食博主。

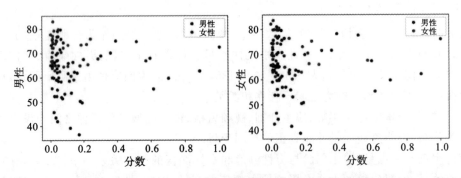

图 2-1-8　美食博主影响力与男性视角颜值得分关系(左)及与女性视角颜值得分关系(右)

根据年龄和影响力分别与男性视角颜值和女性视角颜值做散点图,如图 2-1-9 所示。我们发现 B 站用户更倾向于关注 20～35 岁这个年龄段的美食博主,影响力较大的美食博主年龄区间为 25～30 岁。

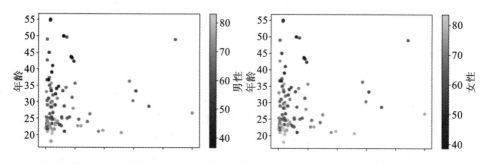

图 2-1-9　不同年龄层影响力与男性视角颜值关系(左)及与女性视角颜值关系(右)

五、研究结论

(一)颜值得分高低对美食博主影响较小

通过机器打分得到美食博主的颜值水平,将其与影响力测量结果进行相关性分析。所得结果显示,颜值水平高低对美食博主传播影响力较小。在大众意识中,博主的颜值具有一定的重要性,甚至认为颜值高低是其视频传播力大小的关键影响因素之一。在许多视频内容中,博主需要出镜进行内容创作呈现,这进一步提升了对颜值的要求。但从对 100 位美食博主颜值水平和影响力测试结果来看,颜值并不能对美食博主造成关键影响。美食领域视频由于以美食为主体,因此不像颜值博主、美妆博主或穿搭博主那样对形象具有很强的依赖性。

(二)颜值影响呈金字塔形分布:颜值水平居中对传播影响更大

从散点图分析可以看出,颜值水平与视频传播不存在线性关系,但存在一定的规律。无论是在考虑博主性别还是在考虑博主年龄的情况下,研究发现,在颜值水平最高和最低的时候,视频传播受影响的程度都较小,但当颜值水平处于中等(即普通颜值)时,其与视频传播力关系密切。这意味着,颜值最高和最低层面的博主的视频影响力并不受颜值影响,其相关性较小,但是对于绝大部分颜值水平居中的美食博主来说,其视频传播大小会受到颜值水平一定的影响。

(三)美食博主应专注于视频内容的创作创新

"颜值",顾名思义是对人外貌的量化标准,但是这个标准带有强烈的"意识美学"的特点。网络的四通八达和即时通信让形形色色的物和人暴露于大众视野,人们不自觉地越来越在意外在的美。但是对于美食领域来说,受众对于美食的关注程度远远大于对博主颜值的关注,这意味着受众更需要适合自己的视频内容,而不是符合自己审美标准的博主。因此,美食博主应该更加专注于内容的创作创新,在自己的垂直领域精耕细作,而不是将精力放在提升自己的颜值和形象上,这样才能迎合自己的受众,在细分领域不断"吸粉",提升自己视频的传播能力。

六、应对措施

近年来,"颜值"成为衡量个人美丑的新词。"颜值"背后隐含的意味是,美丽的程度是可以测量的,而可以测量则意味着有标准化的趋势。在美丑被测量、审美标准单一化的情况下,当个人出现在公共视野中时,对其容貌的"审判"总是接踵而至。颜值越来越成为一种"视觉霸权"。同时,颜值作为一种社会稀缺品,一旦被投入市场,便可带来商业利益,因此"颜值"逐渐沦为市场商业价值催生的物化需求。

博主是曝光度较高的职业人员,扁平化、单一化的审美标准让他们逐渐陷入容貌焦虑。雷同的滤镜和美颜抹平了个人风格,但似乎迎合了大众的审美标准,也带来了一定的商业价值。然而,当博主们深陷于"美白磨皮"的自我审视困境之中,享受着迎合单一化审美标准带来的利益时,许多博主丧失了对优质内容输出的坚守。

(一)"内容制胜":以内容创新为核心,打造个性化美食类视频

互联网平台助力 UGC(用户生产内容)生产模式的蓬勃发展,美食类短视频赛道日渐拥挤。有学者谈到,当今美食视频存在持续生产力不足、视频同质化较高、内容涉及面窄等问题。对于如何提高视频辨识度与粉丝数,笔者认为,创新是内容生产者的生命之源。以 B 站为例,美食制作、探店和测评类视频占据了美食区的上风口,比如,美食博主"绵羊料理"秉持幽默温馨的视频风格,创新性地以相声式文案与"翻车的制作过程"打造账号标签;再如"陕西老乔吃货"在陕西传统美食中寻求创意,使得融合了地域特色的美食制作变得不简单。这些"出圈"的创作者都是在饱和领域找到了个性化的表达方式,细化并深耕专有领域,避免受众产生审美疲劳。美食博主应该专注于提升视频质量,挖掘美食视频在美食制作、叙事和后期处理方面的创意与特色,在流量与质量之间达到平衡。

(二)"颜值并非一切":以受众为主体,推进博主人格化的形象传播

从本研究的数据中可以发现,美食博主的颜值水平与其视频的影响力并无太大相关系。但对于接收信息的受众而言,观看美食视频完成的是对人与食物的共同消费。而基于共同爱好的社群更易凝聚人们对于某一垂直领域信息内容的传播力量,使得一些产出优质内容的视频自媒体更容易获得稳定的受众群体。比如,"美食作家王刚 R"塑造的厨师长身份,推进其发布的视频朝专业化、垂直化方向发展;"记录生活的蛋黄派"的自嘲式"帅小伙"标签、"妙啊"口头禅则营造了轻松愉悦的视频氛围。这些符号转化为他们区别于其他博主的记忆点,有助于增强视频受众的黏性。除了视频里的自我呈现,美食博主也可以积极与所在平台和创作者合作,利用渠道提供的优质资源展开形象表达,获得更多曝光度,生产符合平台和受众调性的优质内容。

(三)"与时俱进":从追随潮流到引领潮流

网络时代的社会瞬息万变,美食博主应有收集、采纳资讯的自觉性与敏锐性,适应新媒体技术和新传播环境的挑战。美食视频作为生活场景化的再现,适当加入热点元素更容易让视频效果事半功倍。一些美食博主对螺蛳粉、自热米饭、拼多多小零食等热产品与新产品的测评,实现了商业价值与用户体验的双重效用。而以"华农兄弟"为代表的美食自媒体则另辟蹊径,瞄准了网络受众对于职业(少见的竹鼠养殖)与地域(客家人的身份认同)的好奇心理,成功通过微博、短视频和网络直播吸附、沉淀了一批规模相当大的受众群体,引领了田园生活风的美食创作。自媒体行业日趋饱和,美食博主要抓住潮流风口,提高自身竞争力与传播力。

七、研究方法总结及改进

(一)数据获取及处理

在前期的数据获取方面,笔者使用 Selenium 对 B 站美食博主的主页进行爬取并获取其基本信息与视频链接,但由于不同美食博主主页设置有所不同,因此爬取节点不一致。在这种情况下,通过寻找美食博主的 ID,得到全部视频的个人主页,便可获取美食博主的全量视频数据。

在数据处理中,将文本数据信息转化为可计算的结构化数据,转换数据类型,提取数值数据,并选取合适的数据结构来储存美食博主全量视频数据以进行视频影响力的计算,但是美食博主之间视频的数据差别极为悬殊,有的播放量破千万,有的播放量只有几百,在归一化的过程中容易得到稀疏矩阵,不利于后面的运算。同时,权重的选择没有一个客观的标准,主要以全量视频数据值进行计算得出,可能会影响三角模糊数值的计算,而权重也没有运用客观科学的方法来进行选择。

在颜值水平计算中,对视频进行抽帧处理并进行颜值水平计算存在以下几方面的问题:一是部分视频长时间没有人脸,可能截取不到人脸;二是截取的图片中脸部经常不完整,或只有侧脸,容易使机器识别错误打低分,导致美食博主颜值数据不准确;三是视频数据体积大,处理缓慢,产生的照片多调取试用版 API,耗时久且容易断开连接;四是部分照片模糊导致机器打低分;五是由于许多美食博主除了在 B 站平台有视频图像外,没有其他人脸数据,且视频截图清晰度较低可能导致机器评分不准。清晰度较高的一般分数较高,清晰度低的一般分数较低,因此需要优化人脸颜值评分的算法。

(二)相关性分析方法

需要判断两个或多个变量是否存在统计学关联时,可以借助相关性分析进行处理。如果存在关联,则需要进一步分析关联强度和方向。在本研究中,为了检验对于颜值水平和视频影响力的假设,采用了皮尔逊相关性分析。当数据呈正态分布,且两个连续变量之间可能存在线性相关关系时,使用皮尔逊积差相关系数。需要注意的是,由于系数值是在原始数据的方差和协方差基础上计算得到的,所以对于极端值极其敏感,在计算之前要先进行数据排除和筛选。而当数据不满足积差相关分析的适用条件时,则用非参数方法 Spearman 秩或者 Kendall 相关系数来描述。

针对可能影响因变量(视频影响力)和自变量(颜值)的其他变量,可以假设其为控制变量,通过计算这些变量和因变量、自变量的相关性来判断它们是否可以构成控制变量,当显著性水平 $p>0.05$ 时,说明假设不成立。当 $p<0.05$ 时,这些变量则为控制变量,可通过偏相关分析排除控制变量的干扰。

推断统计的思想广泛适用于量化研究,通过利用样本数据推断总体特征,克服了数据的不可穷尽性,能够有效提高统计效率。通过样本统计量得出的差异得出一般性结论,判断总体参数之间是否存在差异。结论的可信度主要通过显著性水平来体现,它估计的是总体参数在某一区间内犯错误的概率。在进行假设检验时,需要事先确定一个可接受的作为判断界限的小概率标准,当概率大于一定范围时,则认为犯错的概率过大,有理由拒绝假设。这个范围通常为 $0.01\sim0.05$。这种反证思想不仅在统计学中适用,对于其他学科的相关研究也具有借鉴意义。

第二节 豆瓣综艺节目评分影响因素研究

一、研究背景

随着互联网的发展和当代人文娱需求的提升,综艺节目正成为大众娱乐生活的重要组成部分。而随着主流网络视听平台纷纷进入综艺节目制作领域,综艺节目内容也从卫视独导、盲目引进转向积极自创。《腾讯娱乐白皮书》相关数据显示,2013 年起,中国的综艺节目市场呈现百花齐放的态势,数量和类型都在不断增加。理念新、水平高的制作团队与海量需求者背后的巨大流量相呼应,最终使得国产综艺节目形式日益丰富、综艺节目质量不断提升,实现了总体的快速发展。

2018 年是国产综艺节目发展历程中极为关键的一年。这一年,《偶像练习生》《创造 101》两档偶像选秀节目打开了中国的"偶像"新市场,2018 年也因此被称为"选秀元年"。优酷的王牌节目"这就是……"系列推出《这!就是街舞第一季》,引领了精细领域综艺节目风潮。此外,老牌卫视综艺节目《奔跑吧》《极限挑战》也在这一年走上了转型之路。

综艺节目作为依赖广告投资与用户会员充值而实现盈利的一种文娱产品,其收益与观众的关注度、口碑好坏等有密切的关系。事实上,随着 2018 年以来爱奇艺、优酷分别关闭了视频前台的播放量数值显示,长视频平台的流量分发、综艺节目的热度等相对难以用数值标记衡量。而在口碑这一块，虽然也面临“注水”“刷分”等问题，但豆瓣综艺节目评分依然是许多文章推荐综艺节目的标准，也具有相对的唯一性。

综上，为了更好地了解当下的综艺节目生态，发掘口碑综艺节目的共性，在尚未出现评分结果等参考意见时为人们选择综艺节目提供一定的选择帮助，本研究将以 2018—2021 年有评分记录的豆瓣综艺节目数据为样本，观察综艺节目的特性与评分导向，深度挖掘各个特性的关联与差异，并尝试归纳高分综艺节目的要素。

二、随机森林原理

本次研究所涉及的重要理论为随机森林理论，在初步筛选出可能的重要特征后，运用随机森林算法对特征的重要性进行分析，进而得到最终的结论。

随机森林算法是由布赖曼(Breiman)等人提出的基于决策树分类器所构造的多棵决策树组合而成的融合算法。基于多元统计分析，通过有放回抽样方式，采取多次抽样办法从样本数据中选择多个样本子集，并针对每一个子集构建其对应的决策树，然后将所有的决策树得到的预测值进行平均或者投票，将平均值或者票数最多的选项作为最终预测的结果。具体步骤如下：第一步，用放回抽样方式随机抽取 k 个样本集，并由这 k 个样本集构建 k 棵决策树，每次抽取时，将没有抽到的样本归入测试集；第二步，每一棵决策树的每个生长节点按照节点不纯度最小的原则进行分支生长，生长过程中不进行剪枝；第三步，根据生成的多个决策树模型对分类项进行投票，产生最终的分类结果。

三、数据来源及处理

研究中使用的所有数据均来源于豆瓣网。爬取过程中在豆瓣电影下属分类页面，选择“综艺节目形式”“大陆”“2018—2021 年”，最终收集到 596 条综艺信息，每一条信息内部包含 28 个字段。

数据收集过程中，主要使用了 Python 中的 request 库进行页面信息获取，同时为了应对豆瓣的“反爬”机制，使用 GitHub 上的 ProxyPool＋Redis 动态数据库搭建动态代理池；而对于原始网页数据，则使用 BeautifulSoup 和正则表达式相结合的方式进行提取。

数据收集整理完毕后，对数据进行初步预览(见图 2-2-1)，并对变量进行简单的解释(见表 2-2-1)。

```
Data columns (total 29 columns):
 #   Column  Non-Null Count  Dtype
---  ------  --------------  -----
 0   id      595 non-null    int64
 1   score   595 non-null    float64
 2   name    595 non-null    object
 3   导演    440 non-null    object
 4   编剧    215 non-null    object
 5   主演    593 non-null    object
 6   类型    591 non-null    object
 7   首播    595 non-null    object
 8   集数    579 non-null    float64
 9   单集片长  522 non-null    object
 10  又名    357 non-null    object
 11  简介    590 non-null    object
 12  标签    595 non-null    object
 13  短评    593 non-null    object
 14  相关推荐  595 non-null    object
 15  在看    595 non-null    int64
 16  看过    595 non-null    int64
 17  想看    595 non-null    int64
 18  季数    213 non-null    float64
 19  评分人数  595 non-null    int64
 20  5星    595 non-null    object
 21  4星    595 non-null    object
 22  3星    595 non-null    object
 23  2星    595 non-null    object
 24  1星    595 non-null    object
 25  讨论数   595 non-null    int64
 26  短评数   595 non-null    int64
 27  剧评数   595 non-null    int64
 28  平台    498 non-null    object
```

图 2-2-1　数据预览

表 2-2-1　数据说明

变量名称	数据类型	说明
Score	数值	豆瓣评分，数值范围为 2～10
Name	字符串	综艺节目名称
导演/编剧/主演	字符串	本质上是列表，存在缺失值
类型	字符串	本质上是列表，存在缺失值，集中于"脱口秀""真人秀"两大范围
首播	时间	格式为年-月-日
集数/单集片长	字符串	格式不确定，如单集片长可能带单位也可能不带，可能为范围也可能为值，存在缺失值
又名	字符串	本质上是列表，综艺节目的其他名称，存在较多缺失值，可直接删除
简介	字符串	综艺官方给出的简介语，存在缺失值
标签	字符串	本质上是列表，豆瓣官方根据用户常用于标记节目使用的标签归纳出的常见词
短评	字符串	本质上是列表，豆瓣综艺页（非短评详情页）显示的短评内容
相关推荐	字符串	本质上是列表，豆瓣官方基于综艺节目性质结合用户过去的标记喜好，给出的相关推荐综艺节目名称
在看/看过/想看	数值	豆瓣对综艺节目可以使用不同的标记来展示用户的不同观影状态，此处标记的是当前状态的人数
季数	数值	不同综艺节目可能使用同一个 IP，季数即当前综艺属于该 IP 的第几部作品，存在大量缺失值
评分人数	数值	参与评分的人数
5/4/3/2/1 星	数值	豆瓣用户评分时不采用精准数值，而是标记不同星级，其中 5 星对应分数值中的 10 分，4 星对应分数值中的 8 分，依此类推。此处为标记不同星级的人数
讨论/短评/剧评数	数值	豆瓣用户对于综艺节目可以进行不同形式的评价和讨论，其中讨论的形式类似于论坛，包括提出主题开帖和回复两种行为，这里的数值仅统计帖子数量。短评和剧评同属对综艺发表的评论，但两者往往存在字数和深度的差异，此处统计其条数
平台	字符串	本质上是列表，即该节目目前可以在网络上观看到的平台名称，存在缺失值

在对数据进行初步预览之后，需要对存在的缺失值或需要进一步拆分至可量化值的数据进行处理。

1. 导演、编剧

导演和编剧作为两个性质类似的变量，具有以下两大特点。

一是导演和编剧与单个综艺节目或系列综艺节目具有强绑定关系，整体流动性弱，一个导演或编剧呈现出来的"评分高"的结果,事实上很可能只是其某一档节目评分高,通常不具有代表性。

二是与电影不同,综艺节目导演和编剧很难在节目质感或风格中注入较强的个人色彩。现实生活中,因为导演而去看一部电影的人不在少数,但为了导演或编剧而去观看综艺节目的人极少,因此可以直接猜想导演与编剧并不会成为影响节目进而影响综艺节目评分的关键因素。

结合上述特点,同时考虑到收集的数据中,导演与编剧整体缺失值较多,且难以用现有数据进行补充,而网络数据也存在不够准确的风险,最终选择放弃这两个变量。

2. 主演

在文献阅读中,演员、明星常成为分析的关键点。而主演作为一个不可量化的变量,常常以相关的可量化特质的方式进入模型,如:主演参演作品的均分、主演的社交媒体热度、主演的搜索热度等。另外,由于综艺节目的特殊性质,综艺节目中的演员并不是完全固定的,往往存在类似主持的长期参演演员(嘉宾)和根据不同剧集而邀请的不同嘉宾,因此其出现时长、对节目的代表性与影响力都会有差别,尤其目前还存在大量的选秀节目,其中的演员(参选者)一般会经历从素人到明星的转变,其大众印象往往与节目紧密挂钩,很难研究个体单独的性质。

有学者专门对综艺节目中的明星贡献度进行了研究,通过对视频逐帧弹幕的情绪进行分析,最终得出飞行嘉宾往往比固定嘉宾贡献度更高的结论。而本次研究由于前期数据采集的失误,在豆瓣中并没有对飞行嘉宾与固定嘉宾进行区分,且搜索发现百度百科等数据库中对综艺节目嘉宾的信息收集并不一定准确,因此最终选择舍弃该变量。

3. 类型

通过对类型数据的初步预览,可以发现类型数据的值较为集中,区分度极低。考虑到"标签""简介"等属性都能在一定程度上反映综艺类型,我们这里舍弃该变量。

4. 首播

首播作为时间格式的数据,首先需要对其进行数值上的拆分,而日期中的"日"单位粒度较细,存在一定缺失且意义不大,因此这里将首播划分为年和月的数值。

5. 集数/单集片长

两个数据都存在缺失和格式不统一的问题,考虑到最后都应变为单个数值变量,对存在计量单位的统一转化为分钟,存在数值范围的取平均值。绘图观察集数和单集片长数据之间的相关性与其本身的分布(见图2-2-2),可以发现两者都相对集中,其中集数几乎集中于一条水平线周围,因此对集数的缺失值可采用中位数直接填充。而对于单集片长,考虑到现实因素如人们的生活习惯和科技的发展等,猜测可能与时间存在一定关系,但验证后发现关系并不明确。最终单集片长同样采用中位数进行缺失值的填充。

6. 季数

在收集到的原始数据中,季数存在大量缺失值。一方面,可能由于绝大多数并不构成IP的综艺节目,可能仅出现一次,因此并不会作为第一季被标注;另一方面,豆瓣本身的数据匹配不是很完整,存在部分综艺节目名称中包含"××季"却并未在季数栏被标注的情况。

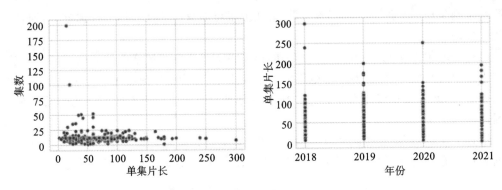

图 2-2-2　单集片长与集数、年份的关系

对于是"第 N 季"却并未被标注的数据，考虑从综艺节目名称和又名入手，该字符串可能以年份结尾，或有直接的"第 N 季""××季"等标识。对这些数据进行提取并归类到其所属的 IP 中，根据年份进行排序，回填季数。而对于无续作的综艺节目或系列节目第一季，统一将季数标注为 1。

7. 平台

通过人工随机抽样检测可以发现，豆瓣上对于综艺及其主流播放平台的标注相对完整，不存在平台值的综艺节目大多数已被平台下架或只能通过小众平台观看，因此这里不对平台缺失值进行填充，仅将平台值拆分成"优酷视频""腾讯视频""爱奇艺视频""芒果 TV""央视网""哔哩哔哩""咪咕视频""西瓜视频"等多维二分值，每个特征下的值仅为 0/1，标注当前综艺节目能否在该平台播放。

四、数据分析

1. 分数

在进行数据分析之前，首先对分数的整体分布进行观察（见图 2-2-3）。可发现，评分值在理论的评分范围内整体朝高分段倾斜，均分达到 6.94 分，将近 7 分，其中 6～8 分为评分集中区。此外，极低分相对极高分数量较少，事实上也可以看出豆瓣用户还是相对理性的。

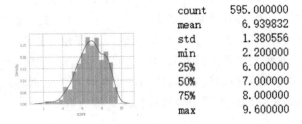

图 2-2-3　豆瓣用户评分分数分布

2. 类型

孙宏姣等在电视综艺节目多级分类及应用中归纳了国内外对于电视综艺节目的分类，

最终提出了针对国内综艺的四级分类方法,分别涉及播出时间、制作场地、节目形式,而最后一级则为针对真人秀节目的再分类,包括才智、生活、体验、艺术和游戏。这一分类对于电视综艺节目应用性较强,但对于目前快速发展的网络综艺则存在未能覆盖和划分不够清晰的问题。

相较学界,业界对于综艺节目的划分更加贴切、准确,这一方面与其能直接接触生产方与消费方有关,另一方面也与其需要与观众对接有关。通过筛选,本次研究最终选取了《腾讯娱乐白皮书》中的综艺分类方法,将综艺节目类型划分为竞技、文化、表演、美食、喜剧、情感、访谈、生活、亲子、观察、时尚、萌宠、偶像、舞蹈、旅游、职场、音乐共 17 个二分值变量。

由于原始数据中类型值存在缺陷,因此需要重新构造填充该变量。本研究选取了标签变量和简介中的关键词作为类型值的备选因素,并对其进行了如图 2-2-4 所示的观察与尝试。

在对提取的词语数据中可能出现的年份、平台名称、动词等干扰值做了初步的清洗后,观察高频词,发现与预期基本符合。接下来验证出现频次大于或等于 2 的词标签对数据的覆盖情况,发现高于 90% 的单元数据都包含至少一个出现频次大于或等于 2 的词标签,这证明高频词具有代表性。对这些高频词进行分类再回标可以避免人工逐个审查 4000 多个标签词的巨大工作量。

	word	time
0	脱口秀	90
1	音乐	78
2	搞笑	76
3	文化	63
4	青春	39
...	...	...
227	歌舞	2
228	甜	2
229	蒙面	2
230	电子竞技	2
231	嘻哈	2

	word	time
0	音乐	45
1	文化	28
2	体验	28
3	竞技	26
4	展现	25
5	视角	24
6	观察	24
7	播出	24
8	聚焦	23
9	观众	22
10	战队	21
11	美食	20
12	担任	20
13	赛制	20
14	情感	19

图 2-2-4　标签与简介中关键词的词频分布

为了观察高频词之间的聚类情况,对其进行 Word2vec 词向量分析。由于搜索后并未找到针对影视的词向量模型,这里使用相对权威且体量较大的腾讯 AI 实验室的 15G 中文语料向量库进行初步建模,再计算高频词之间的距离与词频。可以发现,由于语料库基于日常语言,在计算距离时可能考虑词语词性以及所属的大类别等,因此聚类情况与综艺分类情况不相符,无法使用词语本身的聚类形成分类。除了词语本身的聚类,本研究还尝试使用计算标签词语与标准标签词之间的距离等方式,但依然受到词性等影响,结果不尽如人意。

考虑到综艺影视相关语料库与词标注的困难,本研究最终放弃了使用词向量距离的方式,转而使用人工标注,对所提取的高频词进行归类。标注过程中为了保证各个词的权重不出现差别,采用单分类的标注方式,删去可能具有多重语义的词以及与分类无关的词,最终标注了 150 个词语,并使用这些词语对综艺信息进行回标。

由于一个综艺可能具有多重属性,在词语回标过程中则采用多分类方式。也就是说,如果一条综艺拥有多个类型属性,对于完全没能被标注词语覆盖的信息,标注"其他"属性。为了验证各个属性的区分度,避免出现属性语义重复的情况,对各个分类属性之间的相关性进行分析,如图 2-2-5 所示。从图中可观察到各个属性之间并无强相关性。

得到最后的类型数据后,观察其与分数的关系,绘制箱型图(见图 2-2-6)。可以发现,不同属性对综艺节目分数的分布的影响有较大差异,其中文化、访谈、观察、萌宠、旅游对分数的分布有显著的正向影响,而情感、偶像、音乐对分数的分布有较强的负向影响。

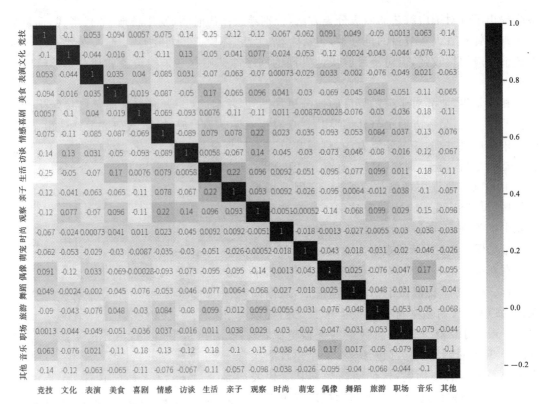

图 2-2-5　词相关性热力图

3. 首播时间

在前面的清洗重构过程中,已对首播时间进行拆分,因此这里分别对年、月两个时间单位进行分析。对首播时间的考虑,与电影分析中常出现的"春节档""国庆档"有关,因此这里的分析并不只是探讨时间与分数的关系,也期望由此得出综艺播出的时间规律。

以年、月为单位观察年份、月份与分数的关系,结果如图 2-2-7 所示。可以发现,无论是从分数分布还是数量来看,不同年份间均无太大差别,月份也类似。但观察月份与分数的数据(见图 2-2-8)可以发现,综艺也存在一定的"寒假档""暑假档",尤其以 7 月、1 月最为显著。

4. 集数与单集片长

考虑到在前期数据清洗过程中已发现集数具有较强的聚集性,区分度不高,这里直接弃用该特征,只考虑单集片长的可能影响。

绘制单集片长与分数的二维散点图,如图 2-2-9 所示,可发现整体差异不明显,但相对而言,片长偏短的,尤其是 50 分钟以内的节目得分整体更高。结合现实情况,可猜测片长与类型之间存在相关性,因此补充分析片长与类型属性之间的关系。

如图 2-2-10 所示,单集片长与类型属性也的确呈现出一定的关联性。强正向影响的文化、访谈、萌宠整体片长偏低,而有负向影响的音乐、偶像则明显呈现出相对的"长片"形态。

5. 短评

短评实际上并不是综艺节目本身具有的属性,但该特征可以在一定程度上反映观众对

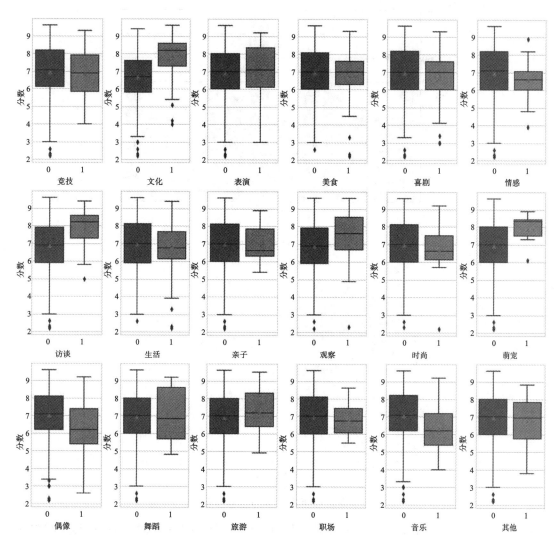

图 2-2-6　类型数据与分数的分布关系

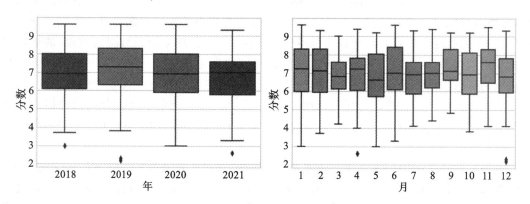

图 2-2-7　年、月与分数的分布关系箱型图

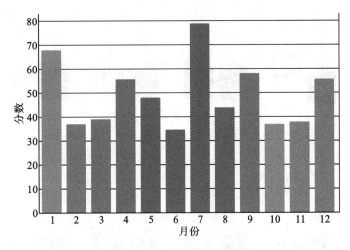

图 2-2-8　分数随月份不同的分布

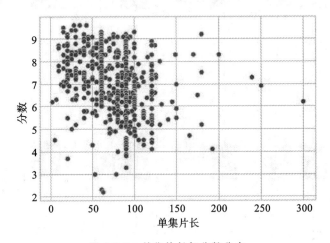

图 2-2-9　单集片长与分数分布

不同节目的态度与关注点，能有效地帮助节目组进行后期选取与特征重构，因此这里对短评情感与词频分别进行分析。

使用 SnowNLP 对短评情感进行分析，分数与情感的散点图如图 2-2-11 所示。可以发现，分数与情感呈一定的正向相关关系，但高低分段都出现了一定的离群点。比如评分最低的节目《你怎么这么好看》，其短评情感得分甚至高于 0.7。观察原始数据后发现，的确出现了大量正向词语，这与现在网络环境上"阴阳怪气"的表达习惯有一定关系。虽然对整体数据并未构成较大的影响，但也为之后的网络评价情感分析提供了一个需要考虑的因素。

词频分析的主要目的是把握观众的关注点，因此这里仅选取了结巴分词词性标注中的名词属性词，并将原始数据拆分，对评分前 100 和后 100 的分别使用 WordCloud 进行词云绘制，如图 2-2-12 所示。

有研究将评论编码归入了以下四个维度，即参与人员、故事情节、制作水平、文化影响。对比观察词云也可以发现，评分高与评分低的节目所得到的评论关注点的确存在一定类目上的差异。在高分词云中可以明显观察到"历史""文化""音乐"等与内容强相关的词，而在低分词云中"节目组""舞台""剪辑"等与制作水平相关的词则更为突出。

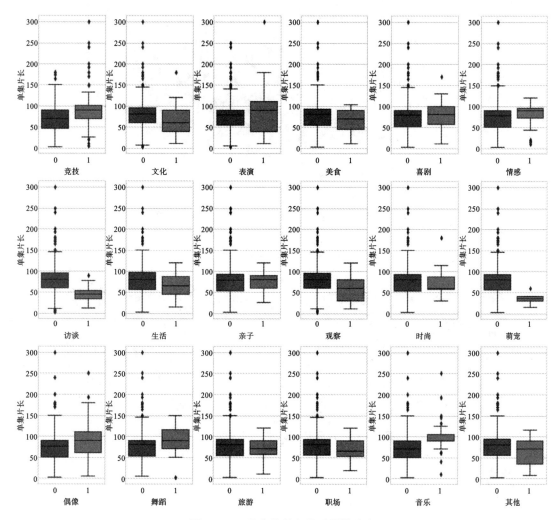

图 2-2-10　单集片长与类型属性分布

这为后续补充研究提供了思路,目前研究更多关注的是内容层面的因素,能较好地区分出高分综艺,但制作水平与剪辑思路等也可作为重要因素,帮助人们理解低分综艺口碑不佳的原因。

6. 在看/看过/想看

这一系列变量并不属于综艺本身属性,对它们进行分析主要是为了验证高分是否能相对带动更多的关注,即反向考虑高分是否能为综艺带来益处。

结果数据如图 2-2-13 左边所示,不同分数段间在看与看过分布并无较大差异,而高分段想看人数则相对较多,进一步分析将 y 轴特征换为想看、在看以及看过的比例发现差异更加明显,如图 2-2-13 右边所示。这一结果初步证实了之前的猜想,即综艺的高分会至少在一定程度上为综艺增加关注。

7. 季数

艾瑞咨询研究报告显示,综 N 代所代表的 IP 能量对当下的综艺市场产生了极大的影

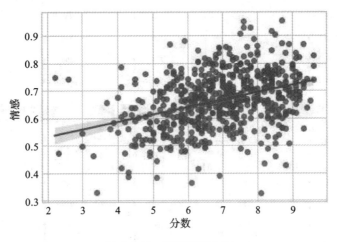

图 2-2-11 短评情感分布

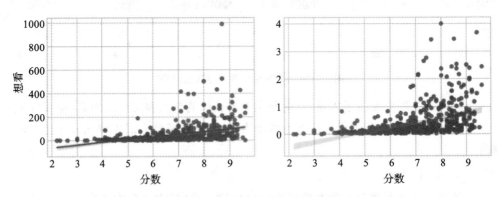

图 2-2-12 评分前 100(左)及后 100(右)词云

图 2-2-13 想看数量(左)散点图及在看与看过比例(右)散点图

响,其在商业价值上表现极为突出,因此最终分析将季数特征进一步整合为综 N 代的变量。

综 N 代的分数结果如图 2-2-14 所示。可以发现,综 N 代并不存在绝对的优势,相对来说其更为极化,表现在极低分和极高分悬殊。这说明,尽管综 N 代已经体现了巨大的商业价值,但在口碑方面依然可能是"双刃剑"一样的存在。一方面,综 N 代可能本质上是口碑的结果,高人气、好口碑的节目更可能做成 IP;另一方面,综 N 代属性也加码了观众的严苛程度,一旦综 N 代节目比不上之前的节目,甚至可能出现口碑的反噬。

第二章 关联分析及预测

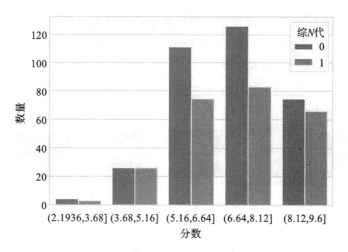

图 2-2-14 综 N 代分数柱状图

8. 不同星级人数

这一变量并不属于综艺本身属性，但能反映分数背后的不同情绪。如同样分值的剧，星级分布方差大说明可能存在争议，有助于发掘潜在的影响特征。

不同分段与星级方差间的关系如图 2-2-15 所示，整体呈现出一个二次函数图像，与现实情况相符，但相对来说，偏低分段的方差比对称位置的高分段更高，表示可能存在更多争议。这时候需要观察原始数据，进一步对离群点进行分析。如《这就是中国》，评分 7.1，方差值达 11，5 星与 1 星分别占 0.5 与 0.3，搜索后发现该综艺涉及一定的政治因素，出现了大量基于不同政治观点的评分行为，《信·中国》也是如此；再如，《我们的乐队》评分 6.4，5 星与 1 星各占 0.2，观察其评论相关内容后可知，主要矛盾点在于"流量明星"的粉丝文化和综艺节目爱好者之间的冲突。

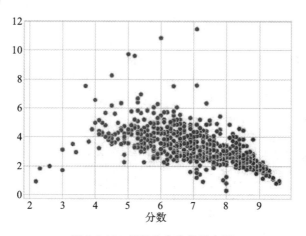

图 2-2-15 星级分布方差散点图

结合现实情况，近年来豆瓣上屡次出现抵制性刷分行为，尤其是影视作品领域，后续研究也可以考虑加入这些敏感、热议话题。

9. 播出平台

网络综艺时代，播出平台方往往就是节目的制作或合作方。播出平台的差别不仅在一定程度上反映了受众的差别,也通过平台调性影响了节目选材、品质等。如图 2-2-16 所示,播出平台差异的确会影响到评分情况,如央视网、哔哩哔哩呈现出极强的正相关影响,而芒果 TV、西瓜视频则呈现出负相关影响。

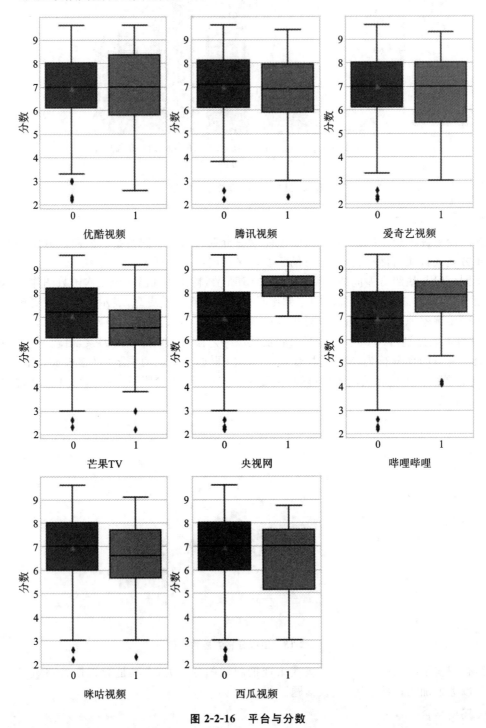

图 2-2-16　平台与分数

五、评分预测模型设计与构造

在进行前期的数据清洗与分析后,我们已经基本了解了原始数据中可能的影响因素,并对部分特征进行了重构。最终,结合当前数据情况以及前文相关研究成果,本研究这里选择了具有较好鲁棒性的随机森林,考虑到运用随机森林算法对于有不同级别的属性的数据可能会产生更大的影响,导致结果不可信,这里在已有的可量化数据中,选择了类型、播出平台与是否为综 N 代这几个二分值变量作为可能的影响因素,并通过随机森林算法的两种重要性判定方式进行排序,进一步判断各个特征对最终评分的影响程度。

另外,在代码实现过程中,考虑到随机森林是取随机数据构建决策树,结果可能存在一定的波动,因此在 K-fold 交叉排列分割数据集的情况下做多次训练,得到重要性平均值。

基于基尼指数和基于 OOB 的评分分别如图 2-2-17 和图 2-2-18 所示。两种方式分析得到的结果存在一定的相似性与一定的不同,与前期分析画图的结果也存在一定的差异,如前期研究发现可以明显区分的"央视网",可能由于拥有该属性的数据数量较少,为整体数据带来的区分效果被削弱。

```
Features sorted by their score:
[(0.1349, '文化'), (0.0677, '综N代'), (0.0616, '偶像'), (0.0573, '竞技'), (0.0569, '爱奇艺视频'), (0.056, '腾讯视频'), (0.0482, '芒果TV'), (0.0479, '生活'), (0.0477, '喜剧'), (0.0447, '优酷视频'), (0.0437, '表演'), (0.0419, '音乐'), (0.0377, '观察'), (0.0322, '咪咕视频'), (0.0321, '旅游'), (0.0289, '美食'), (0.0269, '哔哩哔哩'), (0.0238, '访谈'), (0.0224, '舞蹈'), (0.0221, '情感'), (0.0204, '时尚'), (0.0132, '西瓜视频'), (0.0119, '亲子'), (0.0105, '职场'), (0.0059, '萌宠'), (0.0036, '央视网')]
```

图 2-2-17 基于基尼指数的评分

```
Features sorted by their score:
[(1.0705, '文化'), (0.6504, '音乐'), (0.5408, '芒果TV'), (0.4717, '综N代'), (0.4699, '爱奇艺视频'), (0.4063, '偶像'), (0.2972, '竞技'), (0.2456, '喜剧'), (0.2336, '旅游'), (0.1345, '腾讯视频'), (0.1314, '表演'), (0.1205, '生活'), (0.1137, '舞蹈'), (0.0939, '观察'), (0.0826, '情感'), (0.0816, '访谈'), (0.0641, '西瓜视频'), (0.0527, '哔哩哔哩'), (0.04, '美食'), (0.0347, '萌宠'), (0.02, '职场'), (0.0104, '时尚'), (-0.0048, '央视网'), (-0.0144, '亲子'), (-0.0505, '咪咕视频'), (-0.0752, '优酷视频')]
```

图 2-2-18 基于 OOB 的评分

综合两个结果,大概可以得到能在较大程度上影响评分结果的因素,即是否为文化型节目、是否为综 N 代、是否能在芒果 TV 平台观看、是否为偶像类综艺节目以及是否为竞技类综艺。结合前期分析可知,文化型、综 N 代属性对综艺节目评分有正向影响,而芒果 TV 播出、偶像型、竞技类属性对综艺节目评分有负向影响。

六、总结与展望

本次研究本身仍存在一些不足之处。首先,尽管在研究过程中提出了大量可以加入的特征变量,但由于数据缺失问题并没有进行进一步的实测,如不同权重下的演职人员相关分值、节目的制作水平、风格等。其次,整体数据量较少,结论信服力相对较弱。后续可以考虑加上国内外不同评分网站、国内评分网站前几年的数据等,通过多维分析与对比得到更具普遍适用性的结论。最后,模型训练相对简单,并未使用多种方式进行对比或进行更精细的调参,因此与重要性匹配结果欠佳。

但不论如何,我们相信在以大数据为导向的未来世界,数据挖掘将在我们每个人的生活中扮演更加重要的角色!

第三节 基诺型彩票游戏"快乐8"的开奖号码特征研究

一、引言

数据挖掘技术的诞生,使得我们能从大量的数据中提取对决策者有用的信息。基诺型彩票游戏采用组合方法进行选号,即从 M 个数字(M 为连续、无重码的正整数)组成的区域中,任选 1 到 N 个号码(N 为大于 1 小于 M 的正整数)作为投注号码,开奖号码是从 M 个数字组成的区域中摇出 L 个号码(L 为大于 N 小于 M 的正整数)作为中奖号码的赔率计奖与奖池相结合、定期开奖的短周期彩票游戏。这款基诺型彩票游戏的一大特点就是开奖号码个数多于投注号码的个数,而且奖金和中奖概率固定,玩家事先可以知道数额,根据他们标出的号码的数量,选择他们希望中奖的金额和概率。基诺型彩票游戏与乐透型彩票游戏相比,有三大不同点:一是开奖频率高;二是开奖号码多于投注号码;三是前者更像多个游戏的组合,而后者就是一个游戏。

"快乐8"游戏于 2020 年率先在我国辽宁、江苏、江西、山东、广东等省份试点上市,在总结试点省份运行经验的基础上,不断复制推广,于 2021 年底在全国范围内铺开销售,成为继"双色球""福彩3D""七乐彩"后又一款在全国联销的福利彩票游戏。"快乐8"采用计算机网络系统发行,在各省份福彩中心设置的福利彩票销售场所销售,定期开奖。

"快乐8"的具体玩法为:从 1 至 80 共八十个号码中任意选择一至十个号码进行投注,每一组一个至十个号码的组合称为一注彩票,每注金额人民币 2 元。开奖方式为专用摇奖设备摇奖,每期开奖时,从 1 至 80 共八十个号码中随机摇出二十个号码作为当期开奖号码。"快乐8"共包括"选一""选二""选三""选四""选五""选六""选七""选八""选九""选十"十种玩法,各玩法均支持单式投注。"选一"至"选十"单式投注的号码个数分别为一个至十个。投注时从八十个号码中选出对应玩法要求的号码个数作为一注彩票。

"快乐8"各玩法均支持复式投注和胆拖投注。复式投注是指所选号码个数超过单式投注的号码个数,所选号码可组合为每一种单式投注方式的多注彩票的投注。胆拖投注指先选取少于单式投注号码个数的号码作为每注都有的胆码,再选取除胆码以外的号码作为拖码,胆码与拖码个数之和必须大于单式投注号码个数,由胆码与拖码的每一种组合按单式投注方式组成多注彩票的投注。以选二玩法为例,某彩民的胆拖投注为 5、56 和 78,其中 5 为胆码,拖码分别为 56、78,那么其投注的选二玩法分别为"5、56"和"5、78"两注彩票。

五玩法"四胆全拖"是最受彩民欢迎的胆拖玩法,因为这是"快乐8"所有玩法里中奖率最高的。五玩法"四胆全拖"投注即选取四个胆码后对其余号码进行全拖,投注金额合计152元。五玩法"四胆全拖"之所以成为网红玩法,主要有以下三个原因:一是投注金额适中,单注投注金额152元较为适中,个人可以承受;二是玩起来较为容易,由于是"全拖",所以不用考虑"拖码"的选择,全力选择"胆码"即可;三是奖金实惠,只要中三个"胆码"即有收益,奖金534元;中四个"胆码"奖金可达17260元。

"快乐8"按期销售,每天销售一期,期号以开奖日界定,销售期号按日历年度编排,由中国福利彩票发行管理中心(以下简称中国福利彩票中心)统一开奖,每天开奖一次。"快乐8"奖金设置如表2-3-1所示。

表 2-3-1 奖金设置表

选一至选十奖金设置结构表										
匹配开奖号码个数	选十	选九	选八	选七	选六	选五	选四	选三	选二	选一
10	浮动									
9	8000	300000								
8	800	2000	50000							
7	80	200	800	10000						
6	5	20	88	288	3000					
5	3	5	10	28	30	1000				
4		3	3	4	10	21	100			
3					3	3	5	53		
2							3	3	19	
1										4.6
0	2	2	2	3						

二、数据介绍和预处理

(一)数据介绍

本研究爬取中国福利彩票中心公布的"快乐8"往期中奖号码作为数据集,主要采用数据挖掘和统计分析的方法。研究主体为"快乐8"从2022年11月2日到2023年2月9日的100期中奖数据,从关联分析、数据处理和号码预测三个维度进行数据挖掘并进行总结。本研究主要使用Python语言和统计学原理进行分析,并辅以Excel等工具及开源框架进行可视化呈现,最终通过开奖模型训练对往后开奖号码进行预测。

(二)关联分析

数据挖掘中的关联规则主要是通过建立数学模型和运用算法来分析数据之间的内在联系,揭示某些投注方式间的关联程度。关联规则是一种基于规则的机器学习方法,是指物品之间存在的强关系,用以从数据集中寻找物品之间的隐含关系。通俗地讲,就是买了某商品的人,很有可能又会买另一种商品。在数据挖掘的过程中,关联规则的生成主要包含以下两个步骤:一是在原始数据集合中找出出现频次较高的数据集合,在数据挖掘中通常将其称为频繁项目集合;二是在这些频繁项目集合中,找出满足预先设定的参数阈值的项目集合,也就是关联规则,语义解释是说明这些数据之间可能存在的关联程度。

有学者曾收集某福彩投注站数十位彩民在一段时间内购买"快乐8"的销售记录,从中提取投注站编号、票号、游戏玩法名称、投注方式、投注金额、投注时间等进行关联规则研究。基于频繁模式树算法,输出最大频繁项目集和每个频繁项目集所对应的强关联规则。在强关联规则中可以查看每条规则的支持度与可信度。从模型运行结果来看,产生的最大频繁项目集有 4 个,分别是{选一,选二,选三}、{选二,选三,选四}、{选五,选六,选七}、{选八,选九,选十}。从中发现,选二与选三是"快乐8"彩民选用最多的投注方式。

通过关联规则探究各个号码的出号规律可以发现,在小样本的情况下,部分号码呈现出一定的关联性,但关联性较小,不易发觉;在样本量巨大的情况下,这些规则看起来将毫无意义。所以接下来的研究将采用小样本,探究特定选号方法与中奖率之间的联系。

(三)数据处理

用 Python 爬取中国福利彩票官网上的"快乐8"数据并将其存储到新建的 Excel 表格中。爬取的数据中包含期号、开奖日期、开奖号码、总销售额,其中开奖号码是研究对象。在 Excel 表中设置 80 列,分别表示 1 到 80 的数字。每一期中若该号码为开奖号码,则标注勾选,以绘制基本的走势图,并用 count 函数进行统计。

统计 80 个号码的出现次数、最大连出次数并绘制直方图,分别如图 2-3-1、图 2-3-2 所示。从直方图中可以看出,最高的柱形对应的号码 8 出现次数最多,出现了 42 次,并且最大连出多达 9 次,是当之无愧的"热号"。

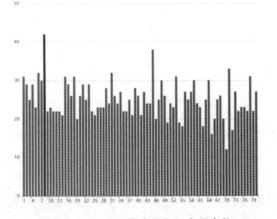

图 2-3-1　近 100 期中奖号码出现次数

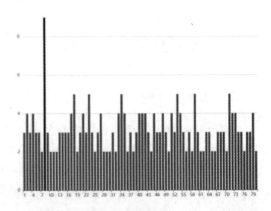

图 2-3-2　近 100 期号码最大连出次数

(四)不同玩法中奖概率分析

1. 选十玩法

投注号码的总的组合数为 $C(80,10)=1646492110120$。

买中 10 个号码,中奖奖金浮动,最高 500 万元,总的组合数 $C(20,10)=184756$,中奖概率 $P=184756/1646492110120=1/8911711$。

买中 9 个号码,奖金 8000 元,组合数 $C(20,9) \times C(60,1)=10077600$,中奖概率 $P=10077600/1646492110120=1/163381$。

买中 8 个号码,奖金 800 元,组合数 $C(20,8) \times C(60,2)=222966900$,中奖概率 $P=222966900/1646492110120=1/7384=0.00014$。

买中 7 个号码,奖金 80 元,组合数 $C(20,7) \times C(60,3)=2652734400$,中奖概率 $P=2652734400/1646492110120=1/621=0.00161$。

买中 6 个号码,奖金 5 元,组合数 $C(20,6) \times C(60,4)=18900732600$,中奖概率 $P=18900732600/1646492110120=1/87=0.01148$。

买中 5 个号码,奖金 3 元,组合数 $C(20,5) \times C(60,5)=84675282048$,中奖概率 $P=1/19=0.05143$。

买中 0 个号码,奖金 2 元,组合数 $C(20,0) \times C(60,10)=75394027566$,中奖概率 $P=1/22=0.04579$。

选十玩法不中奖的概率 $P=0.88955$。

2. 选九玩法

投注号码的总的组合数为 $C(80,9)=231900297200$。

买中 9 个号码,奖金 300000 元,组合数 $C(20,9)=167960$,中奖概率 $P=167960/231900297200=1/1380688$。

买中 8 个号码,奖金 2000 元,组合数 $C(20,8) \times C(60,1)=7558200$,中奖概率 $P=7558200/231900297200=1/30682$。

买中 7 个号码,奖金 200 元,组合数 $C(20,7) \times C(60,2)=137210400$,中奖概率 $P=137210400/231900297200=1/1690=0.00059$。

买中 6 个号码,奖金 20 元,组合数 $C(20,6) \times C(60,3)=1326367200$,中奖概率 $P=1326367200/231900297200=1/175=0.00572$。

买中 5 个号码,奖金 5 元,组合数 $C(20,5) \times C(60,4)=7560293040$,中奖概率 $P=7560293040/231900297200=1/30.7=0.03260$。

买中 4 个号码,奖金 3 元,组合数 $C(20,4) \times C(60,5)=26461025640$,中奖概率 $P=26461025640/231900297200=1/8.8=0.11411$。

买中 0 个号码,奖金 2 元,组合数 $C(20,0) \times C(60,9)=14783142660$,中奖概率 $P=14783142660/231900297200=1/15.7=0.06375$。

选九玩法不中奖的概率 $P=0.78320$。

3. 选八玩法

投注号码的总的组合数为 $C(80,8)=28987537150$。

买中 8 个号码,奖金 50000 元,组合数 $C(20,8)=125970$,中奖概率 $P=125970/28987537150=1/230115$。

买中 7 个号码,奖金 800 元,组合数 $C(20,7)×C(60,1)=4651200$,中奖概率 $P=4651200/28987537150=1/6232=0.00016$。

买中 6 个号码,奖金 88 元,组合数 $C(20,6)×C(60,2)=68605200$,中奖概率 $P=68605200/28987537150=1/423=0.00237$。

买中 5 个号码,奖金 10 元,组合数 $C(20,5)×C(60,3)=530546880$,中奖概率 $P=530546880/28987537150=1/55=0.01830$。

买中 4 个号码,奖金 3 元,组合数 $C(20,4)×C(60,4)=2362591575$,中奖概率 $P=2362591575/28987537150=1/12.3=0.08150$。

买中 0 个号码,奖金 2 元,组合数 $C(20,0)×C(60,8)=2558620845$,中奖概率 $P=2558620845/28987537150=1/11.3=0.08827$。

选八玩法不中奖的概率 $P=0.80940$。

4. 选七玩法

投注号码的总的组合数为 $C(80,7)=3176716400$。

买中 7 个号码,奖金 10000 元,组合数 $C(20,7)=77520$,中奖概率 $P=77520/3176716400=1/40979$。

买中 6 个号码,奖金 288 元,组合数 $C(20,6)×C(60,1)=2325600$,中奖概率 $P=2325600/3176716400=1/1366=0.00073$。

买中 5 个号码,奖金 28 元,组合数 $C(20,5)×C(60,2)=27442080$,中奖概率 $P=27442080/3176716400=1/116=0.00864$。

买中 4 个号码,奖金 4 元,组合数 $C(20,4)×C(60,3)=165795900$,中奖概率 $P=165795900/3176716400=1/19.2=0.05219$。

买中 0 个号码,奖金 2 元,组合数 $C(20,0)×C(60,7)=386206920$,中奖概率 $P=386206920/3176716400=1/8.2=0.12157$。

不中奖的概率 $P=0.81684$。

5. 选六玩法

投注号码的总的组合数为 $C(80,6)=300500200$。

买中 6 个号码,奖金 3000 元,组合数 $C(20,6)=38760$,中奖概率 $P=38760/300500200=1/7753=0.00013$。

买中 5 个号码,奖金 30 元,组合数 $C(20,5)×C(60,1)=930240$,中奖概率 $P=930240/300500200=1/323=0.00310$。

买中 4 个号码,奖金 10 元,组合数 $C(20,4)×C(60,2)=8575650$,中奖概率 $P=8575650/300500200=1/35=0.02854$。

买中 3 个号码,奖金 3 元,组合数 $C(20,3)×C(60,3)=39010800$,中奖概率 $P=39010800/300500200=1/7.7=0.12982$。

买中 0 个号码,不中奖概率 $P=0.83842$。

6. 选五玩法

投注号码的总的组合数为 $C(80,5)=24040016$。

买中 5 个号码,奖金 1000 元,组合数 $C(20,5)=15504$,中奖概率 $P=15504/24040016=1/1551=0.00064$。

买中 4 个号码,奖金 21 元,组合数 $C(20,4)\times C(60,1)=290700$,中奖概率 $P=290700/24040016=1/82.7=0.01209$。

买中 3 个号码,奖金 3 元,组合数 $C(20,3)\times C(60,2)=2017800$,中奖概率 $P=2017800/24040016=1/11.9=0.08394$。

不中奖的概率 $P=0.90333$。

7. 选四玩法

投注号码的总的组合数为 $C(80,4)=1581580$。

买中 4 个号码,奖金 100 元,组合数 $C(20,4)=4845$,中奖概率 $P=4845/1581580=1/326=0.00306$。

买中 3 个号码,奖金 5 元,组合数 $C(20,3)\times C(60,1)=68400$,中奖概率 $P=68400/1581580=1/23.1=0.04325$。

买中 2 个号码,奖金 3 元,组合数 $C(20,2)\times C(60,2)=336300$,中奖概率 $P=336300/1581580=1/4.7=0.21264$。

不中奖的概率 $P=0.74105$。

8. 选三玩法

投注号码的总的组合数为 $C(80,3)=82160$。

买中 3 个号码,奖金 53 元,组合数 $C(20,3)=1140$,中奖概率 $P=1140/82160=1/72=0.01388$。

买中 2 个号码,奖金 3 元,组合数 $C(20,2)\times C(60,1)=11400$,中奖概率 $P=11400/82160=1/7.2=0.13875$。

不中奖的概率 $P=0.84737$。

9. 选二玩法

投注号码的总的组合数为 $C(80,2)=3160$。

买中 2 个号码,奖金 19 元,组合数 $C(20,2)=190$,中奖概率 $P=190/3160=1/16.6=0.06013$。

不中奖的概率 $P=0.93987$。

10. 选一玩法

投注号码的总的组合数为 $C(80,1)=80$。

买中 1 个号码,奖金 4.6 元,组合数 $C(20,1)=20$,中奖概率 $P=20/80=0.25$。

不中奖的概率 $P=0.75$。

三、选号策略分析

根据大数定律,当随机事件发生的次数足够多时,随机事件发生的频率趋近于预期的概率,即随着开奖实验次数的增多,结果的平均值会越来越接近期望值。可以简单地理解为,样本数量越大,其平均概率越接近期望值。基于此,从长远来看,在开奖次数足够多、样本数量足够大的情况下,投注更适宜选择"快乐8"期望值高的玩法,位居前三的依次为选十、选八和选三玩法。在中奖概率及期望值上,理论计算结果为我们提供了更理性、更客观的投注选择。

通过分析历史中奖号码的走势图,我们发现走势图分布呈现一定的特征。本研究基于这几种特征提出直落、斜连、夹中、同尾、对称五种选号策略。

(一)直落选法

同一号码如果在前一期已经出现的情况下,继续出现在后面邻近的一期中称为直落。体现在走势图上就是,在同一列中出现了两个及以上被选中的号码。

通过计算直落现象在理论上出现的概率(见表2-3-2),可以得到如下结论:每一期中奖号码中有90%的概率会出现3~7个直落号码,有80%的概率出现4个或以上的直落号码。所以,每期在上一期开奖的20个号码中,选择3~4个号码是一个比较好的选择。

表2-3-2 每一期直落现象在理论上出现的概率

	出现概率	出现频次(平均几期出1次)	开奖365期理论次数	开奖365期实出次数
重0码	0.12%	843	0.4	0
重1码	1.16%	86	4	5
重2码	4.97%	20	18	20
重3码	12.49%	8	46	43
重4码	20.50%	5	75	77
重5码	23.33%	4	85	90
重6码	19.02%	5	69	57
重7码	11.33%	9	41	47
重8码	4.99%	20	18	15
重9码	1.63%	61	6	8
重10码	0.39%	254	1	1
重11码	0.07%	1424	0.3	1
重12码	0.01%	10969	0	0
重13码	0.00%	118085	0	0
重14码	0.00%	1821882	0	0
重15码	0.00%	41751454	0	0

以近 100 期中奖号码最大连续直落期数为横轴,以出现直落现象的次数为纵轴,绘制如图 2-3-3 所示的折线图。

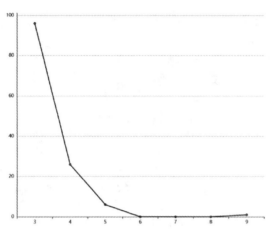

图 2-3-3　近 100 期中奖号码直落现象次数折线图

(二) 斜连选法

以第 y 期的号码 x 为起点,从 y 递增的期数中依次出现 $x+1$ 或者 $x-1$,即 y 每加一号码 x 就加 1 或者减 1,这样的情况连续三期及以上称为斜连。体现在走势图上就是,在邻近的几期中,有三个及以上号码连成一条斜线。

以近 100 期中奖号码中最大斜连期数为横轴,以斜连号码个数为纵轴,绘制如图 2-3-4 所示的折线图。从中可以看出,三个号码的斜连是最常见的开奖方式。

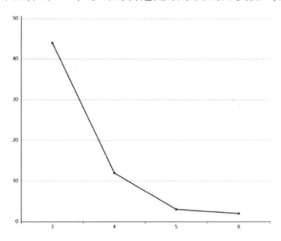

图 2-3-4　近 100 期中奖号码斜连号码个数折线图

(三) 夹中选法

如果在某一期中出现了号码 $x-1$ 和 $x+1$,之后在下一期就出现了 x,这样的情况称为夹中。体现在走势图上就是一个小的倒三角形。夹中现象在开奖过程中也很常见,据统计计算,每一期平均有一个号码夹中,但是每期夹中次数的波动性较强,可能一期中出现 3 个甚至 4 个夹中号码,也可能连续几期都没有夹中号码。包含直落、斜连、夹中的走势图如图 2-3-5 所示。

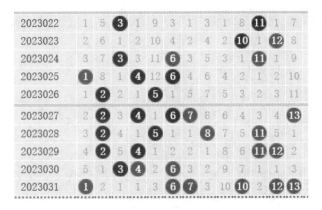

图 2-3-5　包含直落、斜连、夹中的走势图

(四)同尾选法

同尾选法比较适用于选二、选三、选四玩法,选取的号码有同一尾数的情况称为同尾。比如,选取 19、29、79,这三个号码的尾数均为 9。按照尾数分类,尾数一共 10 组,每组尾数有 8 个号码。每期的 20 个开奖号码分布在 10 个尾数上,平均每个尾数出现 2 个号码。由于开奖号码具有波动性与随机性,很难出现每个尾数平均 2 个的情况,这样就势必有尾数少于 2 个的情况,而其他的尾数必然会大于 2 个,这样就出现了某个尾数出现 0 个或 1 个号码,某些尾数出现 4 个、5 个、6 个甚至 7 个。如果把选号方式调整为选择某一个尾数,再在这个尾数里决定选三、选四就会简单很多。如果某个尾数连续多期少于平均数,往后需要开出一定个数的尾数来补;如果某个尾数连续多期远超平均数,需要出现 0 个或 1 个这种出号个数来均衡。这个"冷热周期",往往需要彩民自己进行判断,但比较受认可的规律是:冷恒冷,冷转温转热;热恒热,热转温转冷;大热之后大冷补热,大冷大热之后补冷。全部期次及近 100 期中奖号码尾号数据统计结果如图 2-3-6 所示。

(五)对称选法

对称是指在同一期中有一对号码的个位和十位相互颠倒,比如号码 45 和 54 就是对称选法。"快乐 8"中满足对称现象的号码只有 26 对。据统计,近 100 期中奖号码中,每一期平均有一对号码为对称。虽然对称现象与夹中的期望均为一期一组,但不同的是,对称现象的波动性弱,正常情况下基本稳定为一期一对号码。

(六)机选与自选号码对比

综合采用上述五种选号策略,每一期可以选出 6~10 个号码。从 2022282 期开始,以紧邻的前三期为参照,寻找符合上述五种选法的号码,将其列为自选号。自选完毕后,计算自选号码个数,确定与自选号码个数相对应的"选几"玩法,再模拟随机机选同样个数的号码。其中,机选采用彩票网站的随机模拟投注。以此来比较两种方法的中奖率。

全部期次统计数据

尾数	0个	1个	2个	3个	4个	5个	6个	7个	8个	总个数
1尾	69	219	262	160	68	17	3	0	0	1598
2尾	77	189	282	165	69	16	0	0	0	1604
3尾	67	200	277	159	66	23	5	1	0	1647
4尾	71	226	235	177	75	11	3	0	0	1600
5尾	89	195	270	152	74	14	3	1	0	1582
6尾	67	234	248	177	61	10	1	0	0	1561
7尾	70	206	263	181	61	14	2	1	0	1608
8尾	61	224	266	175	60	10	2	0	0	1583
9尾	63	236	236	172	75	12	4	0	0	1608
0尾	83	217	248	162	72	14	2	0	0	1569

最近100期数据

尾数	0个	1个	2个	3个	4个	5个	6个	7个	8个	总个数
1尾	3	27	37	20	11	2	0	0	0	215
2尾	15	22	37	13	13	0	0	0	0	187
3尾	6	27	32	25	9	1	0	0	0	207
4尾	13	23	34	19	9	2	0	0	0	194
5尾	8	32	31	22	4	2	1	0	0	192
6尾	6	34	31	19	7	3	0	0	0	196
7尾	13	24	28	24	7	3	1	0	0	201
8尾	5	19	30	33	12	1	0	0	0	231
9尾	9	33	23	25	8	2	0	0	0	196
0尾	12	28	33	21	6	0	0	0	0	181

图 2-3-6　全部期次及近 100 期中奖号码尾号数据统计

重复 30 次试验，可以发现，在小样本情况下，自选号码的中奖率在 0.23 左右，而机选号码中奖率仅为接近 0.07，自选号码的中奖率高于机选号码。

四、LSTM 网络预测号码

（一）LSTM 网络

LSTM（long short-term memory，长短时记忆网络）是循环神经网络的变种，起初是为了解决 RNN 网络很难有效利用历史记忆的问题而提出的。实践证明，LSTM 网络能非常有效地利用历史数据学习数据的规律，并有许多人对其进行了改进和普及。

所有循环神经网络都具有神经网络的重复模块链形式。LSTM 网络包含三个"门"，即记忆门、遗忘门、输出门。其中，记忆门是由输入门、tanh 神经网络层和一个按位乘操作组成的，其作用是根据当前的输入和上面传递的信息来选择哪些信息需要被保留；遗忘门的作用是选择历史信息中哪些是有用的、哪些是无用需要被抛弃的；输出门的作用是把前面遗忘门与记忆门计算后的细胞状态与上一时刻的输出信号和当前时刻的输入信号整合到一起，作为当前时刻的输出信号，传递给下一时刻。

（二）号码预测

利用 LSTM 网络和 Python 程序进行数据分析，程序须创建 LSTM 层和 linear 层：LSTM 层提取特征，linear 层进行最后的预测。LSTM 算法接受三个输入，即先前的隐藏状态、先前的单元状态和当前输入。由于网络训练需要大量数据，爬取截至"2023030 期"的近 430 期中奖号码为研究对象，获得开奖数据，如图 2-3-7 所示，并对 2023031 期中奖号码进行预测，如图 2-3-8 所示。

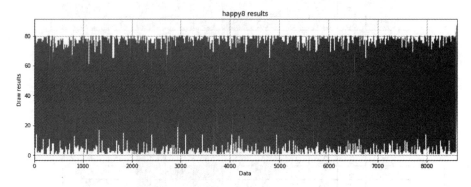

图 2-3-7　一维开奖数据与最新一期预测结果

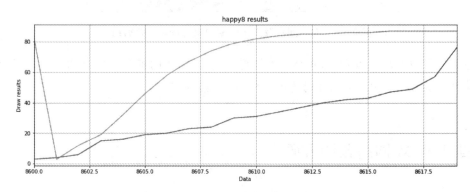

图 2-3-8　"2023030 期"开奖结果与 2023031 期预测结果

代码每次运行后预测结果是不唯一的，比如，最新一次运行后实际输出预测结果为[3, 12, 19, 32, 46, 58, 67, 74, 77, 79, 80, 81, 82, 84]，实际开奖结果为[1, 6, 7, 10, 12, 13, 17, 21, 30, 39, 47, 49, 52, 54, 56, 57, 61, 67, 74, 80]，预测结果中与实际开奖结果相符的只有 3 个。按照关联规则选九玩法，计算模型预测出的号码中奖率与机选号码中奖率基本相同，但低于按照走势图自选号码的中奖率。

现实中，有不少小程序或者 App 宣称有预测号码功能，但是由上述分析可以得知，这在目前是不切实际的。据报道有人用"ChatGPT"预测双色球开奖号码，一注中了四球，但实际上"ChatGPT"共预测了 50 注号码，其中只有一注有四个号码中奖了。如果换成纯机选号码，也能达到这个程度。就目前来说，用人工智能预测号码中奖纯属偶然。

五、结语

本研究中预测彩票号码准确率相对较高的一个方法就是找规律,根据近期的彩票号码,对下一期的号码进行筛选,将中奖率较高的号码挑选出来组成彩票号码,这是一个数学上的概率问题。但实际上,彩票走势图客观来讲只能提供一些辅助作用,不管用什么方法,中奖的概率仍然是非常小的,只能是凭借运气。

第四节 对豆瓣电影 Top 250 的评分预测

一、引言

随着大数据时代的到来,电影排行榜作为电影质量评价的一种应用方式,已经进入人们生活的各个方面。在国内,豆瓣是具有代表性的电影评分平台,其中 Top 250 电影榜单是该平台的核心呈现项目。用户通过对电影的评价和判断表达自己的喜好,同时可以为电影形成口碑效应。因此,电影评分预测可以帮助观众选择适合自己的电影,并为影院排片计划、视频网站的营销等提供参考。本节使用八爪鱼采集器爬取了豆瓣电影 Top 250 的数据,并进行了探索性分析,研究了我国电影和其他国家电影评分之间的差异,并利用机器学习算法构建了电影评分预测模型,这将为大众观影和我国电影制作提供一定的参考。虽然国内外学者对于电影评分预测都有所研究,但相比之下,国外的研究更为成熟,国内相关研究还有较大的提升空间。

二、数据获取

(一)数据介绍

豆瓣是一个供用户进行分享与评论的社区网站,向用户提供关于书籍、电影、音乐等作品的相关信息,关于这些信息的描述和评论都由用户提供,极具特色。豆瓣的核心用户群是具有良好教育背景的都市青年,包括白领及大学生。他们热爱生活,除了阅读、看电影、听音乐,还活跃于豆瓣小组、小站,对吃、穿、住、用、行等各方面进行热烈的讨论。他们热衷于参与各种有趣的线上、线下活动,拥有各种"鬼马"创意,是互联网上风尚的发起者和推动者。

豆瓣已渐渐成为他们生活中不可缺少的一部分。豆瓣电影作为豆瓣中相当重要的一个组成部分，为用户提供与电影相关的信息，如正在上映的电影的介绍、排片、票价以及评价等。用户可以标记自己想看或者看过的电影，并分享自己的感悟。Top 250 电影榜单是根据每部影片看过的人数以及该影片所获得的评价等综合数据分析得出的，代表了广大用户的电影偏好。

（二）数据获取及清洗

本节选择使用八爪鱼采集器爬取豆瓣 Top 250 电影榜单[①]的相关信息，最终获取 250 条信息。利用 Python 中的 Pandas 库进行数据清洗后得到 8 个字段，分别是电影名称、电影评分、评分人数、导演、主演、上映年份、国家和类型，如表 2-4-1 所示。

表 2-4-1　豆瓣电影 Top 250 爬取结果（部分）

排名	电影名称	电影评分	评分人数	导演	主演	上映年份	国家	类型
1	肖申克的救赎	9.7	2525091	导演：弗兰…	主演：蒂姆…	1994	美国	剧情
2	霸王别姬 / 再…	9.6	1877339	导演：陈凯歌	主演：张国…	1993	中国	剧情
3	阿甘正传 / Fo…	9.5	1897167	导演：罗伯…	主演：汤姆…	1994	美国	爱情
4	泰坦尼克号 / …	9.4	1858926	导演：詹姆…	主演：莱昂…	1997	美国	剧情
5	这个杀手不太…	9.4	2057486	导演：吕克…	主演：让·雷…	1994	法国	动作
6	美丽人生 / La…	9.6	1163827	导演：罗伯…	主演：罗伯…	1997	意大利	剧情
7	千与千寻 / 千…	9.4	1978515	导演：宫崎…	主演：柊瑠…	2001	日本	动画
8	辛德勒的名单…	9.5	970800	导演：史蒂…	主演：连姆…	1993	美国	剧情
9	盗梦空间 / In…	9.3	1822040	导演：克里…	主演：莱昂…	2010	美国	剧情
10	忠犬八公的故…	9.4	1250250	导演：莱塞…	主演：理查…	2009	美国	剧情
11	星际穿越 / Int…	9.4	1502352	导演：克里…	主演：马修…	2014	美国	科幻
12	楚门的世界 / …	9.3	1424198	导演：彼得…	主演：金·凯…	1998	美国	科幻
13	海上钢琴师 / …	9.3	1480410	导演：朱塞…	主演：蒂姆…	1998	意大利	音乐
14	三傻大闹宝莱…	9.2	1657171	导演：拉库…	主演：阿米…	2009	印度	剧情
15	机器人总动员…	9.3	1167596	导演：安德…	主演：本·贝…	2008	美国	科幻
16	放牛班的春天…	9.3	1152289	导演：克里…	主演：热拉…	2004	法国	剧情
17	无间道 / 無間…	9.3	1152749	导演：刘伟强	主演：刘德…	2002	中国	犯罪
18	疯狂动物城 / …	9.2	1654005	导演：拜伦…	主演：金妮…	2016	美国	喜剧
19	大话西游之大…	9.2	1352443	导演：刘镇伟	主演：周星驰	1995	中国	喜剧
20	熔炉 / 도가니	9.3	822635	导演：黄东赫	主演：孔侑…	2011	韩国	剧情
21	教父 / The Go…	9.3	828587	导演：弗朗…	主演：马龙…	1972	美国	犯罪
22	当幸福来敲门…	9.2	1339513	导演：加布…	主演：威尔…	2006	美国	剧情 传记 家庭
23	控方证人 / Wi…	9.6	420522	导演：比利…	主演：泰隆…	1957	美国	犯罪

（三）Top 250 电影榜单中数量排名前十的国家

对豆瓣 Top 250 电影榜单中电影的数量进行分析，前十分别为美国、中国、日本、英国、韩国、法国、德国、意大利、印度、澳大利亚（见图 2-4-1）。由于其余国家的电影数量较少，本研究这里不做展示。在豆瓣 Top 250 电影榜单中，美国电影共 101 部，占总体的 41.6%。其次是中国电影，共 40 部，其中包括内地（大陆）电影 16 部、香港电影 18 部、台湾电影 6 部。日本电影 33 部，英国电影 17 部，韩国电影 11 部。由此可以看出，西方国家对中国电影文化具有一定的影响。由于豆瓣的用户大多是年轻人，而美国电影之所以受到年轻人较高的评价，一方面是因为其电影文化与传播策略，另一方面是因为其经过多年发展具有较高的电影水准。另外，对日本电影做进一步的分析可以发现，大部分电影为动漫。动漫是日本软文化

---

① https://movie.douban.com/top250

中重要的一部分,也反映了年轻人对于动漫文化的喜爱,其中大多数动漫作品出自日本动画大师宫崎骏。而国产电影虽仍有不小的进步空间,但近些年来变化显著,在占比中逐年提高,说明质量在不断完善,剧情、演技、深度、特效、运镜等均大有向好趋势。高水平国产电影也轮番出现,而《霸王别姬》这类有年代感的电影依旧高居榜二。

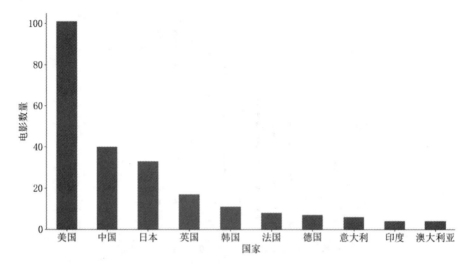

图 2-4-1　豆瓣电影 Top 250 数量排名前十国家

(四)电影评分分布总体情况

因为本研究选取的是 Top 250 电影榜单,所以电影的评分相对来说都比较高,集中在 8～10 分,各个分数的电影数量如图 2-4-2 所示。

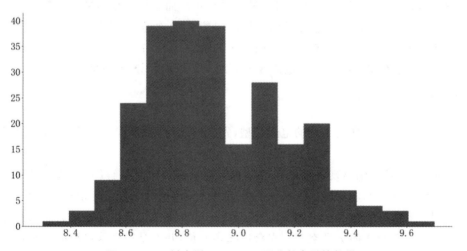

图 2-4-2　豆瓣电影 Top 250 不同分数电影的数量

由图可知,电影中评分最低的为 8.3 分,最高的为 9.7 分,93.2% 的电影评分集中在 8.6～9.3 分,大部分电影评分都在 8.5 分及以上,说明这些电影的质量相对来说还是很高的。此外,评分过高的电影很少,说明观众对于电影的偏好是不同的,有人给出高分的电影并不是所有人都会喜欢。但是,能达到 9.7 高分的电影《肖申克的救赎》在电影评价与审美等各个方面几乎均是无懈可击的。

豆瓣电影 Top 250 排名与电影评分的关系如图 2-4-3 所示。可以发现,电影评分与排名并不是绝对的线性关系或者正相关关系。排名靠前的电影评分未必会特别高;相反,排名靠后的电影也不乏高分。可以说,大体上来看,电影的排名对于评分有强相关效果,所占权重很大。

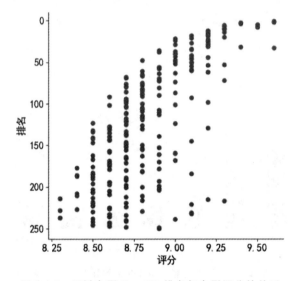

图 2-4-3　豆瓣电影 Top 250 排名与电影评分的关系

调查发现,豆瓣和 IMDb(互联网电影资源库)在排名机制上的最大区别或许就是对于评分人数(看过电影的人数)的权重。IMDb 不允许用户只标注看过而不评分,因此其评分人数等于看过的人数。豆瓣虽然依然把分数作为绝对主导,但评分人数的影响占比很大。只有在评分人数达到一定基数时,才有可能进入排行榜。而达到一个稍微大的基数后,几乎百分之百会上榜,因为评论人数也可以侧面反映电影的受欢迎、受关注程度。豆瓣电影 Top 250 排名与评分人数的关系如图 2-4-4 所示。《茶馆》9.5 分加 6.3 万人评分在豆瓣都还没进榜单前 100。如果在 IMDb 有一部电影 8.8 分加 6.3 万人评分,基本能进前 30。

(五)电影类型分析

为了更好地了解观众所关注的电影类型,先制作豆瓣 Top 250 电影类型词云,如图 2-4-5 所示。

可以看出,在榜单中出现频率最高的是剧情类电影。次之是喜剧、爱情、犯罪、冒险、动画、悬疑等类型的电影,歌舞、古装、武侠类电影出现频率很低。观众对于喜剧类和爱情类电影认可度明显要高于其他类型。而武侠、古装类的电影观众的认可度普遍偏低,说明这些类型的电影品质还有很大的提升空间。观众口味多元化,并不是很喜欢单纯的动作片,相比之下,奇幻、科幻类电影更受观众欢迎。喜剧类影片一直以来都是电影市场的一大支柱,受到了制片商的极大追捧。近年来,低成本、高回报的喜剧电影扎堆,其整体质量也不错,未来喜剧电影仍然拥有很大的发展空间。爱情类电影虽然受观众认可度相对较高,但较之于剧情题材电影仍然有很大的提升空间,爱情片应该在多元化和现代化方面下功夫,以更好地适应大众文化的时代背景下人们高速增长的观影需求。

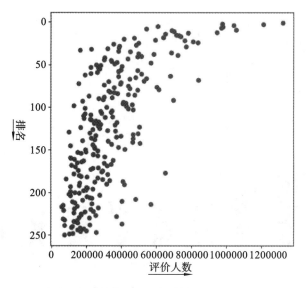

图 2-4-4　豆瓣电影 Top 250 排名与评分人数的关系

图 2-4-5　豆瓣电影 Top 250 词云

豆瓣电影 Top 250 各类型电影数量如图 2-4-6 所示,电影数量大于 10 部的共有十类电影,其中剧情类电影最多,共 47 部。其次是喜剧类电影,共 18 部。犯罪类电影 16 部,家庭类电影 12 部,爱情类电影 10 部,其余类型电影均小于 10 部。另外,大部分类型的电影评分均值在 8.9 分左右,如图 2-4-7 所示,最高的是剧情类电影,评分均值为 9.07 分,最低的为惊悚类电影,评分均值为 8.75 分。

三、算法及流程介绍

(一)算法

本研究将分别使用一元线性回归模型、多元线性回归模型、多元非线性回归模型进行分析预测。

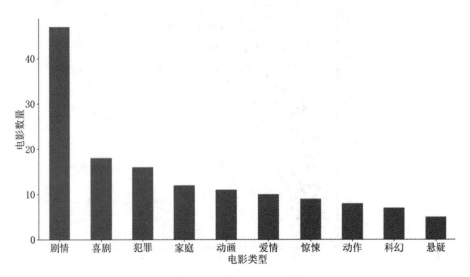

图 2-4-6　豆瓣电影 Top 250 各类型电影数量

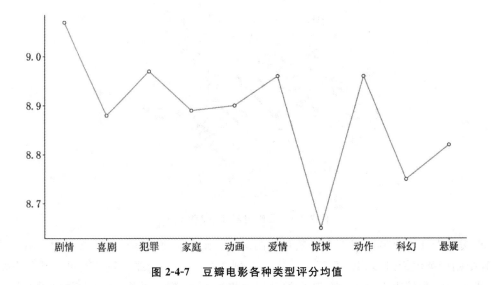

图 2-4-7　豆瓣电影各种类型评分均值

1. 一元线性回归模型

一元线性回归就是根据已有的散点图,构造最合适的 $y=kx+b$ 去极大地满足符合所有的点,运用代价函数不断地去调节 k 和 b(斜率和截距)的大小,不断调制图像的大小和方向,以模拟最适合的去符合数据,此时的代价函数值最小。

2. 多元线性回归模型

在实际经济问题中,一个变量往往受到多个变量的影响。例如,家庭消费支出除了受家庭可支配收入影响外,还受诸如家庭所有的财富、物价水平、金融机构存款利率等多种因素影响。这时候就需要使用多元线性回归模型。多元线性回归模型的一般形式为:$Y_i = \beta_0 + \beta_1 X_{1i} + \beta_2 X_{2i} + \cdots + \beta_k X_{ki} + \mu_i$ $(i=1,2,\cdots,n)$。其中,k 为解释变量的数目,β_j 为回归系数。

3. 多元非线性回归模型

在多元回归分析中,不是线性函数的回归方程中的因变量是随机变量,它与方程中其他变量(普通变量)之间的关系就称多元非线性回归关系。

(二)流程介绍

具体流程如下:对数据进行清洗—使用一元线性回归模型、多元线性回归模型、多元非线性回归模型进行预测—对三种模型进行比较。数据分析流程如图 2-4-8 所示。

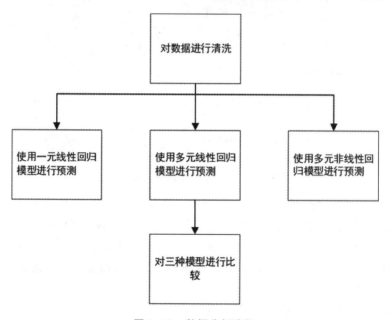

图 2-4-8 数据分析流程

四、对豆瓣电影的评分预测

(一)一元线性回归模型预测

这里选取"电影评分"为因变量、"评分人数"为自变量,简单地进行了一元线性回归,如图 2-4-9 所示。电影评分与评分人数的关系如图 2-4-10 所示。由于一元线性回归模型对数据要求较高,如果数据中存在异常点,模型的预测结果就可能出现较大误差,准确率只有 13.07%。

(二)多元线性回归模型预测

对特征信息进行处理后,本研究根据各个特

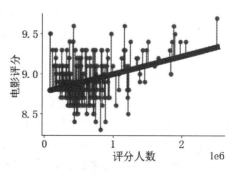

图 2-4-9 电影评分一元线性回归

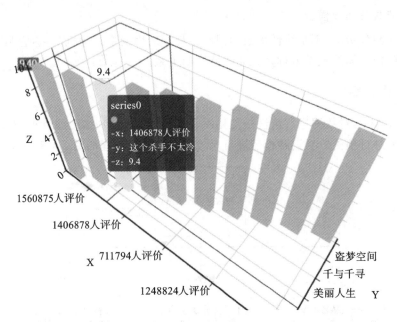

图 2-4-10　电影评分与评分人数的关系

征信息的特点并参考相关文献,选取了 3 个特征变量(分别是"排名""上映年份""评分人数")进行建模。其中电影评分为目标变量,其他 8 个变量为预测变量。本研究通过 sklearn.model_selection 中的 train_test_split()将 250 条数据划分为训练集和测试集,然后利用 StandardScaler()对预测变量的训练集数据和测试集数据进行标准化处理,并利用标准化后的数据构建预测模型。

将数据中的 70% 作为训练集,30% 作为预测集,最终得到如图 2-4-11 所示的预测准确率。最后预测的评分为接近 0.5349,说明预测集的准确率达到 53.49%,只有接近一半的数据符合该模型的预测。

```
In [99]: clf1=LinearRegression(fit_intercept=False)
         clf1.fit(x_train, y_train)
         clf1.predict(x_test)
         clf1.score(x_test, y_test)

Out[99]: 0.5348845321566906
```

图 2-4-11　多元线性回归的预测准确率

(三)多元非线性回归模型预测

由于线性多元回归并不能很好地描述该模型,所以使用多元非线性回归来建立模型。用"评分人数""上映年份""排名"来建立二元关系矩阵,如图 2-4-12 所示(截屏图)。

然后再对模型进行训练以及预测,如图 2-4-13 所示。

最后预测的评分为接近 0.8793,说明预测集的准确率达到 87.93%。大部分的数据符合该模型的预测。

	人数	上映年份	排名	人数^2	人数_上映年份	人数_排名	上映年份^2	上映年份_排名	排名^2
0	2525091.0	1994.0	0.0	6.376085e+12	5.035031e+09	0.0	3976036.0	0.0	0.0
1	1877339.0	1993.0	1.0	3.524402e+12	3.741537e+09	1877339.0	3972049.0	1993.0	1.0
2	1897167.0	1994.0	2.0	3.599243e+12	3.782951e+09	3794334.0	3976036.0	3988.0	4.0
3	1858926.0	1997.0	3.0	3.455606e+12	3.712275e+09	5576778.0	3988009.0	5991.0	9.0
4	2057486.0	1994.0	4.0	4.233249e+12	4.102627e+09	8229944.0	3976036.0	7976.0	16.0

图 2-4-12　构建关系矩阵(截屏图)

```
In [111]: clf2=LinearRegression(fit_intercept=False)
          clf2.fit(x_train2,y_train2)
          clf2.predict(x_test2)
          clf2.score(x_test2,y_test2)
Out[111]: 0.8792668021113407
```

图 2-4-13　多元非线性回归的预测准确率

最后使用该模型对五部电影做出评分预测,如表 2-4-2 所示。

表 2-4-2　对部分电影评分做出预测

电影	预测评分	实际评分
霸王别姬	9.41	9.6
新世界	8.92	8.9
聚焦	8.66	8.7
初恋这件小事	8.83	8.4
猜火车	8.70	8.6

可以看到五部电影的预测评分和实际评分误差较小,预测结果准确度较高。

(四)三种回归模型的比较

将处理好的训练集分别用一元线性回归模型、多元线性回归模型、多元非线性回归模型进行预测,并利用 predict() 方法预测对应的值,即电影评分。结果如表 2-4-3 所示。

表 2-4-3　对部分电影评分做出预测

模型	准确率
一元线性回归模型	13.07%
多元线性回归模型	53.49%
多元非线性回归模型	87.93%

可以看出,多元非线性回归模型的效果是最好的,准确率高达 87.93%。将"评分人数"作为自变量、"电影评分"作为因变量,得出的一元线性回归模型并不能很好地进行预测。为了保证预测模型的精确,之后选择使用多元线性回归模型,即添加多个自变量,但是在该模

型下,也只有 53.49% 的准确率。最后使用了多元非线性回归模型,在该数据集下较好地预测了大部分数据。

五、结论与思考

通过使用八爪鱼采集器和 Python 语言,本研究对豆瓣 Top 250 电影榜单进行了信息爬取,并对数据进行了清洗、探索性分析和评分预测。研究结果表明,制片地区为美国的影片在豆瓣 Top 250 电影榜单中占主导地位,而电影类型大部分为剧情类。根据电影评分的分析,93.2% 的电影评分为 8.6~9.3 分,而大多数类型的电影评分均值约为 8.9 分。针对电影评分预测模型的构建,本案例使用了一元线性回归、多元线性回归和多元非线性回归三种模型,其中多元非线性回归模型表现最佳,其准确率达到 87.93%。利用此模型对五部电影进行评分预测,预测值与实际值相当接近。虽然本案例构建了三种电影评分预测模型,但是在预测变量的选择中未考虑导演、演员和电影类型这三个因素,因此需要进一步研究将此类特征信息量化的方法,再将其纳入预测模型,这有助于提高模型的准确性。

第二章 在线图说明

第三章 主题挖掘与情感分析

主题模型(topic model)是自然语言处理中的一种常用模型。作为一种无监督学习方法,它能够从大量文档中自动提取主题信息。主题模型的核心思想为,每篇文档都可以看作多个主题的混合,而每个主题由一组词构成。主题模型能够帮助我们理解文档集中的主题结构,有助于文档分类、聚类和信息检索,并将高维的文本数据降到低维的主题空间,便于后续分析和处理。

情感分析(sentiment analysis)是数据挖掘的重要方法之一。它是自然语言处理的一个分支,旨在识别和提取文本中的主观信息,如情感、情绪或意见。情感分析主要是对文本的情感倾向进行分类,这些文本可能是正面的、负面的,也可能是中性的。此外,情感分析还可以进一步细分为确定文本的情感强度和确定特定的情绪。

本章将介绍8个使用主题挖掘与情感分析方法进行数据挖掘的案例。

第一节 科普短视频的受众分析与传播策略——基于"夹性芝士"的弹幕文本挖掘与情感分析

一、引言

随着移动互联技术的进步,网络逐渐成为科学普及的主流阵地。2021年6月,国务院印发的《全民科学素质行动规划纲要(2021—2035年)》从政策高度确定了依托新媒体进行科学传播的行动指南。区别于传统媒体时代单向度"传—受"的科普范式,社会化媒体短视频传播形式诞生后,"传受交互""传受融合"成为科普新模式。与此同时,用户的主体性与能动性被提升到新的研究高度。科普短视频呈现互动、多样、复杂的新型传播特点。如何把握受众的需求成为科普短视频有效传播亟待解决的重要问题。本研究以"夹性芝士"科普短视频为例,基于使用与满足理论,先回顾相关研究成果,再通过挖掘弹幕文本剖析受众需求,据此归类讨论,进一步提出优质科普短视频的传播策略。

二、研究框架

基于使用与满足理论，本研究借鉴卡茨的需求五维度划分标准，将弹幕文本归类为科普认知需求、情感共振需求、社交互动需求和价值驱动需求。科普认知需求指受众通过观看科普短视频弥补认知鸿沟、获取专业知识，以满足求知欲或好奇心的需求。情感共振需求指受众通过传播者的讲解唤起认知情感，在观看过程中表露出积极情绪或消极情绪的需求。社交互动需求指受众通过弹幕评论与传播者或其他观看者分享经历、体验、情感的需求。价值驱动需求指受众基于个体认知和视频内容传递、认同价值观念或科普观念的需求。

本研究以 B 站科普短视频及相应弹幕文本为研究对象，利用 Spyder 软件进行弹幕数据挖掘、词频统计、共现分析等，尝试厘清科普短视频、弹幕、受众之间的关系。具体研究框架如图 3-1-1 所示。

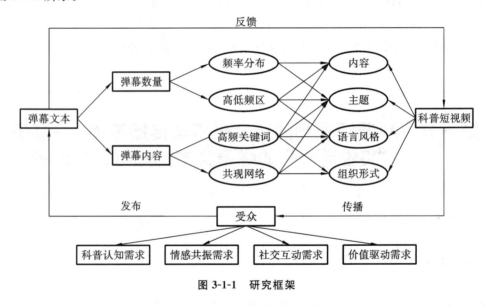

图 3-1-1　研究框架

三、研究对象

本研究将 B 站专攻两性知识的科普博主"夹性芝士"所发布的科普短视频作为研究对象，选取其"女生必看"合集中播放量达 50 万次的短视频展开分析。"夹性芝士"的科普范围涵盖生理卫生、性别认知、两性教育及其他衍生话题。根据其 B 站主页的简介，截至本研究进行时，"夹性芝士"的粉丝数达 290.7 万人，视频播放量达 1.9 亿次。其视频风格清新统一，画面中的主角包括"美丽的面瘫小姐姐"和"骨骼清奇的人体骨架"，再搭配机械女声 Siri 的全程解说。以"辟谣"与"科普"为目标的"夹性芝士"备受欢迎。

四、数据收集与处理

本研究将 Python 作为编程语言,通过 B 站 API 收集数据,逐个爬取各视频单元所对应的历史弹幕。经过预处理去重清洗后,获得 8294 条弹幕文本,并获得弹幕在视频中对应的分布时间。

(一)数据预处理

爬取 9 个不同主题视频的弹幕文本后,将抓取的弹幕文本分别输出至 txt 文件中,然后进行整合。将整合的 txt 文件载入 Spyder 软件,根据所编辑的停用词表,去除"!""?""。""()""+"等无意义的符号及词汇。多次迭代以确保从中提取的数据准确无误。

(二)词频统计、词云与共现分析

利用 Spyder 软件中"Counter"函数的词频统计功能,概览全部弹幕文本中排名前 30 的高频词汇,结果如图 3-1-2 所示,并基于全部文本数据集中的关键词,利用 WordCloud2 生成关键词云。同时,反向利用关键词检索功能,针对所归类的需求特征,提取包含高频词的原始弹幕文本。对包含关键词的弹幕文本再次进行数据预处理,利用共现网络分析功能生成关键词共现网络分析图。

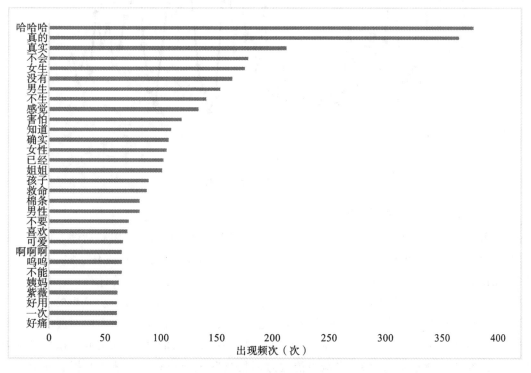

图 3-1-2　全部弹幕文本的高频关键词

五、数据分析

(一)弹幕数量分析

1. 高低频区弹幕数量差距显著

整合本研究中的 9 个主题视频,视频时长共计 29 分 11 秒,每一主题视频传播一种两性知识或解释一种生理现象。以 30 秒为单位,获取单位时长的弹幕数量,绘制弹幕频率分布图(见图 3-1-3)。可以发现,在第 7~11 分,弹幕数量较少、弹幕增长趋势较为平缓,其对应的视频区域是科普卫生用品使用方法、解释生理发育现象的主题单元,低频时段平均弹幕数量为 49 条。在第 2~6 分、13~29 分,弹幕数量间歇性激增显著、弹幕波动程度较大,其所对应的视频区域是"女性保护""男生的身体""女生自我 DIY"等主题单元,涉及两性议题与隐私话题,高频时段平均弹幕数量为 225 条。

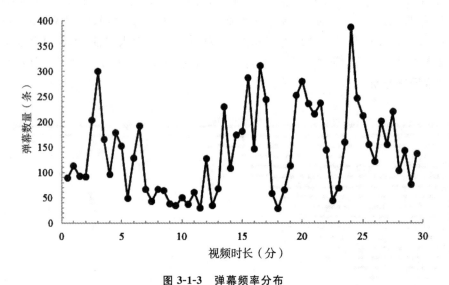

图 3-1-3　弹幕频率分布

2. 弹幕高频区受众情感共振显著

弹幕高频区的视频主题主要分为两类:一类是两性议题;另一类是隐私话题。两性议题涉及"女性保护"和"男生的身体",受众从不同身份角色出发,基于主体责任、现实表现与两性对比掀起讨论狂潮,甚至形成对立趋势。如在"女性保护"主题视频的弹幕区,"真实""害怕""危险"等词汇频繁出现,大量受众共情于女性的脆弱及社会对女性保护意识的淡薄。能够刺激高频讨论的另一类视频主题是隐私话题,如"女生自我 DIY"。由于敏感程度较高且符合女性群体的利益关切,人类天性中的情感需求易引发受众的共鸣,加之此类敏感话题常与个人的经历和情感直接相关,受众也能通过回忆或联想与视频产生情感共振。在此类主题的弹幕区,情感共振往往契合视频主题,或表现为"喜欢""愿意"等积极情绪,或表现为"救命""可怕""难受"等消极情绪。

3. 弹幕低频区博主输出平叙讲解

如前所述,弹幕低频区的视频内容以知识科普和现象解释为主,因涉及概念说明、方法介绍等,视频内容较难激发受众的互动参与。此外,受众对知识的渴望也可能成为弹幕发送较少的原因。在观看视频的过程中,逻辑连贯的知识会使受众投入较多的注意力,在受众不想分神的情况下,弹幕发送数量趋势即呈现平缓状态。

4. 弹幕高频区语言生动、形式丰富

回溯弹幕高频区的视频内容,视频语言带有鲜明的具象生动特征。在"卫生棉条"主题视频中,博主以具象数字呈现中西方卫生棉条使用率的差异,"10%"与"70%"的直观对比触发了受众对国内使用率较低的讨论,弹幕频现"太贵""隐私"等关键词,数量出现小范围激增。同时,程度副词的使用亦能通过情绪的唤起激发受众的弹幕发送行为。科普卫生棉条时提到的"更快"、科普经量时提到的"过少"等,一定程度上引发了弹幕区的好奇、惊讶与安心情绪,弹幕出现大量社交互动类关键词。此外,谐音词汇、拟声词汇和日常化别称的使用也增强了视频的趣味性,如"紫薇""嘎嘎""大姨夫"等词汇出现时,弹幕数量也发生了明显变化。

对比高低频区的内容呈现形式,低频区常为单人的肢体表演,而高频区往往对应双人或多人互动且道具丰富的实验模拟。由此可见,形式丰富也是影响弹幕数量波动变化的重要前因。

5. 主题深化引发小范围互动热潮

在部分弹幕高频区,渐进尾声的视频走向总结与升华,价值观念与科普观念的双重输出引起受众的情感认同,也引发了小范围的弹幕互动热潮。"女性保护"主题视频的 2 分 57 秒,总结了保护女性的可行性举措,并强调了保护女性的重要性。基于对视频所传递内容的认同,受众发送弹幕的数量逐渐增多。而在"排卵"主题视频的 2 分 21 秒,视频概括讲述了捐卵的危害,并对捐卵行为进行劝阻,由此推动形成了弹幕的又一波互动小高峰。

(二)弹幕内容分析

本研究共获得弹幕文本 8294 条,经过多轮数据清洗及处理后,获得各主题视频的弹幕高频词汇。根据词汇所在视频的语境,对相应视频的高频弹幕进行需求属性分类(见表 3-1-1)。

表 3-1-1 各主题视频关键词需求属性分布表

序号	视频主题	科普认知需求	情感共振需求	社交互动需求	价值驱动需求
1	女性保护	22.92%	33.33%	35.42%	8.33%
2	卫生棉条	32.65%	22.45%	36.73%	8.17%
3	排卵	18.18%	29.55%	45.45%	6.82%
4	男生的身体	44.68%	19.15%	31.91%	4.26%
5	月经科普	17.02%	25.53%	53.19%	4.26%

续表

序号	视频主题	科普认知需求	情感共振需求	社交互动需求	价值驱动需求
6	哺乳期的乳房	17.39%	45.65%	28.09%	8.87%
7	害羞的乳头	22.73%	29.55%	45.45%	2.27%
8	女生自我DIY	46.67%	28.89%	15.56%	8.88%
9	胸大的烦恼	24.44%	42.22%	26.67%	4.67%
总计		27.47%	30.90%	35.96%	5.67%

1. 科普认知满足个体需求

在科普视频领域,视频拍摄制作的首要目的是向公众传播知识、消除认知偏见,受众选择观看的首要出发点同样是获取知识、提升科学素养。综合来看,体现科普认知的弹幕关键词在所有关键词中占比 27.47%,一定程度上体现了科普认知需求是受众观看此类视频的重要需求。特别是对于人们日常生活中羞于启齿的敏感话题,如"男生的身体""女生自我DIY",科普认知需求成为受众观看视频的首要需求,科普认知类关键词占比高达 44.68% 和 46.67%。具体而言,科普认知相关高频词主要体现为"卫生棉条""月经""紫薇"等,高频词汇的出现与每一视频单元的主题高度相关。以"卫生棉条"科普视频为例,受众的讨论紧密围绕"棉条""卫生巾""异物感"等关键词展开,与视频传播内容高度联结(见图3-1-4)。为了直观、深入地分析科普认知层面的需求特征,进一步以"卫生棉条"为关键词,提取关键词所在的弹幕文本,经过软件对数据的清洗,生成关键词共现网络分析图(见图3-1-5)。

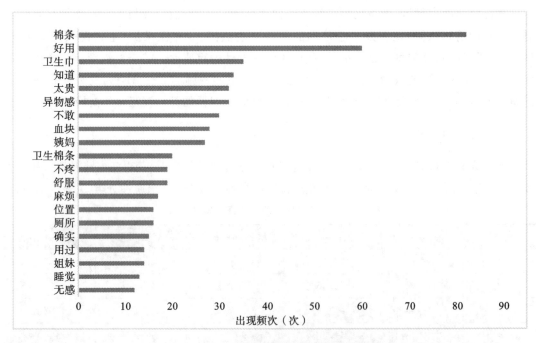

图 3-1-4 "卫生棉条"主题视频弹幕高频关键词

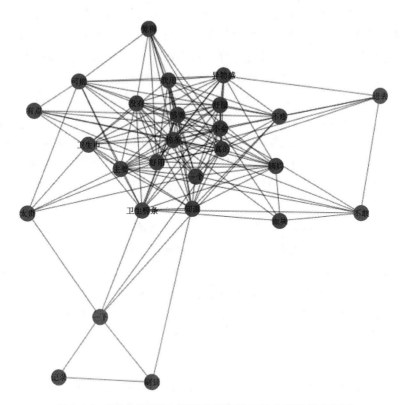

图 3-1-5 "卫生棉条"主题视频弹幕关键词共现网络分析图

可以发现,"卫生棉条"主题视频的弹幕关键词共现网络呈现以下特征。首先,围绕"卫生棉条",受众发表了一系列体现情感共振的关键词,如"好用""舒服"等表露积极情绪的词汇,或"不敢""太贵"等表露消极情绪的词汇,受众对于"卫生棉条"的使用感受存在差异化认知情绪体验。其次,"我用""感觉""觉得"等词体现出鲜明的社交互动特征,受众通过弹幕文本主动分享个人经历。最后,结合弹幕文本的具体语境,"知道""记录"等词汇的出现体现了视频的科普价值。观看前后,受众的认知态度与认知行为发生转变。概言之,"卫生棉条"主题视频弹幕关键词共现网络分析的结果表明,回应年轻人关切的科普视频内容,不仅唤起了受众情感和经历的共鸣,也使部分受众弥补了认知鸿沟,兼具满足科普认知、情感共振和价值驱动的多重传播功能。

2.经历体验促进社交互动

在各主题视频关键词需求属性分布表中,社交互动需求所占比重达到35.96%,在所有需求属性中占据首位,且在各个主题视频中均有一定程度的分布。分析发现,受众的社交互动行为主要表现为三种类型,分别是基于个人经历的分享、与博主的互动以及与其他视频观看者的互动。其中,受众基于个人经历的分享还可进一步划分为第一人称经历的直接分享和间接分享。

依据视频的主题和内容,受众以分享经历、体验、情感的方式在弹幕区进行互动,在既有认知经历的基础上,受众之间建立共鸣、引发讨论。如在"月经科普"主题视频弹幕区,"我自己""我小时候""我现在"等弹幕关键词皆体现了受众基于自身经历进行的契合主题的分享互动。除了直接分享行为外,第一人称经历的间接分享也屡见不鲜,相关关键词如"我有一个朋友"。概览受众集中分享经历、体验、情感的视频单元或视频区间,相应的视频主题多为与日常生活密切相关、与个人身体健康深度关联的话题素材。

与博主的互动是弹幕区社交互动的主要形式,既包括对博主的评价,也包括对博主发言的回应或反馈。一方面,博主生动有趣、活灵活现的讲解会引发受众对其好感度、满意度、关注度的增加;另一方面,博主在视频中的陈述、提问、留白和评论也会成为受众各抒己见、提问质疑以及表达感谢的"开关"。在多个视频的弹幕区,受众亲切地称呼博主为"姐姐",并时常向博主说"谢谢"。在两性知识科普领域,"夹性芝士"已然成为受众互动效果良好的特色IP。

与其他视频观看者的"隔空对话"是另一种社交互动的表现形式,针对其他受众的发言,个体通常会给予认可或反驳的回应,在关键词上体现为"前面的""那个"。若涉及专业讨论,且个体所储备的知识尚未被他人提及时,个体也会通过补充他人的发言来实现信息交互。此外,当某一言论具有正向引导作用或能引发感受认同时,弹幕区的受众也会通过"刷屏"的方式进行互动,如"女性保护"主题视频的弹幕区涌现了大量"尊重是相互的"的弹幕留言,以呼吁爱护女性、相互尊重。

3. 认知差异触发情感反馈

情感共振需求关键词总计占比30.90%,仅次于社交互动。在各主题视频弹幕区,情感共振需求关键词占比差异不大。通过对情感共振需求关键词进行分析可以发现,在接触与理解视频内容的过程中,受众的认知偏差易与视频新内容产生认知冲突,冲突的表现即为受众或惊讶、或感叹、或不解的认知情绪反馈。如在"卫生棉条"主题视频中,博主对各类相关问题的解释同时触发了受众的积极情感反馈与消极情感反馈。观看有趣的模拟实验时,受众以一连串的"啊啊啊"或"哈哈哈"表达内心的感受。

除此之外,由于个体在感知、理解和解释世界时具有不同的认知框架、情感偏好、文化社会背景以及个性差异,个体对相同刺激或同一事件可能产生不同的情感体验和表达。个体之间的认知差异也能诱发受众的情感反馈,且通常带有消极倾向。较有代表性的主题视频是"女性保护",部分受众认为危险来自男性、男性对女性的伤害诱发"恐男",但也有部分受众攻击女性"写小作文""碰瓷",立场及视角的不同带来了认知差异,认知差异又进一步触发了情感反馈。

4. 争议话题建构价值导向

价值驱动需求关键词总计占比5.67%,所占比例较低,但在各主题视频中均有分布。科普视频的价值驱动能够引导并塑造受众的价值观和态度,促使其对科学和科学领域内的现象形成正确的认知和理解。在"夹性芝士"的内容传播过程中,视频的价值驱动主要体现为对科普重要性的认识和对两性及两性知识的尊重与学习。其中,涉及前者的弹幕关键词是"科普""重要",涉及后者的弹幕文本则围绕争议话题展开。

因争议话题的特殊性,其具有情感共鸣、引发思考讨论、触发认知冲突等特点,极易建构受众的价值导向。例如,在讨论如何保护女性问题时,部分受众在弹幕上发送"躲得远远的"

的内容,试图通过切断异性联系或阻滞正常交往来封闭自我。其他受众则会附和或反驳这一观点,导致弹幕区出现冲突性对话。当博主提出合理方式后,弹幕区则出现"相互尊重"等和谐的字眼。在博主、视频与受众的共同作用下,传播科学观念、建构正确价值导向由此完成。

六、科普短视频的传播策略

(一)弹幕内容分析聚焦领域、深耕内容,满足科普认知基本需求

内容是视频的基础,主题是视频的灵魂。在谣言与伪科学泛滥的流量时代,重视内容的科学性、权威性、专业性,体现主题的正确性、实用性、价值性,避免传播错误知识、误导公众是科普主体的应有之举。以传播科学知识与科学观念为导向,科普主体应积极承担科普责任,可通过引用文献资料或书籍著作,来确保内容的可信、准确、翔实。

鉴于科普视频的制作生产门槛较高,科普主体常以垂直细分领域的知识分享为主。于此类科普主体而言,高质量科普离不开精耕与细作。精耕要求科普主体深入研究自身聚焦的主题或领域,筛选重要的信息,建立清晰的逻辑,输出回应受众关切的高质量内容。细作则要求科普主体以提升传播潜力和影响力为目标,精准定位、打造IP、强化服务。科普主体可通过明确目标受众、了解优势专长、确定视频价值观、关注受众需求反馈及持续学习提升等方式进行自我定位,以建立传播信息与观众之间的有效连接。同时,设计或定制专有名称、头像、标语,统一视频风格等能够助力特色IP的打造,不仅便于识别,增强科普信息的传达效果和记忆度,还能在受众中建立信任和可信度,增强被接受和认同的可能性,从而实现自我价值的增强和发展机会的增多。此外,强化服务性,如设置专题、合集,这既能提升受众的体验感,增强用户黏性,也能主动设置议题,提升传播效果。

(二)创新形式、把握细节,增强受众情感共振体验

调动受众情绪、唤起情感共振在科普视频传播过程中发挥着重要作用,情感是认同生发的前因变量。在讲解形式上,科普视频应使用深入浅出、通俗易懂的语言,并适度搭配具象生动、修辞类比的表述。前者能够打破交流壁垒,畅通交流渠道;后者可以吸引受众注意,调节观看情绪。不拘泥于知识分享的单向输出,科普主体也可以通过提问或互动性话语促进与受众的跨屏交互,增强受众的参与感。而在视频表现形式层面,科普主体既要综合运用动态视频与静态文字、图片,加快短视频传播的融合转向,以丰富的元素提升受众兴趣,也要注重镜头语言与画面细节的处理,如合理设计知识密度、灵活运用构图技巧、添加渲染视听元素等,落实调动受众情感共鸣的传播策略。

(三)紧扣当下、贴近生活,促进多元社交互动互联

接近性是一种重要的新闻价值观,也是衡量传播效果和受众触动效果的重要指标。在话题选取阶段,科普主体应顺应大众思想趋势,洞察目标群体密切关注的领域议题,了解受众学习科普主题相关知识的意愿,恰逢其时地推出科普视频。特别是对于与日常生活关联

程度较高的科普案例和科普素材,科普主体更应从心理层面的接近性出发,激发受众在弹幕区的情感反馈与经历分享,促进多维度多主体相联结的社交互动。

(四)内嵌价值、正确引领,弘扬辩证理性的科学态度

提升公众的科学素养是科普视频传播推广的高层次目标。科普视频应做到传播准确无误的科学知识,传递正向积极的思想观念,引导受众以理性态度接纳、以辩证思维思考,尊重科学、相信科学。对此,科普主体应加强对内容的把关,过滤错误的或不健康的信息,防止误导与欺诈,确保价值观正确。对于话题所引发的争议,科普主体应以审慎细致的态度对信息进行选择、加工、处理,并且明确表态,引导受众形成正确认知,避免认知偏差与认知冲突的进一步加剧。如若谈及隐私话题,科普主体也应在不违法违规的前提下阐明科普目的,并通过安全、可靠的方式向受众传递有关隐私保护的科学知识和建议,帮助受众消除羞耻心、树立正确的科学的理念。

第二节　虚拟数字人微博动态下评论文本的主题挖掘与情感分析

一、引言

虚拟数字人是生成式人工智能(artificial intelligence generated content,AIGC)产品,其背靠计算机图形学、深度学习、语音合成等技术,广泛运用于游戏(虚拟角色优化)、社交产品(定制虚拟形象)、影视(数字替身)、服务(虚拟主持人、虚拟客服等)等行业,并再次激发了二次元动漫市场的活力,在以洛天依、初音未来为代表的虚拟歌姬带动下,近年来社会上涌现出 AYAYI、柳夜熙、阿喜 Angie、Lil Miquela 等在社交媒体上拥有过万粉丝数量的虚拟偶像。艾媒咨询发布的《2022 年中国虚拟人产业商业化研究报告》指出,起源于日本的虚拟偶像文化自 2011 年起在中国得到迅速发展,截至 2022 年,中国虚拟偶像产业链趋于完备,核心市场规模预计可达 13 亿元。

关于虚拟偶像的研究层出不穷,但研究多采用小样本深度访谈或自评量表类实证研究等受人们主观思想影响较大的方法,研究结论各不相同。有学者的实证结论表明参与者对虚拟数字人感知到的信任、社会存在感和人性的评价居于低水平;还有学者表示虚拟数字人拥有人类特征的属性、强烈的故事性以及超越时尚行业的范围,多数粉丝愿意同 Rozy 这样的超写实虚拟偶像进行互动,并从中得到慰藉。

面对尚未有定论的用户关乎虚拟数字人的情感分析,本研究用 Python 爬取三位不同拟真程度的虚拟偶像微博动态下的用户评论文本数据,并将动态类型细分为内容动态与商务

动态,对用户评论文本进行 LDA 主题分析,并借助 LIWC2015 情感词典开展情感分析,纵向比较用户对于不同拟真程度虚拟数字人的情感态度,并横向比较同一虚拟数字人的内容动态与商务动态下用户评论文本的主题及情感是否有差别。

二、文献综述

(一)虚拟数字人及相关研究

虚拟数字人是指人们利用计算机打造出的具有人类外貌、声音等特征和行为交互模式的虚拟可视化形象,该形象主要借助计算机图形学、深度学习、系统建模、语音合成等技术方式落地实现。其中,拥有稳定虚拟角色设定和作品产出(如音乐作品、杂谈视频等)的虚拟人又被称为虚拟偶像。既有研究按照视觉风格,多将虚拟偶像划分为动漫与超写实两类。结合我国市场现有情况,本研究根据视觉拟真程度,将虚拟偶像细分为低拟真程度(与动漫风格较为一致)、拟真程度居中(肢体、毛孔等细节处理贴近真实,但与真人具有一定的距离)、高拟真程度(外观与真人较为一致,内容动态模仿人类行为方式,容易以假乱真)。

虚拟偶像与粉丝文化研究长期以来都是新媒体文化研究的热点。目前的研究大致可分为两类:一类是通过小样本深度访谈或参与式观察等受研究者主观思想影响较大的研究方法探讨粉丝情绪状态与认知行为;另一类是通过自评量表类实证研究分析虚拟数字人营销效果,但研究结论尚未达成统一。

Wortelboer 的研究发现人群面对超写实数字代言人时态度分化明显,50%的受访者不乐意与类人代言人互动,因为感觉它令人毛骨悚然、缺乏真实性、人为替代,他们对人工智能的准确性表示不信任。Cornelius 等对虚拟数字人的拟真程度进行细化,并将其与真人进行比较,认为不完美的虚拟人会唤起阴森感、降低可信度和说服力。但邓凤仪与蒋霞则发现,相较于虚拟人代言,真人代言更易引起容貌焦虑,他们证明,在缺乏知识线索的情况下,高认知需求人群和孤独人群认为动漫型虚拟数字人更有说服力。Kim 等发现高拟真程度虚拟数字人较低拟真程度数字人背书有更高的信息可信度和信息态度感知,但这一优势在身份披露时消失。还有部分学者对虚拟数字人的效果边界展开论述,认为当虚拟影响者在代言信息中使用理性语言而非感性语言时,他们可以和真人代言一样成为可信和有效的品牌支持者以及共情的个体,在人类与虚拟代理的参与中发挥重要作用,并且在披露虚拟代言人身份的情况下,情绪感染和认知同理心得分较高、情绪分离得分较低的个体会有更大的意愿支持虚拟代言人。

虚拟数字人广告效果研究之所以存在纷争,主要有以下两方面原因。一方面,各广告效果实证研究多通过单个虚拟形象与单个真人形象进行比较,为控制变量,实验材料多为单一海报,但这与虚拟数字人的运营情况存在较大偏差。以科技感示人的虚拟数字人多有视频展演形式,且广告代言的海报设计为专业人士制作,虚拟数字人与产品具有较高的匹配度。但前人的实验材料中,虚拟数字人与产品的结合多呆板无趣,其实验材料脱离实际,实验设计难以模拟现实。另一方面,虚拟数字人仍属于小众文化圈层,广告投放多面向其粉丝群体,但上述实证实验多面向社会大众,这在实验操纵层面降低了虚拟数字人真实影响效果的代表性。

鉴于此,本研究以虚拟数字人微博动态下的评论文本为研究对象,通过数据爬取与语料数据清洗,进行主题分析和情感分析,以更客观的方式评估参与者对虚拟数字人的情感态度与认知情况,并遴选不同拟真程度的虚拟数字人形象,将其发布的动态细分为内容动态和商务动态,丰富研究层次,提升研究结果的可参考性。

(二)评论文本的情感和认知研究

微博评论是用户对微博上发布的新闻或信息进行后续评论的一种形式,以发布方便、互动性强和传播速度快为主要特征。当前微博评论的研究主要集中在使用机器学习方法进行主题和情感分类方面。例如:分析微博评论中表达情绪的句子,以识别在线热门事件中情绪冲突的内容和策略;建立模型通过微博情感分析来分析或预料事件的情感演变;选择与微博评论主题一致和支持评论者的回复,根据特定指标确定意见领袖。

随着虚拟偶像在娱乐产业中的不断涌现和受众群体的日益增长,对虚拟偶像发布的动态进行评论文本研究变得愈发有必要。首先,虚拟偶像是一种新型娱乐形式,其在社交媒体平台上发布的动态对用户产生了重要影响。用户通过在评论中表达自己的观点、情感和态度,不仅能够与偶像进行互动,还可以参与偶像的推广、宣传活动。因此,通过对用户评论文本进行研究,可以了解用户对于虚拟偶像的真实想法和反馈,进一步探索虚拟偶像推广运营的有效策略。

其次,用户评论文本研究可以帮助揭示用户群体的特征和行为模式。通过分析评论中的内容、情感、情绪等方面的信息,可以了解用户对虚拟偶像的偏好和期望。这些分析结果对于用户群体的精细化管理和运营策略的制定具有指导意义。另外,用户在评论中可能会表达对虚拟偶像的支持、批评或意见,这种多样化的反馈可以帮助虚拟偶像团队更好地了解用户需求,提升产品质量和服务水平。

最后,虚拟偶像的成功离不开用户群体的支持,而用户评论文本研究可以为用户参与度和忠诚度的提升提供指导。通过分析评论文本中的互动情况、意见对立与融合等方面的内容,可以深入了解用户对于虚拟偶像的认同感、归属感和参与感,从而为虚拟偶像团队制定用户管理策略和活动策划提供参考,建立稳定、积极的用户运营生态。

综上所述,对虚拟偶像发布的动态的用户评论文本进行研究具有重要意义。这一研究可以解读用户观点、挖掘用户需求、提升用户参与度,为虚拟偶像的发展和推广提供有效的依据和策略。

三、理论基础与研究工具

虚拟数字人与人类外观具有不同程度的相似性,并在技术演进下开始实现与人类的实时互动。虽然人类和人工智能之间的界限变得越来越模糊,但人工智能应用仍然被视为机器而非人类。消费者对于与人工智能的互动存在疑虑,认为机器缺乏基于思维的特征,比如专业性、同理心和情感处理能力等。

根据心灵感知理论，在确定他人的想法或感受之前，人们会感知到他们的心灵存在。心灵感知由代理能力和经验能力两个部分组成，前者指的是感知到的行动能力，后者指的是感知到的感知和感觉能力。人们把对他人进行心灵感知的意识拓展到其他生物和物体上，比如动物和机器人。评估物体的拟人化观点和体验能力形成了对另一个物体或存在实际有思想的感知。根据心灵感知理论，经验能力相较于代理能力被视为对人类更重要。

然而，人工智能应用的感知常常受到消费者的质疑。人们经常对人工智能应用程序能够体验感官和有意识的情绪表示怀疑。虚拟数字人作为一种人工智能应用程序，具有高度的行动能力，但由于它们并非真正的人类，消费者常常怀疑它们的体验能力。这种对虚拟数字人无法感知和感觉的感知，在人类挑战其真实本质并质疑它们是"真实"还是"机器人"这种互动中显而易见。此外，恐怖谷效应进一步证明了人工智能应用程序因无法体验五感而受到怀疑。目前，关于消费者对虚拟数字人的感官感知与认知的研究尚未得到统一的结论，本研究将心灵感知理论应用于虚拟数字人，爬取用户评论文本，以实证数据分析用户的感官感知和情绪倾向。

为了测量分析用户的感官感知和情绪倾向，本研究采用了语言分析软件 LIWC。LIWC 内置的情感词典可以定量捕获文本中心理状态的频率，包括情绪、感知和社会关系，为本研究提供了有效路径。

1990 年心理学家詹姆斯·彭尼贝克开发了"Linguistic Inquiry and Word Count"（简称 LIWC）用于文本数据的量化研究。在多年的沉淀与更新下，LIWC 被证明具有良好的信效度并广泛运用于语用学相关研究，如口译文本、社交媒体用户评论、政治话语。多方研究验证了 LIWC 在情感分析过程中的有效性和稳定性，因而本研究引入 LIWC 对虚拟数字人微博动态下的用户评论进行文本特征提取。本研究进行时的最新中文版本为 LIWC2015，内含约 6800 个词、77 个特征词类。本研究采用 LIWC2015 对虚拟数字人微博动态下的用户评论文本进行赋分，进而计算其中蕴含的用户情感态度与感知情况。

四、数据收集与预处理

（一）虚拟数字人样本及数据爬取平台选择

虚拟偶像数量繁多。本研究以艾媒咨询发布的《2022 年中国虚拟人产业商业化研究报告》对我国现有虚拟数字人的归类为参考依据，结合账户活跃程度、商务接待情况、粉丝数量逐步遴选，最终采用洛天依、阿喜 Angie（以下简称阿喜）、AYAYI 分别代表不同拟真程度的虚拟数字人形象，如图 3-2-1 所示。

洛天依是以 VOCALOID 歌声合成引擎为载体的首位中文虚拟歌手，人物设定为灰发绿瞳、身着蓝白旗袍裙装的可爱甜美少女形象，曾登上不同卫视跨年演唱会，曾与歌手汪苏泷、许嵩合作演出，发布多首音乐单曲，拥有形象 IP 等系列授权衍生商品及商务代言活动。阿喜属于以 CG 技术创作的全 3D 建模数字人物，其图文动态多传达惬意、轻松、自在的形

低拟真程度 洛天依　　　拟真程度居中 阿喜　　　高拟真程度 AYAYI

图 3-2-1　不同拟真程度的虚拟数字人

态,治愈且古灵精怪的少女形象使其在网络迅速走红,其曾与钟薛高、雅迪、OPPO、奇瑞、纪梵希等知名品牌开展商务合作。AYAYI是燃麦科技推出的首款 Metahuman（超写实数字人）产品,其以逼真的形象突破虚实界限。相较于洛天依、阿喜,AYAYI的外形设计在肤质、发质、微表情等细节处理上高度模拟真人,人物设定为精致简练的时尚博主,契合年轻人审美调性,曾吸引娇兰、LV、安慕希、BOSE等品牌合作。

虚拟偶像主要活跃平台有抖音、微博、小红书、B站,其中抖音和B站以视频播放为主,虚拟数字人的图文素材较为稀缺;小红书中各虚拟数字人的粉丝数量均较低,用户评论寥寥无几;虚拟数字人的微博账户下拥有视频、文字、图片等多种形式的运营动态,且作为平均日活跃用户数过亿人的社交网络平台,微博的用户基数极大,虚拟数字人微博动态下的评论量较为充分,故本研究选用微博为数据采集平台,考量虚拟数字人的动态内容主要分为内容动态与商务动态,结合实际发布频率,分别采集最新发布的30条内容动态、20条商务动态。其中,阿喜 Angie 的商务动态实际发布数仅为19条,故总计采集149条动态、14196条评论。

（二）数据清洗与分词

文本清洗主要包括以下工作。

①删除"微博科技""微博视频""超话社区"发表的评论,如"你好,你感兴趣的'花点时间'已开通了超话社区～超话社区是微博旗下兴趣互动社区,快来与志同道合的小伙伴们一起交流互动吧！戳我进入＞＞♯花点时间［超话］♯"。

②删除微博官方恭喜用户中奖的评论。

③删除用户转发微博的部分评论。

④删除未能文字识别的表情符号,如(๑•ᴗ•)۶。

⑤删除评论者@其他用户的标识。

⑥删除评论附带的♯话题。

文本分词采用 Python 第三方库"jieba"将用户评论的微博文本转化为纯词组文本,并使用哈尔滨工业大学社会计算与信息检索研究中心的停用词表去除干扰词汇。

五、数据分析与结论

(一)词频统计及词云绘制

词频统计是一种对文本中出现的词语进行量化的方法。通过计算每个词出现的频率,可以确定哪些词在用户文本评论中被频繁提及,有助于识别和理解用户关注度较高的话题和关键信息,并通过绘制词云观察词语之间的相似性和相关性,进一步了解用户在评论中表达的话题和情感,理解虚拟偶像的影响力和用户心理。

洛天依内容动态与商务动态词云如图 3-2-2 所示。其中,位居首位的关键词均为"call",分别出现 1062 次、681 次。此外,其内容动态下共出现 92 次"Vsinger"。Vsinger 是上海禾念信息科技有限公司创立的虚拟歌手厂牌,洛天依归其管理,用户在评论区多次@该厂牌表达其诉求,表现出对后台管理的强烈参与意愿。商务动态下"播放器""公仔""专辑"等成为洛天依的评论关键词,展现出偶像周边产品是洛天依商业运行体系的重要一环。

图 3-2-2　洛天依内容动态(左)与商务动态(右)词云

阿喜内容动态与商务动态词云如图 3-2-3 所示。与洛天依的词云类似,阿喜的内容动态和商务动态皆出现了"喜欢""期待"等高频正面情感词汇。结合关键词回溯阿喜的商务动态,发现其中有大量类似"新的一年喜提推荐官的身份""是新合作!感谢 Azo 品牌的邀请""机车美少女太顶(网络用语,指实力强)了""宝子终于又有广子(指广告)了!""喜提代言"的用户评论,暗含虚拟偶像在某种程度上是用户内心理想化的现实性外延,同时体现了偶像崇拜沦为物欲文化,推动用户为偶像拥有商务合作而欢呼,实现为支持其商业活动而进行购买的情感操纵。

AYAYI 内容动态与商务动态词云如图 3-2-4 所示。"姐姐"位居 AYAYI 动态评论关键词、高频词统计首位,反映出粉丝对评论区的占领,内容动态下的评论关键词"好看""身材"

图 3-2-3 阿喜内容动态(左)与商务动态(右)评论词云

图 3-2-4 AYAYI 内容动态(左)与商务动态(右)评论词云

"漂亮""女神"反映了 AYAYI 的精美建模是吸引受众的核心,商务动态下的高频关键词"同款""解锁"表露出用户对其商务活动的积极回应。

从纵向对比来看,在内容动态上,AYAYI 评论区高频出现的词语有"好看""身材""女神",阿喜则为"喜欢""放松""惬意""治愈",洛天依则为"可爱""啊啊啊""好听",侧面反映出三者的人物设定得到了用户的有效回应:AYAYI 以外表精致的时尚博主示人,阿喜塑造的是清新文艺少女形象,洛天依为虚拟歌姬动漫形象。大量心理状态类词汇显示出用户对其出现心灵感知,与前人研究中对虚拟代言人社会存在感、感知相似性、感知感官能力的解读互相印证。在商务动态上,出现在 AYAYI 评论区的关键词有"戴森""眼妆""品牌",阿喜评论区的关键词有"天猫""电动车""芍药""雪糕",洛天依评论区的高频关键词为"播放器""公仔""迪奥""演唱会"。这一方面说明商务合作得到粉丝的有效关注,另一方面展示出三者商务运营的差异,除却商业代言,洛天依另有成熟的周边运营售卖体系。

(二)主题分析

人工智能的迅速发展,推动了自然语言处理技术步入学术研究,如学者通过 LDA 主题模型研究用户推荐文本、网络热点话题演化、科技文献主题、竞争情报等领域。作为文档主题生成模型,LDA 主题模型以非监督学习方式对语料进行主题抽取,探测语料内部主题间的关联。

主题数量选择为至今尚未完美解决的难点问题,数量的确定需要人工尝试不同值反复测定。Sievert 等人为直观展示主题间距、主题词序等情况,开发了可视化分析框架 pyLDAvis,研究者可以通过可视化交互验证主题建模结果。本研究纳入了 pyLDAvis 分析框架以辅助调节 LDA 参数主题数量 K,在平面示意图上查看主体间距与重叠程度。对用户评论语料分词后,本研究采用 scikit-learn 向量化工具 CountVectorizer 集合向量化文档,设定 max_df 为 0.5,min_df 为 10,主题数量为 3,指定输出关键词数量为 20。经多次比较调试,本文确定主题数为 3。通过各列关键词描述估计主题含义,最终结果如表 3-2-1 所示。

表 3-2-1　虚拟数字人微博动态下的评论文本主题内容

虚拟数字人	内容动态	商务动态
洛天依	建模争议	周边手办
	兔年快乐	新年快乐
	十一周年	专辑发售
阿喜	清新文艺	机车美少女
	治愈生活	造型清爽
	虚拟角色	喜提代言
AYAYI	完美女神	解锁同款
	精致妆容	科技感
	真假难辨	带货主播同台

在内容动态上,阿喜与 AYAYI 分别出现了"虚拟角色""真假难辨"主题词,相较于二次元动漫风格的洛天依,阿喜与 AYAYI 的较高拟真建模吸引了大量用户对其视觉设计的讨论;同时洛天依内容动态下的评论出现"好看""拒绝"等富有争议性的评论,结合"企划""建模""Vsinger"等关键词,可推断用户对洛天依形象塑造具有较大的关注度和争议。在商务动态上,洛天依的主题词聚集于"手办""立牌"等周边运营售卖体系,阿喜与 AYAYI 则聚焦于品牌代言,且用户认为 AYAYI 与其代言科技产品的调性适配。

(三)情感分析

LIWC 文本分析软件依靠内置情感词典对文本数据的语言结构和情感态度进行自动评估,广泛运用于文本情感分析。LIWC2015 的情感词典拥有综合语言指标(Summary Variables)、语用学维度(Linguistic Dimensions)、情感加工(Psychological Processes)和扩展词典(Expanded Dictionary)四类一级指标,一级指标下又按照层次分别设置若干次级分类。其中,情感加工(Psychological Processes)下的驱动力(Drives)、认知(Cognition)、情感(Affect)二级指标,以及扩展词典(Expanded Dictionary)下的二级指标感知(Perception)与本研究相关,遂沿用上述二级指标及其部分三级指标(见表 3-2-2)。

表 3-2-2　LIWC 情感词典指标选用

分类	缩写	字词示例	分类总字词数
Psychological Processes			
Drives	Drives	we, our, work, us	1477
Affiliation	affiliation	we, our, us, help	384
Achievement	achieve	work, better, best, working	277
Reward	reward	own, order, allow, power	856
Cognition			
Cognitive processes	cogproc	but, not, if, or, know	1365
Insight	insight	know, how, think, feel	383
Discrepancy	discrep	would, can, want, could	108
Certitude	certitude	really, actually, of course, real	131
Affect			
Positive tone	tone_pos	good, well, new, love	1020
Negative tone	tone_neg	bad, wrong, too much, hate	1530
Expanded Dictionary			
Perception	Perception	in, out, up, there	1834
Visual	visual	see, look, eye, saw	226
Auditory	auditory	sound, heard, hear, music	255
Feeling	feeling	feel, hard, cool, felt	157

通过 LIWC 文本分析工具分别提取内容动态、商务动态下评论文本中积极和消极等情感词汇分布,由此得到情绪词的量化数据,从而判断用户对虚拟数字人的情感倾向。内容动态类评论语料情感分析结果如表 3-2-3 所示。

表 3-2-3　内容动态类评论语料情感分析结果

分类	洛天依		阿喜		AYAYI		F
	$M_{内容动态}$	$SD_{内容动态}$	$M_{内容动态}$	$SD_{内容动态}$	$M_{内容动态}$	$SD_{内容动态}$	
Drives	8.080	451.089	6.885	221.095	7.387	409.682	1.288
affiliation	5.096	335.593	2.747	91.774	2.669	180.892	15.356***
achieve	1.346	57.994	2.567	99.702	2.563	150.417	11.130***
reward	1.399	65.937	0.857	23.119	2.496	142.072	10.962***
cogproc	7.354	396.441	17.468	562.265	10.953	501.782	66.048***
insight	2.080	111.241	7.097	214.494	4.220	218.995	49.576***
discrep	1.206	83.970	4.153	170.032	0.870	38.477	34.397***
certitude	3.305	184.149	5.667	186.144	4.733	233.203	10.720***
tone_pos	21.769	1029.795	17.472	538.793	10.833	515.799	83.768***

续表

分类	洛天依		阿喜		AYAYI		F
	$M_{内容动态}$	$SD_{内容动态}$	$M_{内容动态}$	$SD_{内容动态}$	$M_{内容动态}$	$SD_{内容动态}$	
tone_neg	0.871	33.536	0.721	26.678	1.194	57.545	1.960
visual	1.974	110.971	4.054	138.398	3.659	185.805	16.314***
auditory	0.950	50.417	0.835	65.268	0.455	26.765	3.136*
feeling	0.258	8.078	2.262	78.565	1.083	49.621	41.977***

注：* $p<0.05$，** $p<0.01$，*** $p<0.001$.

在正向情感（Positive tone）和负面情感（Negative tone）的测量中，用户的情感呈现明显的两极分化态势。用户对洛天依、阿喜、AYAYI 的喜爱平均值分别高达 21.769、17.472、10.833，远高于其他情感测量指标，且经过单因素方差分析，三者存在显著差异，即用户对于洛天依的正向情感高于阿喜和 AYAYI。此外，负面情感平均值分别为 0.871、0.721、1.194，较低的标准差反映了用户在整体上对虚拟数字人的负面情感较低。感官感知的测量结果中，视觉（visual）的测量值高于听觉（auditory）和触觉（feeling），表明视觉刺激是相对更有效的吸引机制，用户对虚拟数字人的关注集中在视觉层面。驱动力（Drives）的测量中，用户在集体感（affiliation）、成就感（achievement）和荣誉感（reward）中均具有不俗的表现，为虚拟偶像如何触及消费者内心提供了一个参考视角，用户对虚拟代言人的接受程度取决于社会情感因素：感受到的人性化、感受到的互动性和参与程度。

商务动态类评论语料情感分析结果如表 3-2-4 所示。

表 3-2-4 商务动态类评论语料情感分析结果

分类	洛天依		阿喜		AYAYI		F
	$M_{商务动态}$	$SD_{商务动态}$	$M_{商务动态}$	$SD_{商务动态}$	$M_{商务动态}$	$SD_{商务动态}$	
Drives	7.071	407.756	4.411	164.179	6.571	331.719	5.966*
affiliation	2.329	134.752	1.132	49.998	1.007	41.905	14.273***
achieve	0.901	39.215	2.099	63.447	2.710	125.753	26.207***
reward	2.268	142.652	1.743	62.976	2.274	118.899	0.742*
cogproc	8.931	461.963	15.351	577.252	15.439	675.035	52.688***
insight	4.341	244.112	6.946	276.203	5.610	309.392	8.258***
discrep	2.136	127.707	2.131	94.789	3.974	215.461	14.858***
certitude	2.665	149.861	5.746	226.798	4.851	222.725	22.499***
tone_pos	17.814	986.905	16.164	575.199	14.470	631.348	9.017**
tone_neg	1.111	64.783	0.948	50.234	0.687	33.425	2.303
visual	2.869	159.144	4.481	159.123	0.472	38.749	155.850***
auditory	0.560	28.326	0.280	9.388	0.088	5.254	8.824***
feeling	0.911	46.725	1.946	70.915	1.265	51.386	6.157*

注：* $p<0.05$，** $p<0.01$，*** $p<0.001$.

在 Affect（情感）的测量中，正向情感（Positive tone）依然居高不下，且单因素方差显示，洛天依评论区文本的正向情感显著高于阿喜与 AYAYI。驱动力（Drives）和感知（Perception）依然保持较高的数值，且三者存在显著差异，具体而言，在感知测量中，阿喜与 AYAYI 显著高于洛天依。回溯评论文本，推断为阿喜、AYAYI 的动态多模仿人类生活形态，激发了用户的感知相似性和社会存在感。在驱动力（Drives）的测量中，洛天依的数值显著高于阿喜与 AYAYI，这是因为洛天依拥有大量用户参与用户生成内容的创作，如视频、图画，用户参与创作激发了内心的集体感（Affiliation）、成就感（Achievement）和荣誉感（Reward）。

六、总结

本研究关注用户对不同拟真程度的虚拟偶像的情感态度与认知倾向，以虚拟数字人微博动态下的用户评论为研究语料，首先运用 LDA 主题模型进行主题挖掘，三位虚拟数字人的关键词从侧面反映出三者的人物设定得到了用户的有效回应，内容动态下"好美""治愈""可爱"等关键词分别对应 AYAYI 精致时尚博主、阿喜清新文艺少女、洛天依虚拟歌姬的虚拟数字人形象，商务动态下"科技感""清爽""专辑"等主题词显示出三者在营销活动中产品品类、商务体系的差异；其次借助 LIWC2015 情感词典研究用户评论的情感态度，研究发现，在内容动态与商务动态上，三者的用户评论文本皆显示出极高的正向情感，结合对感官感知的测量，可以推断洛天依的运营中，用户参与创作激发了其内心的集体感、成就感和荣誉感，阿喜与 AYAYI 的内容营销与人类生活具有高度相似性，激发了参与者的感知相似性和社会存在感。

第三节 新媒体时代国内传播学领域研究热点分析——基于共词分析与 LDA 主题模型的文献计量研究

一、引言

期刊文献是科研成果的重要体现，尤其是核心期刊，不仅具有较高的学术价值，也是指定领域学科发展与研究热点的体现。"新媒体"是近年来学界与业界研究和讨论的热点话题，各个领域的学者、业界人士纷纷加入研究行列。

对于传播学领域相关文献进行梳理分析，发现多数学者采用文献计量的方法，主要可分为以下三类：第一类是基于描述性统计的文献计量可视化分析，主要从期刊来源、作者、合作机构分布以及被引量等方面进行研究分析;第二类是基于特征提取的关键词分析,多采用TF-IDF算法模型与CiteSpace可视化软件完成对文本高频关键词的挖掘与特征提取;第三类是基于主题模型的主题演化分析,较多采用LDA主题模型,挖掘文本的潜在主题与相关词语,与关键词提取相比,LDA主题模型的可拓展性更强。

可见,学者从不同的角度和深度对所研究领域的文献进行挖掘分析,以揭示领域研究现状和发展方向。从目前国内研究成果来看,对某一学科领域进行计量分析以词频分析和共词分析(关键词提取)为主,少数研究利用主题模型分析。本研究在描述性统计与关键词提取分析的基础上,重点介绍LDA主题模型,采用LDA主题模型对期刊文献进行主题抽取,以期更加全面、客观地揭示传播学领域新媒体话题的研究热点与发展方向。

二、研究设计

(一)研究方法设计

本案例拟在描述性统计的基础上,采用文献计量学方法对所选文献进行词频分析、共词分析和基于LDA主题模型的主题分析,通过时间分布、作者情况、研究机构分布、关键词共现、主题提取等分析方法,探索传播学领域新媒体研究热点并进行可视化呈现。

描述性统计主要借助中国知网(以下简称知网)自带的统计工具与Excel软件完成。其中,知网统计工具用于对文献进行检索与批量导出,Excel软件用于统计近10年来传播学领域针对新媒体研究的文献发表频次与研究机构分布情况并进行可视化图表绘制。基于文献计量学的可视化分析主要运用VOSviewer软件完成,生成基于文献计量关系的关键词共现关系图。导入前使用NoteExpress、Notepad++软件对导出数据进行格式转换与预处理,基于LDA主题模型的构建主要使用Python语言来完成。

(二)数据来源及筛选

文献数据源自知网数据库,具体检索步骤为:选择"高级检索",选择"期刊",限定主题词为"新媒体"并且篇关摘包含"传播学",时间段选择2010年到2021年,限定文献来源类别为SCI来源期刊、核心期刊和CSSCI,检索得到符合条件的论文866篇,如图3-3-1所示。

对检索得到的样本进行进一步筛选,根据文章标题与摘要内容剔除部分会议综述、会议致辞、人物访谈、书刊评议、高校学科简介、行业报告等非研究性文献和主题内容与新媒体不相关的文献后,得到有效文献719篇。

之后,将筛选得到的有效文献的题录信息进行导出,导出时选择两种格式版本导出:一种是NoteExpress版本,用于VOSviewer软件进行词频分析与共词分析;另一种是自定义格式版本(在必选字段之外另选字段,如Keyword-关键词,Summary-摘要,Year-年)。

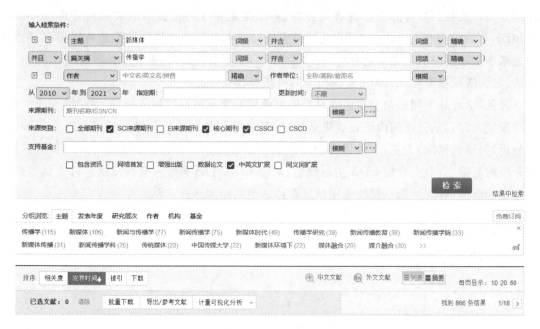

图 3-3-1 检索记录截图

三、结果分析

(一)描述性统计分析

1. 时间分布分析

通过分析某一领域期刊文章发文数量在时间轴上的分布规律,可以了解在特定时间范围内学术界对该领域的关注程度,还可以了解该领域研究的发展规模和速度。检索得到的有效期刊文章数量随时间的变化趋势如图 3-3-2 所示。可以看出,2010—2021 年,新媒体领域受到学术界的持续关注,2011—2016 年发文量一直保持增长态势,2017 年发文量开始相对减少。

文献增长理论认为,在学科所处的不同阶段,文献的增长态势不同:当学科处于诞生和起步阶段时,文献增长较为缓慢;当学科处于发展阶段时,增长率会变大,此时的文献处于稳定增长期或急剧增长期,呈现复杂的格局;当学科处于成熟阶段时,文献增长率逐渐变小,意味着知识领域正面临突破,将产生新的分支领域。

图 3-3-2 所呈现的增长态势与文献增长理论的描述非常契合,学术界于 20 世纪末开始对新媒体发展产生关注,2000—2010 年属于观察、思考的起步阶段,2011—2015 年属于全方面推进的高速发展阶段,这段时间文献保持稳定的增长,自 2015 年开始新媒体研究由全面发展转为纵深推进,除 2016 年文献增长数量较大之外,文献增长速度开始放缓,意味着传播学领域针对新媒体发展问题的研究渐趋成熟,开始向其他分支发展。

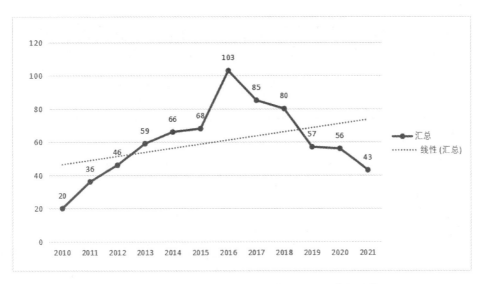

图 3-3-2　2010—2020 年样本文献年度发文量变化趋势

2. 作者情况分析

使用 Excel 对作者列数据进行分列处理,统计得到 719 篇有效文献,共由 953 位作者(独立、合作等)完成,所有作者发文情况统计如表 3-3-1 所示,发表三篇以上文章作者统计如表 3-3-2 所示。可以看出,传播学领域针对新媒体话题的研究学者数量已具有一定的规模,其中中国人民大学陈力丹老师共发文 15 篇,多为对传播领域的综合性研究梳理,体现出陈力丹老师对传播学领域研究的持久关注和较高的影响力;发文 1 篇(包括合作发文)的作者达 767 人,多为学科交叉研究,体现出传播学与其他学科交叉研究广泛的特点,尤其是在新媒体时代,交叉研究更为广泛。

表 3-3-1　所有作者发文情况统计

发文数	作者人数	所占比例
1	860	90.24%
2	75	7.87%
3	13	1.36%
4	1	0.10%
5	3	0.31%
15	1	0.10%
合计	953	100.00%

表 3-3-2　发表三篇以上文章作者统计

序号	作者	发文数
1	陈力丹	15
2	刘海龙	5

续表

序号	作者	发文数
3	谭天	5
4	孟威	5
5	李明德	4
6	郑保卫	3
7	张志安	3
8	吴鼎铭	3
9	邹霞	3
10	刘文辉	3
11	彭兰	3
12	孙玮	3
13	李良荣	3
14	黄芝晓	3
15	郭晴	3
16	范以锦	3
17	方惠	3

3. 研究机构分布分析

通过对研究机构进行计量分析，可以直观地把握传播学研究领域影响力较大的研究机构。本研究中的机构是指数据导出的"Organ-单位"字段，通过数据整理，共有453家单位，主要以高校为依托，因此将发文机构（各院系、高校研究所等单位）以高校为单位进行合并，共得到318家单位，发表五篇以上文章的高校统计如表3-3-3所示。其中，中国人民大学发文量最多，其次是中国传媒大学、复旦大学，均超过20篇。由此可见，以上几所学校在传播学领域已经形成了较强的科研实力与领域影响力。

表 3-3-3　发表五篇以上文章的高校统计

序号	机构名称	发文篇数	序号	机构名称	发文篇数
1	中国人民大学	43	10	上海大学	11
2	中国传媒大学	27	11	南京师范大学	11
3	复旦大学	27	12	南京大学	11
4	武汉大学	20	13	北京大学	11
5	暨南大学	17	14	西安交通大学	8
6	郑州大学	14	15	四川大学	8
7	上海交通大学	14	16	重庆大学	7
8	清华大学	12	17	浙江大学	7
9	中国社会科学院	11	18	山东大学	7

续表

序号	机构名称	发文篇数	序号	机构名称	发文篇数
19	北京师范大学	7	24	中山大学	5
20	青年记者	6	25	厦门大学	5
21	华中科技大学	6	26	华侨大学	5
22	河北大学	6	27	成都体育学院	5
23	传媒	6			

4. 关键词分析（词频分析与共词分析）

文章的关键词往往能够体现研究的主要方向与主要问题，词频分析是关键词分析的基本形式，而共词分析则是对词频分析的改进，能够体现相同词汇在不同文章之间的相关关系。本研究借助 VOSviewer 软件，对高频关键词进行统计分析，由于数据样本量较小，因此降低词频的阈值，在分析过程中选择出现频次大于或等于 5 次的词语，得到关键词词频和共现次数统计表（见表 3-3-4）以及关键词共现关系可视化图谱（见图 3-3-3）。

表 3-3-4　高频关键词词频与共现次数统计表

序号	关键词	词频	共现次数	序号	关键词	词频	共现次数
1	新媒体	123	156	11	传统媒体	17	39
2	传播学	82	109	12	新闻传播学院	15	24
3	新闻传播学	51	74	13	传播学研究	14	21
4	新媒体时代	42	52	14	全媒体	13	14
5	传播	24	29	15	新媒体环境下	12	23
6	媒介融合	23	44	16	新闻教育	12	22
7	新闻传播教育	23	39	17	媒介	11	15
8	媒体融合	21	34	18	微博	11	19
9	新媒体传播	20	25	19	知识图谱	11	17
10	中国人民大学新闻学院	18	44	20	中国传媒大学	10	19

说明：关键词共现次数是指该关键词与其他关键词共同出现的总次数。

由图 3-3-3 显示的关键词节点可以发现，作为检索主题的"新媒体"和"传播学"词语权重最高，且与其他词语有着紧密的关联。除检索主题词外，"新闻传播学""新闻传播教育""新闻传播学教育"等关键词节点，反映了传播学与新闻学学科之间的紧密联系。

为了进一步挖掘新媒体环境下传播学领域研究热点话题，手动剔除以上与检索主题高度相关的词语，再次绘图，得到图 3-3-4。

从图 3-3-4 可以看出，"媒介融合""媒体融合""新闻传播学教育"等关键词权重较高，且向外延伸与其他词语联系紧密，已经逐渐形成较为明确的学科研究方向，体现出传播学领域在新媒体时代对传统媒体转型策略与媒介融合问题的研究关注以及对新媒体环境下新闻传播教育发展问题的讨论。"中国人民大学新闻学院""中国传媒大学""复旦大学新闻学院"等关键词体现了在传播学与新媒体领域研究较多的高校机构，一定程度上也体现了高校在领

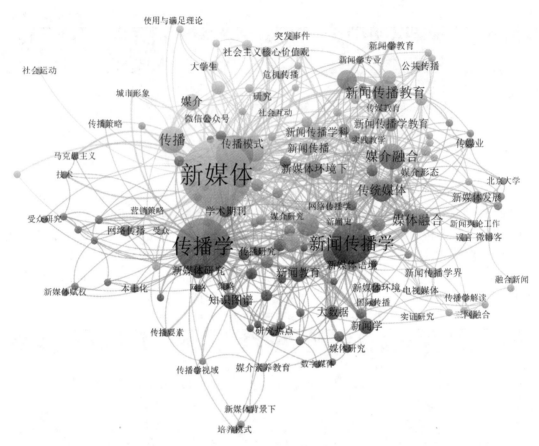

图 3-3-3 关键词共现关系可视化图谱

域内的影响力。

从外围看,"全媒体""短视频""知识图谱"等关键词与其他词语形成了较为紧密的关系网络,体现了传播学适应新媒体时代而对应出现的新兴研究领域以及在新媒体环境中的研究拓展与技术应用,同时体现了近些年的研究热点;"健康传播""体育传播""政治传播"等关键词,进一步体现了传播学领域研究学科交叉的特点,虽然目前与中心词和其他关键词的关联较弱,但不能忽视,新媒体环境下技术的发展与进步将进一步促进传播学与其他学科的交叉研究。另外,"议程设置""把关人""意见领袖"等经典传播学理论仍然占有一定的比重,并且与"全媒体""大数据"等新媒体时代特有的词语相关联,说明经典理论并没有在新媒体时代失去存在价值,而是得到了更好的研究和创新。

(二)主题分析

与共词分析相比,LDA 主题模型具有更强的扩展性,能更好地体现主题词之间的语义关系。本文使用 Python 语言实现 LDA 主题模型,具体过程包括数据处理、结果分析、可视化结果分析、分析结果总结。

1. 数据处理

首先,对导出数据进行处理,从文献信息中提取文章标题、关键词和摘要,使用 Excel 软

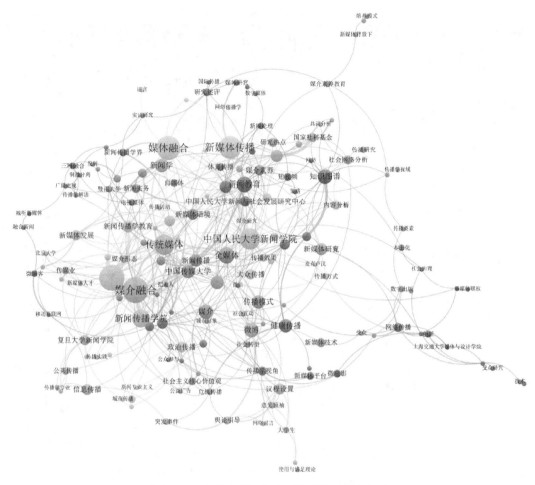

图 3-3-4　去除主题词节点后的关键词共现图谱

件进行列合并,构成数据信息来源。

接下来,对数据信息进行分词处理,使用 Python 语言的 jieba 库进行分词,并调用外部停用词表进行停用词过滤,另外由于检索主题与研究内容均为传播学与新媒体领域,为了避免"传播学""新媒体"等词语多次出现对结果产生影响,在进行停用词过滤时,再次过滤"传播学""新媒体"等主题词语和"随着""研究""结果"等摘要内容中的常见词语。首次分词后发现一些传播学领域的专用词语被分开(如"中国传媒大学"被划分为中国和传媒大学),因此加入自定义词典,写入"新闻传播""媒介融合""融媒体""把关人"等专有词汇,再次进行分词处理。

之后,借用词袋模型的方法构建字典,将经过分词处理的词语进行汇总,并去除单个词,利用构建好的词典,将文档与词语信息转换为数值型语料库,采用 gensim 包进行主题词提取,并使用 LDAvis 进行可视化分析。

2.结果分析

设定主题数为 10,显示每个主题下的前 10 个词语,并人工对每个主题进行主题标签归纳,结果如表 3-3-5 所示。

表 3-3-5 主题提取结果与主题标签归纳

序号	主题标签	主题词汇				
1	传统文化艺术转型	文化	艺术	时代	微博	艺术设计
		数字	价值	新媒体时代	社会	传统
2	媒介使用与受众分析	媒介	政治	技术	出版	微信
		受众	信息	分析	社会	平台
3	舆论传播与话语权	舆论	网络	引导	媒介	社会
		舆情	受众	信息	话语	视角
4	网络谣言与意识形态	媒介	社会	谣言	国家	网络
		主流	传统	意识形态	环境	政治
5	学科教育与人才培养	教育	新闻传播	专业	技术	高校
		学科	社会	体育	实践	培养
6	危机传播与舆论监督	信息	环境	媒介	社会	危机
		受众	事件	影响	分析	舆情
7	技术发展与信息扩散	分析	健康	专业	学术	政务
		重要	扩散	信息	学者	技术
8	媒介生态与文化传播	媒介	文化	音乐	技术	传媒
		实践	模式	新媒体时代	环境	生态
9	社会媒体与信息传播	新闻传播	舆论	网络	微博	社会
		学院	传统媒体	研讨会	新媒体时代	媒介
10	文献分析与热点研究	文化	分析	社会	学科	新闻学
		媒介素养	热点	期刊	本文	文献

由主题模型结果可以归纳得出,新媒体传播学在新媒体领域的研究热点集中在以下几个方面。

(1)传统艺术产业的转型与创新实践

对应主题1、8,包含关键词"新媒体时代""文化""艺术""音乐"等,主要研究内容为戏曲艺术等传统产业在新媒体时代面临的发展困境以及借助新媒体技术进行创新实践、媒介融合与社会化媒体的转型对策探究和传播效果分析。

(2)媒介融合与社会化媒体

对应主题2、7、9,包含关键词"微博""微信""政治""社会"等,主要从传播学的时间分析微博、微信等社会化媒体的传播特征,并在社会化媒体兴起的语境下,分析传统媒体与新兴媒体的融合发展策略(媒介融合)和社会各行各业以及国家政务平台布局新媒体建设的发展路径。

(3)危机传播与舆情舆论

对应主题3、4、6,包含关键词"舆论""危机""谣言"等,主要研究内容为:对新媒体平台的舆论话题、舆论监督和引导作用的解读和分析;网络谣言的传播特征和影响分析以及治理策略探究；全媒体时代公共危机事件的传播路径和国际舆论场中我国的国际形势和话语权分析。

(4) 新闻传播人才培养与学科教育改革

对应主题 5，包含关键词"高校""教育""学科""实践"等，主要探究在媒介融合与互联网发展的时代背景下，原有新闻传播学教育模式面临的问题与教学模式改革路径探究，多数学者指出了当下社会对新闻传播人员综合素质能力的要求，并探索提出学科交叉、实践锻炼等新型培养方案。

(5) 研究回顾与文献计量

对应主题 10，包含关键词"文献""期刊""热点"等，主要内容为对一定时期内传播学领域或某个分支的研究回顾与文献分析。

可以发现，"媒介"和"技术"两个关键词在各个主题所对应的词汇中多次出现，表明媒介研究对于传播学领域研究具有重要意义，尤其是新媒体环境中的媒体转型与媒介融合探究，而"技术"（新媒体技术、数字技术）是推动新媒体时代形成与社会进步的动力。为了进一步探究传播学领域针对新媒体问题的研究发展与趋势，将 2010—2021 年的文献以年为单位进行划分，每三年作为一个研究时间段，每个时间段内的主题数设定为 4，每个主题下选择前 10 个词汇并进行主题标注，不同时间段的结果如表 3-3-6 至表 3-3-9 所示。

表 3-3-6　2010—2012 年主题提取结果与主题标签归纳

序号	主题标签	主题词汇				
1	突发事件与公共舆论	舆论	学科	网络	数字	社会
		新闻传播	信息	引导	突发事件	受众
2	危机传播与受众分析	媒介	社会	分析	本文	信息
		高校	新闻传播	危机	技术	受众
3	媒介融合与改革实践	体育	电视	数字	马克思主义	媒介
		实践	技术	社会	受众	教学
4	社会媒体（微博）与社交网络	微博	博客	媒介	文化	事件
		社交	技术	社会	成为	网络

表 3-3-7　2013—2015 年主题提取结果与主题标签归纳

序号	主题标签	主题词汇				
1	数字技术与信息传播	社会	新闻传播	分析	时代	环境
		信息	技术	本文	文化	受众
2	数据媒介与电影分析	体育	媒介	数字	网络	教育
		技术	信息	环境	电影	分析
3	互联网与传媒实践	专业	政治	实践	传媒	网络
		社会	文化	媒介	互联网	存在
4	社会媒体（微信）与学科教育	教育	社会	微信	修辞学	新闻传播
		媒介	学科	影响	期刊	基础

表 3-3-8　2016—2018 年主题提取结果与主题标签归纳

序号	主题标签	主题词汇				
1	高校教育与学科培养	网络	教育	社会	新闻传播	核心
		专业	时代	高校	新媒体时代	社会主义
2	新闻传播范式	新闻学	媒介	分析	国家	新闻传播
		学科	微信	范式	社会	公众
3	技术发展与学科教育	教育	媒介	新闻传播	技术	思想
		政治	学科	互联网	内容	社会
4	数字技术与媒体舆论	社会	文化	技术	舆论	媒介
		信息	新闻传播	健康	时代	互联网

表 3-3-9　2019—2021 年主题提取结果与主题标签归纳

序号	主题标签	主题词汇				
1	高校教育与培养实践	新闻传播	时代	分析	文化	高校
		生态	体育	实践	技术	社会
2	数字技术与视听广告	教育	音乐	广告	技术	社会
		文化	视听	高校	平台	实践
3	信息技术与风险传播	信息	教育	社会	风险	文化
		视觉	技术	影响力	效果	内容
4	媒介融合建设与发展	媒介	文化	学科	新闻传播	社会
		建设	环境	信息	教学	融合

通过时间段分析可以发现，近 10 年来对新闻传播教育、技术发展与媒介形态、舆论传播等话题的研究关注度一直存在，并在不同时期体现出不同的特点：比如 2010 年为微博元年，2010—2013 年针对新媒体平台的研究以微博平台为主，而 2013 年后则以微信为主；对媒介融合与技术发展的讨论，也随着时代的发展逐渐拓展到多领域的融合转型与深化。

3. 可视化结果分析

使用 LDAvis 对主题模型提取结果进行可视化分析，结果如图 3-3-5 所示。可以看到，各个主题之间联系相对紧密且无重叠情况，验证了主题模型的提取效果。其中参数 λ 表示关键词提取的特征程度，λ 越接近 1，其词频特征占比的权重越大；λ 越接近 0，词语的独特性特征占比越大。在此选择 $\lambda=0.8$，分析其主题模型结果。

LDAvis 可以显示每个话题下权重最高的 30 个词语，与打印出的关键词基本相符，在 λ 的设定下略有不同。通过图片中气泡的大小可以直观地了解不同主题出现的频繁程度，弥补了打印主题不能显示主题之间重要程度的不足，图中气泡编号与主题标签的对应关系如表 3-3-10 所示。

第三章 主题挖掘与情感分析

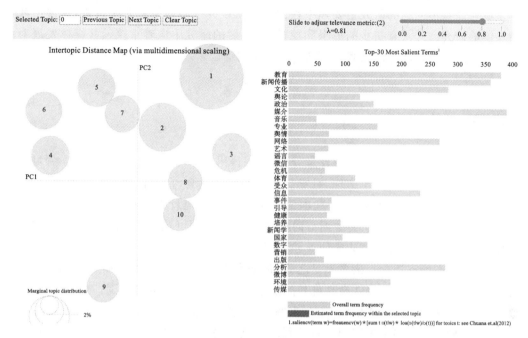

图 3-3-5　LDAvis 可视化结果

表 3-3-10　可视化气泡对应主题标签

气泡序号	主题标签
1	学科教育与人才培养
2	文献分析与热点研究
3	媒介生态与文化传播
4	舆论传播与话语权
5	网络谣言与意识形态
6	危机传播与舆论监督
7	媒介使用与受众分析
8	传统文化艺术转型
9	社会媒体与信息传播
10	技术发展与信息扩散

4. 分析结果总结

罗杰·D.维曼和约瑟夫·R.多米尼克认为媒介研究有四个发展阶段。第一阶段为针对媒介自身的研究界定,例如媒介的定义、特征、功能等;第二阶段为媒介的使用问题,例如使用者特征、使用者感知、使用者态度等;第三阶段为媒介效果分析,例如媒介对个人、社会甚至整个国家的影响;第四阶段为媒介改进研究,包括发展转型、深入应用以及基于该媒介建立的新的理论概念和模型等。从该角度出发对研究结果进行整体分析可以发现,国内传播学领域对新媒体问题的研究主要集中在前两个阶段并逐渐向第三阶段迈进,这说明我国对新媒体的研究已经具有初步的成果和规模,在今后的研究中应着重探索新媒体发展对国家和社会的影响以及新媒体在其他领域的深入应用等。

四、研究总结

通过对 719 篇期刊论文的文献计量分析,归纳得出 2010—2021 年国内传播学领域针对新媒体的研究集中在以下几个方面:社会化媒体与媒介融合,危机传播与舆情舆论,人才培养与教育。研究过程中,在对文献基本信息进行描述性统计的基础上,采用共词分析与 LDA 主题模型提取文献主题、关键词与词语共现网络,采用可视化的方法进行直观描述,并针对分析结果进行整体分析和未来研究趋势探讨。

与此同时,本研究还存在诸多不足之处,例如数据来源不够全面,本研究只选取了知网收录的核心期刊文献,意味着并没有将其他核心期刊的论文纳入分析范围,对分析结果的推广造成一定的影响。另外,在使用 LDA 主题模型进行主题提取的过程中,主题数由作者主观设定,仅根据可视化结果中气泡的重叠程度来判断主题数选取的好坏,科学性有待完善。如果能够根据数学模型的计算推理得出适合数据集的最优主题数,研究结论的科学性会进一步增强。

第四节 看不见的城市:基于流行歌曲中的文化符号对城市图景的还原

一、引言

城市是一种文化载体,对城市文化的挖掘和构建离不开媒介的表达和传播。2021 年 10 月,一曲《漠河舞厅》突然爆火,让漠河市这座中国最北端的小县城,成为全网关注的焦点。抖音数据显示,截至 2021 年 12 月 11 日,《漠河舞厅》的播放量已超过 40 亿。

《漠河舞厅》火了,那漠河呢?

2021 年 10 月 24 日以来,超过 68 万网友通过抖音直播欣赏了漠河风光;2021 年 10 月 24 日至 11 月 6 日,"漠河"的抖音搜索量双周环比增长 621%。不仅是抖音,马蜂窝站内"漠河旅游攻略"搜索热度也立时上涨了 166%。

把时间节点向前推,类似这次"漠河出圈"的事件并非没有先例。2014 年,郝云发行了一首疗伤民谣《去大理》,掀起了一阵去大理的热潮;2017 年,赵雷在湖南卫视综艺节目《我是歌手》中凭借一首《成都》迅速走红网络,随后歌词中提到的玉林路、小酒馆门口的游客也络绎不绝。

正是因为有这些"网红"城市一夜成名,并给城市带来附加经济价值的案例,漠河市文体广电和旅游局在《漠河舞厅》爆红后反应非常迅速,立马抓住时机,在抖音等平台推出短视频和直播,将漠河的所有景致逐一介绍给全国网友。《漠河舞厅》的原型——梦知艾舞厅也因为歌曲的爆火,而把"漠河"作为新的招牌挂在了舞厅门前,还计划找到合适位置复原老舞厅,加强符号特征,把《漠河舞厅》打造成一个IP。

可以说,《漠河舞厅》像赵雷的《成都》一样,成为所在城市的文化符号,也让城市本身的文化特质得到传播。

抛开"出圈"后的歌曲热度,我们冷静下来仔细观照《漠河舞厅》的歌词文本可以发现,作为一首叙事色彩非常浓厚的歌曲,作词者并没有把重心放在描摹"漠河"这座文化城市的外在特征上,而是仅仅将"漠河"作为背景,关注了某位底层人的情感,并且讲述了一个执着动人的爱情故事。

然而,即便歌曲的重心在于讲述芸芸众生五味杂陈的人生境况,我们仍然可以在有限的文字空间内观照到歌词文本中包含的诸多有关漠河这座城市的文化特质。

比如歌曲的第一段:"我从没有见过/极光出现的村落/也没有见过有人/在深夜放烟火/晚星就像你的眼睛/杀人又放火/你什么都没有说/野风惊扰我"。

"极光""晚星""野风"几个意象点明了这座北方边陲小城的个性化特点。由此我们看出,歌曲的创作者固然无心描摹城市的具体特点,但其穿梭在城市之中,感受着某座或某些城市的人、事、景,体验着城市中的人情冷暖,在城市中的所有经历都会对其产生渗透作用,从而影响其认知框架和表达方式。因此,歌曲的歌词中包含的符号往往会与城市文化的诸多特质相吻合,其中的情感也难免与城市人的生活状态相吻合。

渔歌、牧歌、秧歌、山歌等都是歌唱者面貌和人格的反映,也是其自身所处的地理环境的真实写照。有关城市的歌曲的歌词文本中包含诸多城市文化特质,具体表现为歌词包含当地的自然特点以及当地特色建筑物、包含当地人的典型生活方式、采用当地特色乐器进行配乐、采用当地方言进行演唱等。

既然歌曲中的歌词包含的意象与城市文化的诸多特质相吻合,那么利用音乐这种形式来表达和传播城市文化,应该会实现不错的传播效果。流行歌曲本身形式简单,也利于传唱,其通过亲切的旋律,在受众内心留下对城市文化特质的印象,加深受众对某座城市的具体认识,甚至以地域景观为依托衍生文化乡愁,间接地传播了城市文化。流行歌曲关注人们的日常生活,简单又能直抵人心,能够引发共情。

基于此,本研究将对有关城市的流行歌曲进行文本挖掘处理,将一些代表城市文化特质的地形地貌、气候条件、动植物生态、地标建筑、人物等意象从它们的具体实体中剥离出来,使其成为符号,并通过内容分析和情感分析,探究"城市"在歌曲中是如何呈现的。由此,希望通过流行歌曲这个新视角,对城市文化传播载体方面的研究做一个补充,对城市文化的传播提出思考和展望。

二、研究思路与方法

本研究将运用内容分析法对传播符号进行量化的系统性的考察,并且通过词频分析和情感分析对有关城市的流行歌曲中的符号进行分类、提炼和分析。

1. 数据获取

首先,根据《第一财经》在 2021 年发布的一份商业城市魅力排行榜,对于其中所列举的一线城市、新一线城市、二线城市等进行分层抽样。

其次,对每一个抽取到的城市进行相关歌曲的随机抽取,其中,一线城市选取歌曲 50 首,新一线城市选取歌曲 40 首,二线城市选取歌曲 30 首,依此类推。在网易云音乐上搜索相对高代表性的城市流行歌曲,并且分门别类地建好样本歌单。部分歌曲专辑封面如图 3-4-1 所示。

图 3-4-1　部分歌曲专辑封面

随后,根据歌单 URL,爬取页面上所有歌曲的 ID,用正则表达式清洗后装载进同一个 list 中。之后,利用 for 循环,根据歌曲 ID 爬取对应的歌词,将歌词分别写入以歌曲名称命名的 txt 文档中。爬取的歌词示例如图 3-4-2 所示。

随后,去除停用词。经过自动清洗后,再手动清除歌词中开头的作词、作曲介绍和大段重章叠句,这一步是为了保证一手数据的高质量,为后续数据挖掘打下良好的基础,也有利于维持结论的可信性和严谨性。

2. 数据处理

首先,使用 jieba 分词和 WordCloud 进行词频统计和词云绘制。

其次,将分词导出为 txt,使用 Markus 辅助进行符号的分类,以"关键词助手"查看关键词上下文。

图 3-4-2　爬取的歌词示例

最后,整理出典型符号,并进行可视化呈现。探究城市是如何在符号中呈现的,并对符号的选择和运用背后的动因进行探究。

三、研究过程

(一)概念界定

城市符号是指城市在社会、经济、科学、文化、地理、气候等多因素综合作用下,城市的外在表现出来的物理特征,是城市符号的物质载体与直接表现形式。

本研究把歌曲中的城市符号的提取类别分为两类,即自然符号(见表 3-4-1)与非自然符号(见表 3-4-2)。

表 3-4-1　自然符号

自然符号	解释	举例
地形地貌符号	决定人们对城市自然环境的认知,形成不同的地域特征	山丘、平原、河流、湖泊等
气候条件符号	与人们生活紧密相关,影响地形地貌的产生	气象、温度、湿度、降水等
动植物生态符号	在不同的气候和地质条件下,植被和生态系统也不同,能直接成为地域文化中的特色符号	银杏叶、蚂蚁、芳草等

表 3-4-2　非自然符号

非自然符号	解释	举例
地标建筑符号	具有城市特色、显著地域特征,在某方面具有创新性的建筑	东方明珠、光谷地铁站、珞喻路等
常规建筑符号	大体上不与地域相关,但与人们的生活紧密相关,一般为需要高频次的拜访日常建筑	喷泉、路灯、广告牌、大街等
日常生活符号	融入日常生活中的生活习惯、娱乐活动等,往往具有烟火气	喝酒、打牌、茶、广场舞等

下面将以北京为个案,依据整理好的分类思路,对相关的 50 首流行歌曲的歌词文本进行分析,呈现其文化符号的研究过程。

(二)自然符号

将歌词文本中有关北京的自然符号抽离出来,并以如图 3-4-3 所示的词云方式呈现。可以看出,城市歌曲所用的自然意象是非常多样化的,充分体现了"雅俗共赏"的一个"雅"字。经过词频统计,排名较靠前的符号有:冬天、艳阳天、太阳、月亮、秋天、白雪、花儿等。

图 3-4-3　北京的自然符号:总体词云

值得关注的是,词频排名前五的词语中,季节类符号占了 2 席。一方面,这符合北京这一北方城市的地理特征,春夏短、秋冬长,如果创作周期不变的话,客观上讲,秋冬产出的作品应该多于春夏。另一方面,在传统的文学作品创作中就有"文士悲秋"的说法。秋冬之际,万物寂寥,创作者总是以一种比较感伤的情怀在这两个季节间游走,对周围事物比较敏感,创作的动机也更加鲜明。

如图 3-4-4 所示的柱状图显示,歌词文本中的色彩词运用较丰富,其中"白"出现得最多,"红"也是相当多的。

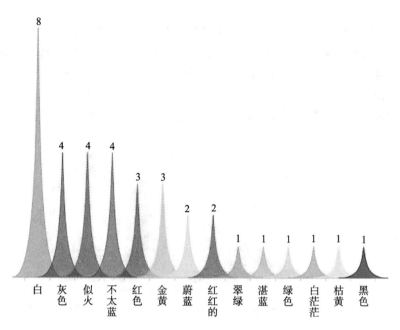

图 3-4-4　北京的自然符号：色彩柱状图

总体来说，自然符号意象分布均匀，这也许可以从侧面表明本次随机抽样的科学性。

1. 地形地貌符号

由图 3-4-5 所示的柱状图可以看出，北京属于"有山有水好风光"的风景名胜聚集地，且"山"在歌曲中出现的次数远比"水"多，这也从侧面反映出中国北方地区"多山缺水"的地理特点。

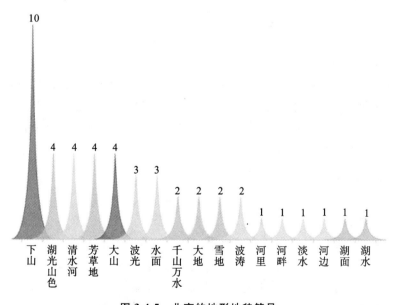

图 3-4-5　北京的地形地貌符号

2. 气候条件符号

由图 3-4-6 所示的环形图、气泡图可以看出，歌曲呈现的所有季节中，"冬天"占据一半以上。在天气情况方面，"晴""雨""风""雪"都是常见的天气符号。在温度状况方面，歌曲中反映天气"冷"的频率高于"热"。歌曲所反映的气候特点也是与真实情况具有一致性的。在现实地理特征方面，北京位于北温带，冬天长，春秋短促；北京总体上是个比较干燥的城市，和我国北方的大部分地区一样经常出现风沙天气；北京纬度偏高，相较于中国南方城市，年际温度偏冷。

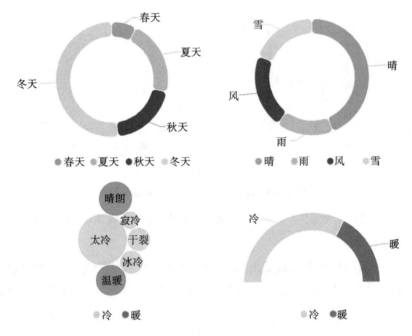

图 3-4-6　北京的气候条件符号

3. 动植物生态符号

由图 3-4-7 所示的分组气泡图可以看出，北京的特色植物是柳树，特色动物是候鸟。这一现象与近年来每至春末杨柳飞絮之时便荣登热搜榜的"北京为什么种那么多柳树"（见图 3-4-8）不谋而合。这也从侧面验证了"艺术来源于生活"，即创作者的作品中高频提及的意象大多数情况下都与城市的真实物理状况相吻合。

（三）非自然符号

1. 地标建筑符号

城市中的地标建筑物对于生活在城市中的人而言是一种地域和情感上的联结，城市中的人们在城市中居住、工作、生活，对于这些地标建筑有着特别的情感。

图 3-4-9 所示的气泡图可以直观地呈现北京的各类地标建筑。其中，最高频的是历史建筑、文化建筑、商业中心、标志性地铁站，例如鼓楼、工体、什刹海等。这很好地验证了"北京"这座城市象征性的定义——"北京（Beijing），古称燕京、北平，是中华人民共和国的首都，国

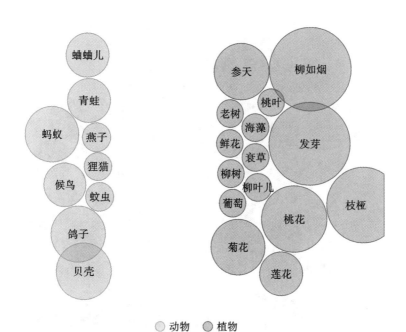

图 3-4-7　北京的动植物生态符号

图 3-4-8　知乎上关于北京柳树的提问

务院批复确定的中国政治中心、文化中心、国际交往中心、科技创新中心"。

2.常规建筑符号和日常生活符号

从如图 3-4-10 所示的气泡图中,可以看出北京人日常生活中的方方面面都有不同程度的文化融合的痕迹,呈现出现代性与传统性相统一的特点。

京味文化在文化交流过程中以其传统文化为基础,与外来文化进行接触、撞击和整合,形成一种新的文化体系。图 3-4-10 是对歌词中出现的部分日常生活符号进行整合的聚合气泡图,不同颜色的气泡代表不同的子类别符号,气泡的大小与出现的频次相关联。由内向外分为三个子类别符号圈层,分别是日常饮食符号、日常生活行为符号、常规建筑符号。

在最内层我们看到,中西饮食文化的碰撞与交融并不鲜见,包括北京人在内的现代人口味几乎扩充到"什么都能接受"的程度了。糖葫芦、大碗茶、酱菜、火烧等仍然作为日常饮食符号,在歌词文本中占有一席之地,麦当劳、肯德基等外来快餐文化的典型代表也在歌词中悄然出现。

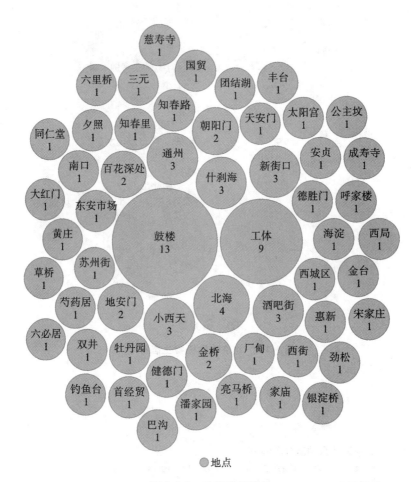

图 3-4-9 地标建筑符号

在中间一层,我们可以窥见现代生活方式与传统生活方式的相互渗透。比较有趣的一点是,在图中既有"小曲"这种古老的传统曲艺,也有"摇滚乐"这种比较新潮前卫的音乐,但是并没有让人感觉到撕裂,反而有种相融共生的和谐统一感。

以上种种结果,不由得让人们想到了汪峰的《北京北京》中的一句经典歌词:"咖啡馆与广场有三个街区/就像霓虹灯和月亮的距离。"咖啡馆一定程度上成为现代生活的标志性符号,广场则象征着原始的自由露天场所。三个街区的距离,远也不远,就像霓虹灯和月亮之间的距离,虽然看似有现代性和传统性的冲突,但也能在夜色中融为一体。

北京这座城市就是现代城市文化融合的一个典型缩影——北京是可以在老街坊里看春夏秋冬、喝大碗茶、豆汁儿,吃糖葫芦,哼着小曲儿轻轻泛舟的老北京,也是霓虹灯闪烁,挤着地铁吃着肯德基和麦当劳等快餐的现代北京。

3. 人物符号

我们谈论北京时,到底在谈论谁呢?

由图 3-4-11 所示的人物符号频数柱状图可以看出,频数最高的五个词分别是"有人""姑娘""少年""人群""兄弟"。

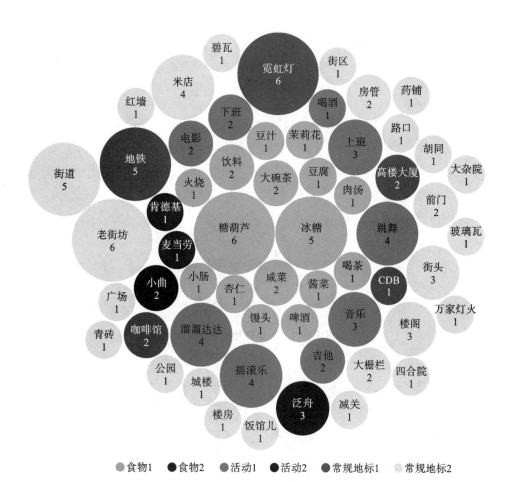

图 3-4-10　常规建筑符号与日常生活符号

这个"有人"到底是什么人？重新使用关键词定位上下文，得到如图 3-4-12 所示的结果。

不难看出，"有人"是一些一闪而过的人物碎片，是带着市井气的芸芸众生。"有人"是无法说出的人，也许也代表着镜像的自己。

"姑娘"一词如此高频也并不稀奇。有句话说得好——"民谣是什么，姑娘和北方"。为什么大家老爱唱"姑娘"？图中还有个词是"女人"，但出现频次并不是很高。满口"女人"似乎有些别扭，"女孩""女生"又显得稚气，而"姑娘"一词凡而不俗，十分恰当。

（四）纵向探究：创作者身份与符号呈现的关系

在大框架下对符号进行整合，得出北京的城市印象，如图 3-4-13 所示。

之后，进行更加深入的思考：为了保证结果的客观性，数据挖掘默认对所有文本一视同仁，但是因为框架比较粗，可能会忽略一些中间变量。

城市的面貌通过他人的视角呈现给我们，难免会有偏差，会不会因为文化身份对于作者对表征符号的运用有影响？考虑到这一点，笔者决定再对文本进行纵向的深挖，将歌曲的创作者分为两类：一类是具有北京本土身份的创作者；另一类则是那些从其他地方来到北京，

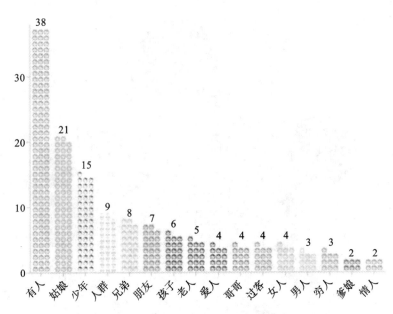

图 3-4-11 人物符号频数柱状图

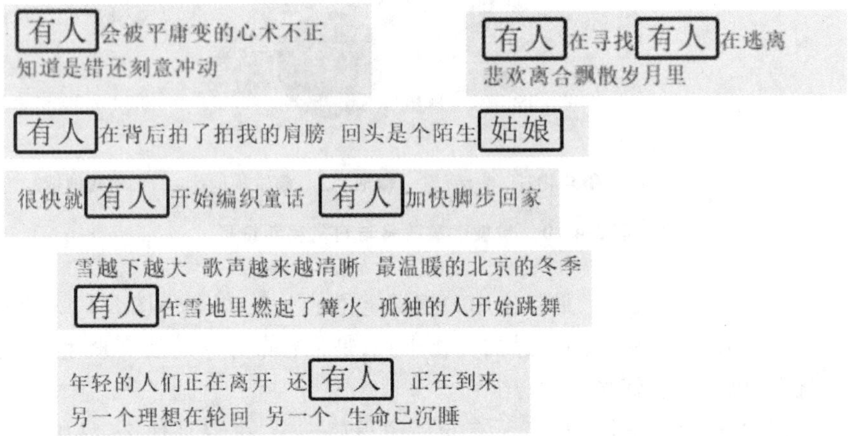

图 3-4-12 "有人"上下文定位结果

在北京生活但却没有扎根于北京的人群,他们或者已经有职业,或者正在寻找发展机遇。在下文中将他们分别称为"北京土著"和"北漂一族"。对文本进行再挖掘,探究其中符号的同质性和差异性以及背后的原因。

1. 创作者身份与符号情绪色彩

通过对歌词文本的分词结果进行情感分析,得到如图 3-4-14 和图 3-4-15 所示的结果。

对两类创作者的歌词中出现的同质性情感符号进行整理,得到如图 3-4-16 所示的分组条形图。

两者重合度比较高的词汇有"回忆""孤独""生活""快乐""拥挤""回家"等。这说明,无

第三章 主题挖掘与情感分析

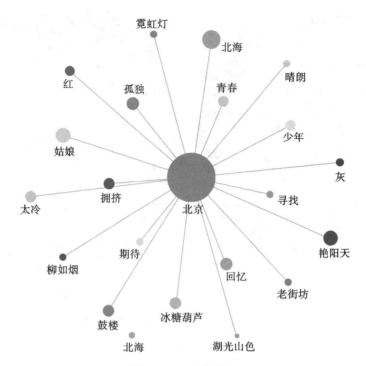

图 3-4-13 北京印象

name	positive	sentiment	confidence
晚安	0.99997	2	0.999933
回忆	0.999511	2	0.998914
漂亮	0.999978	2	0.999952
喜欢	0.999901	2	0.999779
孤独	0.994564	2	0.987919
青春	0.999977	2	0.999949
往昔	0.956192	2	0.90265
飞快	0.999033	2	0.997851
慢慢	0.977068	2	0.949041
从前	0.912111	2	0.804692
痴狂	0.975073	2	0.944608
卖力	0.80946	2	0.576578
快乐	0.999948	2	0.999885
路上	0.75296	2	0.451023
回家	0.973772	2	0.941715
无聊	0.000188	0	0.999581
生活	0.999712	2	0.99936
亲爱	0.98191	2	0.959801
寻找	0.998804	2	0.997343
梦里	0.999348	2	0.99855
身旁	0.989381	2	0.976402

name	positive	sentiment	confidence
再见	0.004297	0	0.990451
平安	0.998316	2	0.996258
离开	0.060407	0	0.865763
太冷	0.006452	0	0.985662
珍惜	0.991658	2	0.981463
感到	0.829016	2	0.620036
留下	0.808	2	0.573334
没准儿	0.759822	2	0.466271
谜一样	0.722921	2	0.384269
忘记	0.984863	2	0.966361
回忆	0.999511	2	0.998914
孤独	0.994564	2	0.987919
明天	0.865714	2	0.701587
失落	0.091589	0	0.796468
忧郁	0.622284	2	0.160631
悲伤	0.660675	2	0.245944
快乐	0.999948	2	0.999885
生活	0.999712	2	0.99936
拥挤	0.139966	0	0.688964
离去	0.153196	0	0.659565
相聚	0.998635	2	0.996966

图 3-4-14 创作者身份与符号情绪色彩：情感分析结果

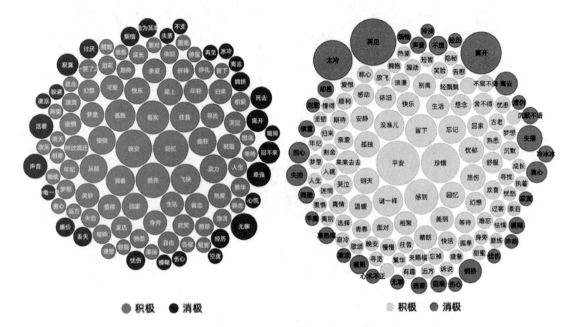

图 3-4-15　创作者身份与符号情绪色彩气泡图

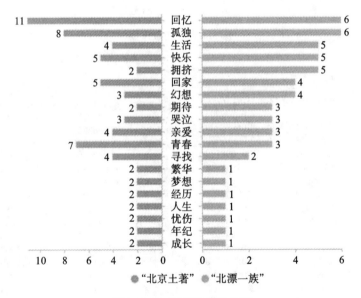

图 3-4-16　同质化情感色彩

论是他乡还是故乡,无论以什么样的文化身份生活在社会空间内,人生境遇感和文化乡愁是人们共有的情结。

值得一提的是,热词中的"孤独""回忆"都是看似非常伤怀、不太积极的词,但是百度API都以0.98以上的置信度将它们判定为积极词汇,笔者觉得自己可能不太有资格去评判此结果的准确性。或许站在AI的角度,孤独并不是一种消极的状态,恰恰相反,孤独和对过去的缅怀就是人生的常态,孤独的状态是一种自适的状态,一种敢于不拘于大众化的人生态度吧!

对两类创作者的歌词中出现差异性的情感符号进行整理,得到如图 3-4-17 所示的词云。

图 3-4-17 "北京土著"情感色彩(左)及"北漂一族"情感色彩(右)

综合来看,两者都有一种对城市的疏离感、对故乡的归属感。

这一点在"北漂一族"创作者身上其实很好理解。他们对城市的感情其实是非常复杂的,可以说冷暖各半。正如图中的"离开""再见""坚韧""甜蜜",也许会随时离去,也许会一直坚持,只因那遥远的梦在这座城市里似乎更具有实现的可能。

而"北京土著"创作者和"北漂一族"空间上的疏离感不同,在创作时有一种时间上的疏离感,在图中表现为"时过境迁""年轻""往昔""童心""思念"。其实思考一下,也是合理的,怀旧的尽头其实也是思乡。作为一种社会性动物,人类对于归属感有一种本能的需求,希望与他人建立并维持稳定的情感联系。怀旧可以帮助我们满足这种需求,因为它本身就包含社会性的成分:当我们怀旧时,我们怀念的不仅仅是过去的情境与事物,还有那些与我们一起体验这些情境、经历这些事物的人,也是心灵深处的那个"故乡"。

2. 创作者身份与地标建筑符号的选取

"北京土著"和"北漂一族"对建筑符号的选取分别如图 3-4-18 和图 3-4-19 所示。就建筑符号来说,两者有显著性差异。"北漂一族"在歌词中提及的大多是地标建筑,也就是一些耳熟能详的标志性建筑,这也是异乡人特征体现得比较深刻的地方。而"北京土著"打小走街串巷,对民俗文化感受深刻,一大半的常规建筑符号都是他们贡献的。

四、研究总结

在《看不见的城市》里,卡尔维诺写道:"听的人只记着他希望听到的东西。掌控故事的不是声音,而是耳朵。"对于个体而言,所有的一切都是在与自己具有某种特殊联系的一瞬间,产生了意义。就像在武汉的人也一样听《北京北京》。实际上《北京北京》的主题不是北京,而是处于城市的一种孤寂和落寞的感觉。

从这个意义上讲,数据应用在人文问题上似乎很困难,但本研究从理性的角度进行了量化。这个过程充满了矛盾和困难的,但也是快乐的,因为在探索中发现了一些很有意思的结论。因此,数据挖掘最大的意义或许就在于,让人相信理性可以照耀感性。

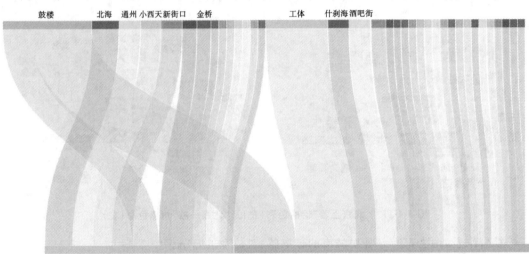

- 鼓楼 ● "北京土著" ● 北海 ● 通州 ● 小西天 ● 新街口 ● 朝阳门 ● 金桥 ● 德胜门 ● 天安门 ● 西城区
- 厂甸 ● 东安市场 ● 同仁堂 ● 六必居 ● "北漂一族" ● 工体 ● 什刹海 ● 酒吧街 ● 百花深处 ● 地安门
- 苏州街 ● 海淀 ● 黄庄 ● 知春里 ● 知春路 ● 牡丹园 ● 健德门 ● 安贞 ● 惠新 ● 西街 ● 南口 ● 芍药居
- 太阳宫 ● 三元 ● 亮马桥 ● 团结湖 ● 呼家楼 ● 金台

图 3-4-18 "北京土著"对建筑符号的选取

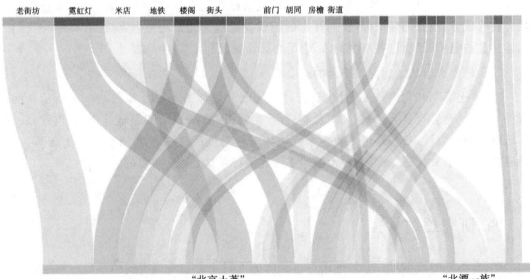

- 老街坊 ● "北京土著" ● 霓虹灯 ● 米店 ● "北漂一族" ● 地铁 ● 楼阁 ● 街头 ● 高楼大厦
- 大栅栏 ● 前门 ● 胡同 ● 房檐 ● 街道 ● 咖啡馆 ● 城楼 ● 路口 ● 红墙 ● 碧瓦 ● 广场
- 街区 ● CBD ● 青砖 ● 四合院 ● 琉璃瓦 ● 药铺 ● 大杂院 ● 楼房 ● 饭馆儿 ● 公园
- 万家灯火 ● 城关

图 3-4-19 "北漂一族"对建筑符号的选取

第五节　基于文博类网络评论的文本挖掘与情感分析

一、引言

2023年9月,一部自媒体博主拍摄的短剧《逃出大英博物馆》火爆"出圈"。这部三集短剧,用拟人化的手法,讲述了一盏化为人形的中华缠枝纹薄胎玉壶从大英博物馆逃出后,偶遇了一名在海外工作的中国媒体人,在其帮助下顺利归家的故事。在发布后的一周时间内,该剧在抖音播放量达3亿,获赞超2000万,B站播放量破1700万,微博话题"请大英博物馆无偿归还中国文物"登上热搜榜榜首。

从该系列短视频的火爆中可以看到,越来越多的国民开始关注文物、保护文物,凸显了不断增强的文化自信。而博物馆作为文物的主要收藏机构、宣传教育机构和科学研究机构,在吸引更多人走近古迹、让文物真正活起来、火起来中发挥着至关重要的作用。本研究运用词频统计、LDA主题模型分析、SnowNLP情感分析等方法,以文博类视频的线上热度为切入点,分析网民对博物馆的整体感知,并以湖北省博物馆为例进行深入研究,为博物馆提出可持续发展的相关建议。

二、研究设计

(一)数据来源

本研究首先分析了文博类短视频中网民对博物馆的讨论情况,随后选取湖北省博物馆作为案例进行深入研究。视频数据来源于B站评论,湖北省博物馆的游客评论数据收集自旅游网站。在各大旅游网站中,携程网上的评论数量相对较多,去哪儿网、驴妈妈、途牛网等的评论相对较少。因此,本研究选择在评论数量较多的携程网上获取数据。

(二)数据采集及处理

使用Python网络爬虫技术编写代码以采集B站和携程网的评论数据。在数据处理方面,本研究根据实际情况对百度停用词列表进行了补充,并进行停用词去除;同时,建立了适合的分词词典,通过jieba.load_userdict()方法导入,使用jieba分词器jieba.lcut()方法进行文本的切分和处理。

(三) 数据分析

本研究的具体研究流程如图 3-5-1 所示。

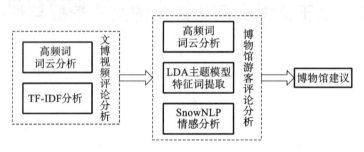

图 3-5-1　基于文博类网络评论的文本挖掘与情感分析流程

本研究采用了多种分析方法,以提供不同层面的文本分析和解释,具体包括以下几种。

1. 高频词分析

对分词结果进行高频词统计并生成词云,直观展现评价高频词与文本内容重点,利于建议提出。

2. TF-IDF 分析

基于词频计算每个词的 TF-IDF 值,为每个词分配权重,以获取文本关键词。TF-IDF 有助于挖掘文档中的关键词,评估某词组对文档的重要程度,TF-IDF 值越高,表明该内容的重要性越强。

3. LDA 主题模型分析

通过 LDA 主题模型,将文本自动编码为一定数量的有实质性意义的主题,从而得到文本词语的分类结果。这有助于揭示文本中的潜在主题结构。

4. SnowNLP 情感分析

人工标注一定数量的数据后,利用 SnowNLP 训练得到正负情感训练集,进行情感分析,从而得出文本的情感倾向结果。

三、《博物馆入坑指南》视频评论分析

近年来,文物保护、文化传承逐渐受到大众关注。无论是《国家宝藏》《我在故宫修文物》等文博类节目,还是各大博物馆热卖的文创产品,无不折射出人们日益丰富多样的精神文化需求。而《逃出大英博物馆》作为少有的引起社会热议的文博类短视频作品,为博物馆文旅发展提供了新的思路。

第 51 次《中国互联网络发展状况统计报告》显示,截至 2022 年 12 月,我国短视频用户规模已经达到 10.12 亿,占网民整体的 94.8%。可以说,当下短视频已经成为全民化应用。短视频内容本身极具传播性,同时又创造了新的旅游消费链路——"线上种草,线下拔草"。博物馆可以充分利用短视频庞大的用户规模和流量优势,通过洞察文博类短视频热点,挖掘

潜在游客,以此增强自身吸引力和影响力。

因此,为了更深入地了解受众对博物馆的关注点和期望,为博物馆更好地发展提供有力的数据支持,本研究选取了B站博主"破产兄弟BrokeBros"于2023年3月18日发布的《博物馆入坑指南》视频进行分析。该视频以逛博物馆的攻略为主题,介绍了"哪些博物馆值得去""博物馆里有什么""博物馆怎么逛"和博物馆"冷知识"。视频分为上下两期,上期播放量80.6万,下期播放量86.3万,在短视频平台的文博类视频中具有代表性。本研究收集了两期视频的评论,总计2104条,并进行了高频词统计及TF-IDF分析。《博物馆入坑指南》视频评论高频词云如图3-5-2所示。

图 3-5-2 《博物馆入坑指南》视频评论高频词云

考虑到词云呈现信息的有限性,为了更全面地呈现结果,本研究对词频统计和TF-IDF值排名前20的特征词进行了比较分析,结果如表3-5-1所示。

表 3-5-1 词频统计和 TF-IDF 值排名前 20 的特征词

序号	词频统计	TF-IDF 值
1	喜欢	喜欢
2	文物	文物
3	历史	博物馆
4	视频	视频
5	城市	国博
6	讲解	讲解
7	逛博物馆	历史
8	系列	南京博物院
9	希望	城市
10	省博	文案
11	文化	参观
12	国博	震撼

续表

序号	词频统计	TF-IDF 值
13	去过	打卡
14	旅游	希望
15	中国	文化
16	时间	湖北省博物馆
17	推荐	展品
18	每次	推荐
19	参观	值得
20	特别	陕西

根据表 3-5-1，可以将评论关键词归纳为三大主题特征，如图 3-5-3 所示。

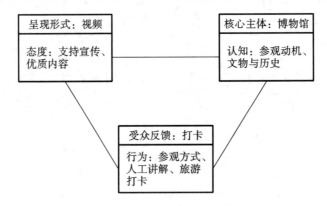

图 3-5-3 《博物馆入坑指南》视频评论主题特征

（一）文博类短视频态度

在特征词中，"喜欢""视频""文案""希望"等词汇反映了观众对该视频的整体态度。结合整段评论分析，可以发现观众对该视频呈现积极态度，不少评论表达了对高质量视频的期待和支持。典型的评论如"不错的一期视频，文案还是一如既往地好，支持博物馆系列""希望这个系列也能一直出下去"等，显示了观众对博物馆相关主题视频的认可和期望。

另一方面，通过"最开始就是在你们的视频里常常看到博物馆安利，所以现在每次去新城市都会逛逛它的博物馆""以前去博物馆太浮躁了，看了这期视频下定决心以后要认真看博物馆"等评论中可以发现，该视频引导观众从线上了解博物馆到真正走进博物馆，促使观众更深入地理解博物馆的内涵。这种影响力表明了短视频在激发观众对文化机构的实际参与和体验方面的积极作用。

同时，评论中的"做这方面视频的实在是太少了""很需要这样的文化宣传"等表达了观众对这类视频的需求。鉴于相关视频较为稀缺，博物馆可以考虑开设视频账号，在各大社交媒体平台上主动推出更多类似的高质量博物馆宣传介绍视频，以满足观众的期待并增加文化传播的曝光度。

(二)博物馆认知与爱好者体验

在文博爱好者对博物馆的认知方面,"文物""博物馆""历史""文化"等是相关的高频词汇。评论体现了文博爱好者对博物馆的深刻认知,以及其对历史和文物的浓厚兴趣。

评论里"无论在哪个国家/城市旅游,博物馆都是我一定会去的地方,因为这是了解这个地方文化和风土人情最快的方法"以及"当你真正置身于博物馆里,面对这些文物展品,和你在互联网上看到的感受是截然不同的"等表达了文博爱好者深入了解不同文化的愿望,并强调了线下参观博物馆的独特体验。

评论还反映了文博爱好者入坑博物馆的原因,如"很想去了解历史书上轻描淡写过的文物和历史",以及"博物馆吸引我的不只是文物的精美,更是一件件文物背后的故事和历史"等。这体现了博物馆作为历史和文化见证者的重要性,引发了文博爱好者对文物和背后的历史故事的浓厚兴趣。

此外,有评论提到博物馆在展览设计方面的创新,如"去上海博物馆的时候有的文物边上会有专门的二维码,扫开发现是各个游客的评论,有很多有趣的留言,那天我就一边看一边扫,翻着留言再看看文物,就跟开了弹幕一样"和"如果博物馆将每件文物的由来说明一下,那是多么盛大的故事盛宴"等。这些评论表明,巧妙的文物布置和互动设计能够为参观者提供更丰富的体验,博物馆在这方面的创新有望进一步吸引观众的关注和参与。

(三)参观动机与行为

在参观动机与行为方面,"讲解""城市""旅游""打卡"等词汇出现的次数较多。这些词汇突显了文博爱好者参观博物馆的主要动机和行为模式。

评论中出现的"有讲解和自己看的感觉完全不一样,体验好很多很多""以前喜欢博物馆,但都是到处瞎逛,因为有点社恐,真的不知道人工讲解居然这么重要"等表明,人工讲解对于文博爱好者而言是参观博物馆的必要方式,能够极大地提升参观体验。这也提示博物馆在服务设计中更注重提供专业、富有深度的讲解服务,以满足不同参观者的需求。

评论中的"每次出去旅游都来看阿婆主的攻略,然后要去杭州了,发现阿婆主没有杭州攻略啊""以后出去旅游也要去各个城市的博物馆,这两期视频真的有教会我该怎么参观,又让我坚定了参观的念头"等反映了视频在引导观众如何参观博物馆方面具有积极作用。这表明博物馆也可以通过视频等多媒体手段,提供参观指南和攻略,引导观众更主动地进行博物馆文化的探索。

．另外,评论中的"喜欢这种有深度的内容,比网红打卡点有意义得多""没有走进博物馆。上个视频收藏了那些博物馆的地址,等以后有时间去到那些城市,博物馆一定是首选"等观点表达了观众对于博物馆在城市旅游中成为"打卡"选择地的期待。相较于网红打卡点,人们认为博物馆更具深度和意义。这为博物馆提供了在城市旅游中吸引游客的机会,强调了博物馆在旅游行为中的特殊地位。

综上所述,博物馆可以通过加强视频制作、优化导览服务、创新展陈设计、提供深度文化体验等方式,更好地满足参观者的需求,增强吸引力,推动自身在当代社会中的发展。

四、湖北省博物馆游客评论分析

在探讨了网民对博物馆的整体感知后,这里以湖北省博物馆为研究对象,深入研究游客在博物馆的具体参观体验。湖北省博物馆筹备处成立于1953年,1963年定名为湖北省博物馆,现有馆藏文物近40万件(套),国家一级文物1095件(套)。该博物馆拥有中国规模最大的古乐器陈列馆,馆内陈列有世界上最庞大的青铜乐器——曾侯乙编钟、中国冷兵器时代的翘楚之作——越王勾践剑,以及地质年代早于北京人的郧县人头骨化石等珍贵藏品。

作为中央与地方共建的八家国家级重点博物馆之一,湖北省博物馆在大型综合性博物馆中具备一定的代表性。本研究采集了携程网上湖北省博物馆页面的2571条评论数据进行深入分析。

(一)基于词云的高频词分析

利用词云展示高频词,能够清晰地呈现游客在博物馆体验中的关注重点。如图3-5-4所示,关键词"讲解"和"导游"凸显了游客对参观辅助服务的高度关注。这表明游客对于博物馆工作人员的专业解说和导游服务有着明显的期待,强调了在提升游客体验方面培训讲解员和导游的必要性。

图 3-5-4 湖北省博物馆游客评论高频词云

其次,词汇"编钟""文物""历史"等反映了游客对博物馆丰富而深刻的藏品和历史内涵的浓厚兴趣。这表明博物馆在陈列和传达文化、历史信息方面的成功,同时也为博物馆提升展品的多样性和吸引力提供了方向。

(二)基于LDA主题模型的特征分析

词频统计初步分析了影响游客体验的因素,本研究接着利用LDA主题模型进行无监督学习,挖掘文本中隐含的主题信息。

湖北省博物馆游客评论主题聚类如表 3-5-2 所示。分析表中特征词,可归纳出"讲解服务、文物展品、历史文化、情感体验"四个主题是评论背后隐藏的核心主题词。

表 3-5-2　湖北省博物馆游客评论主题聚类表

主题	特征词
讲解服务	讲解 导游 孩子 专业 知识 细致 历史 服务 热情 到位 安排 精彩 收获
文物展品	编钟 越王勾践剑 镇馆之宝 文物 震撼 化石 演奏 闭馆 宝藏 身份证 排队
历史文化	历史 湖北 文化 建筑 东湖 楚国 出土 馆藏 精美 特色 规模 乐器 荆楚
情感体验	值得 推荐 预约 门票 提前 免费 体验 时间 建议 语音 携程 解说 态度

在讲解服务方面,游客关注讲解服务水平,对博物馆热情细致的讲解服务表示满意。特征词中出现"孩子"表明亲子出游占有一定比重,提示博物馆可以进一步拓展教育活动,吸引更多年轻访客,为他们提供有趣而富有教育性的体验。

在文物展品方面,游客对博物馆珍贵的展品表现出浓厚的兴趣,镇馆之宝更是具有独特的吸引力。然而,对于游客而言,入馆的便利性和流程也是关键因素。评论中提到的"身份证""排队"等词汇暗示了博物馆存在一些入馆流程上的问题。博物馆可以进一步优化入馆流程,提高游客参观的便利性,减少不必要的排队等待时间,以更好地满足游客的参观需求。

在历史文化方面,游客注重博物馆的内在历史文化。游客在参观过程中会寻求更深层次的文化体验,湖北省博物馆涉及的楚国历史和荆楚文化成为吸引游客的独特卖点。在这方面,博物馆可以进一步加强对楚国历史和荆楚文化的挖掘与展示,通过丰富多彩的展览和教育活动,提供更深入的历史文化体验。此外,博物馆还可以考虑开展特色讲座、文化沙龙等活动,与游客分享更多有趣的历史知识,激发他们对当地文化的浓厚兴趣。这种文化深度体验有望为博物馆获得更多忠实的游客和支持者。

在情感体验方面,游客在博物馆整体体验上呈现正面情感倾向。自 2008 年全国推进博物馆免费开放以来,绝大多数博物馆已经实现游客免费参观。"预约""门票""提前"等词汇表明需要提前预约取得门票,同时"建议"一词说明游客认为博物馆仍有需要改进之处。

(三)基于 SnowNLP 的游客情感倾向分析

通过 LDA 主题模型分析,大致了解了游客的情感体验,接下来通过 SnowNLP 情感分析,进一步掌握游客的情感数据。分析结果如图 3-5-5 所示,积极评论为 2082 条(81.01%)、中性评论为 102 条(3.97%)、消极评论为 386 条(15.02%),这表明大多数游客对博物馆整体印象较好。然而,消极评论的存在提示博物馆仍存在一些需要改进的问题。

综合分析所得数据,游客的消极评价主要来自三个方面。

1. 平台和博物馆合作问题

携程平台上售有多种"预约+讲解"套餐,但游客反映讲解质量参差不齐。有游客提到"问博物馆的服务人员说没有跟网上合作""这个产品是旅行社的产品,和博物馆没有关系"。若博物馆未与平台达成合作,应提前告知游客,避免误导和困扰。

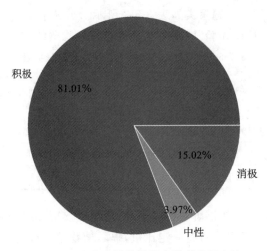

图 3-5-5　湖北省博物馆游客情感分析占比

2. 预约难和排队时间长

游客表示通过官方渠道免费预约门票非常困难,只能选择购买携程产品。有评论指出"进展厅要排队半小时""厕所也要排队,休息的地方较少"。这表明排队成为一大问题,影响了游客的流畅体验。

3. 博物馆工作人员服务态度不佳

有游客提到"博物馆两边的前台都和木头一样,说话冷冰冰的""指示牌不清晰,服务台工作人员服务态度有点差"。这说明博物馆在服务态度方面存在问题,工作人员的沟通和服务水平有待提升。

五、结论

(一)建议

本文以短剧《逃出大英博物馆》为研究切入点,运用词云分析、LDA 主题模型分析、情感分析等文本挖掘技术方法,对文博类短视频以及湖北省博物馆的网络评论进行深入分析,挖掘网络评论中反映的共通问题和游客的一致诉求。根据研究结果为博物馆的游客体验发展提出以下建议。

1. 强化讲解服务

深入挖掘特色文化和历史故事,通过精彩的讲解服务,使游客更深刻地了解博物馆的馆藏文物,从而提升他们的参观体验。在培训讲解员时,注重传递本地文化和历史底蕴,以提高游客在博物馆参观体验的深度和丰富度。

2. 注重文化传播

制作特色短视频和参观攻略,通过线上媒体平台广泛传播。这有助于吸引更多的潜在游客,让更多人了解博物馆的历史和文化。通过突出博物馆的亮点和提供实用的参观建议,引导游客更好地规划行程。

3. 优化整体服务

首先,提升服务水平。加强工作人员的培训,不仅提高其专业知识水平,还要注重其服务意识的培养,使博物馆团队保持良好的形象。

其次,改进预约制度。优化官方网站的预约系统,提高免费预约门票的便捷性。同时,合理规划参观人数,减少排队等待的时间,提高游客的游览效率。

最后,加强与平台的合作。与在线旅游平台建立更紧密的合作关系,确保博物馆的信息在各平台上的信息一致,避免因信息不匹配导致游客产生困扰。同时,定期与平台沟通,确保在线旅游平台推出的产品符合博物馆的实际情况,提升参观体验的一致性。

(二)研究局限性

由于时间、调查成本及数据来源的限制,本研究在以下方面尚存在局限性:首先,网络文本分析只收集了评论数据,缺少时间信息,数据不全面、数据量不够;其次,在停用词处理和模型训练方面存在不足,未能充分考虑所有语境的停用词,模型训练也可能需要更多的优化。

在未来的研究中,可以精进技术,选择多个平台进行数据收集,以扩大数据来源、提高分析的准确性和可信度。同时,不断改进停用词处理和模型训练方法,确保其更好地适应各种语境。

第六节 基于网络长短评论的特征检测水军
——以 B 站《三体》为例

一、引言

前身为 Mikufans 的 B 站在上线时,其用户群的定位是年轻人,并以 ACG(动画、漫画、游戏)等动漫文化为主要内容,以 UGC(用户生成内容)为显著特征,以"弹幕评论"为标志性手段。凭借不断丰富的视频内容和日益多样化的视频种类,该网站成为青年网络用户的常驻之地。随着营运规模的不断扩大和用户的日益增多,B 站不仅发展成为我国最具影响力的视频网站之一,亦成为以 ACG 文化为代表的二次元文化的代名词。

B 站作为一个集创作、分享、讨论、交流于一体的平台,激励用户自制原创视频成为博主,吸引了越来越多的年轻人在 B 站上创作视频。早期的 B 站,主要为二次元文化爱好者的聚集地,平台以"ACG+弹幕"的形式吸引了一大批忠实的视频生产者和用户。经过几年的发展,B站的标签开始变多,覆盖二次元社区、直播平台、游戏平台、电竞赛事观看平台、视频创作社区等。

由刘慈欣同名小说改编的国产动画《三体》于2022年12月10日开播,上线首日播放量就突破1亿,追番量也突破了600万,喜提全网热搜超过100个,迅速成为年度现象级国产动画之一。但与巨大热度同时来的,是较多观众的批评。较多观众对动画版本的剧情改编和人物刻画提出了质疑,他们认为动画版本的编剧削弱了原著中的精髓,而且剧情改编后也比较单薄,缺乏原著的深度和情节发展。而B站对其评分始终维持较高水平,这二者的矛盾是真实存在的,还是仅为"信息茧房"效应?

虽然在口碑上争议不断,但随着《三体》动画开播消息传出,B站股价一路高歌猛进。12月8日公布开播消息后,B站港股大涨16.85%,B站美股也在两个交易日内上涨16.99%。但当动画开播后,B站的股价和口碑一起出现了回落。截至12月13日收盘,B站股价为185港元,相较几天前的峰值约下降10%。也许这个股价的涨跌已然说明问题。

二、数据采集及问题提出

为了解观众对于《三体》动画的态度,可以从B站以下两个平台直接获取相关信息:一是《三体》动画各集下的观众评论;二是《三体》动画的长评和短评。由于B站各集动画下的评论过于分散,且讨论度不集中,难以呈现完整的《三体》全貌,并且B站的长评和短评体系较为完善,站内等级4级以及以上方能评分(作假成本高),因此使用Python编写爬虫,获取《三体》番剧页面的json文件,导出为CSV,去除重复人名,共获取短评12569条、长评8363条。短评获取的字段分别为作者、内容、发布时间、点赞量、点踩量、评分六个维度,长评获取的字段分别为作者、内容、发布时间、点赞量、网址、标题、评分七个维度。

基于数据的维度和前文介绍,下文将根据不同维度,探究B站长评和短评的评分与实际评分的关系:首先,从统计学角度,探究B站长评和短评的评分是否符合B站给出的实际评分;其次,从短评文本的情感倾向分析B站短评的评分是否符合B站给出的实际评分;最后,从各项维度的一致性出发,分析B站用户打出的评分是否符合其给出的文本。

三、数据统计

本文使用Python、Re、bs4、CSV对样本数据的基本信息进行统计和处理。首先,针对评论数据集进行清洗工作:对于数据缺失值,通过填充默认值或者删除的方法解决;对于数据异常值,通过特征的重要性(特征重要性的文献)将其分为关键特征异常和一般特征异常,分别采用删除和平均值修正的方法解决。完成数据清洗之后,进行数据的统计学层面归纳,分别得到B站短评的评分分布图(见图3-6-1)、分布时间表(见表3-6-1),B站长评的评分分布图(见图3-6-2)和时间分布表(见表3-6-2)等。

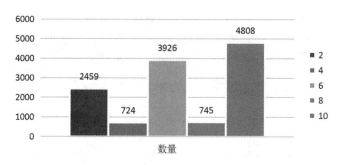

图 3-6-1　B 站短评的评分分布图

表 3-6-1　B 站短评的分布时间表

时间	2	4	6	8	10	总计
12 月 17 日	115	104	990	227	1390	2827
12 月 18 日	112	133	367	78	486	1176
12 月 19 日	130	80	260	36	214	720
12 月 20 日	135	24	171	24	169	523
12 月 21 日	86	33	108	20	137	384
12 月 22 日	72	21	82	18	82	275
12 月 23 日	109	16	77	5	79	286
12 月 24 日	184	40	322	49	428	1023
12 月 25 日	153	20	187	20	201	581
12 月 26 日	95	18	120	13	106	352
12 月 27 日	100	15	90	10	86	301
12 月 28 日	69	9	76	5	65	224
12 月 29 日	104	15	72	5	63	259
12 月 30 日	56	6	48	9	46	165
12 月 31 日	153	40	176	48	236	653

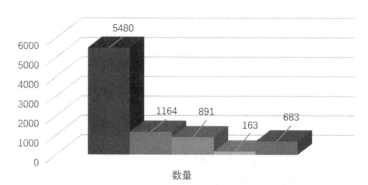

图 3-6-2　B 站长评的评分分布图

表 3-6-2　B 站长评的分布时间表

时间	1	2	3	4	5	总计
12 月 17 日	1018	346	264	45	134	1807
12 月 18 日	549	159	109	15	59	891
12 月 19 日	302	82	55	10	37	486
12 月 20 日	206	62	43	5	30	346
12 月 21 日	122	23	26	5	20	196
12 月 22 日	113	31	20	7	16	187
12 月 23 日	83	12	15	3	15	128
12 月 24 日	285	49	62	12	43	451
12 月 25 日	271	48	40	10	30	399
12 月 26 日	203	26	27	5	14	275
12 月 27 日	177	21	15	1	25	239
12 月 28 日	144	22	5	1	12	184
12 月 29 日	156	12	9	0	5	182
12 月 30 日	92	7	10	2	13	124
12 月 31 日	219	40	24	5	21	309

除上述统计外,还需要对文本进行具体分析。

对评论文本进行词频统计,寻找词频中排在前 30％的文本与其评分的吻合情况。具体操作如下:先从网上下载有名的停用词表,这里选取了中国科学技术大学的停用词表;其次对引用文本进行处理;接着调用 jieba 库,使用其 cut 函数对文本进行处理;最后,用循环统计不同词数进词典。

对短评文本进行情感分析,了解情感与其评分的吻合情况。分析结果如图 3-6-3、图 3-6-4 所示。

四、数据分析

(一)统计学角度

从统计学角度,看 B 站短评和长评的评分是否符合 B 站给出的实际评分。事实上,无论是相对较高的短评的平均数 6.744314593,还是考虑了点赞数的加权平均数 4.077465,都无法与 B 站截至 2023 年 2 月 16 日 8.2 的评分相符,而长评区平均数 3.433947368、加权平均数 2.246893,与该 8.2 的评分更是相去甚远。

但比较图 3-6-1 与图 3-6-2,可以得出结论:B 站《三体》短评与给出的高评分更加吻合。

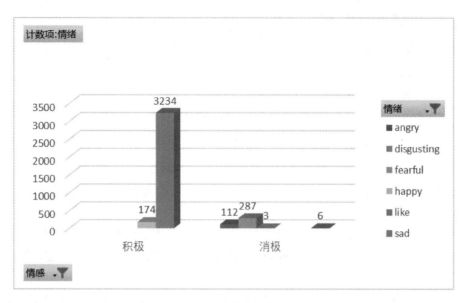

图 3-6-3　B 站短评情绪分析(不含中立)

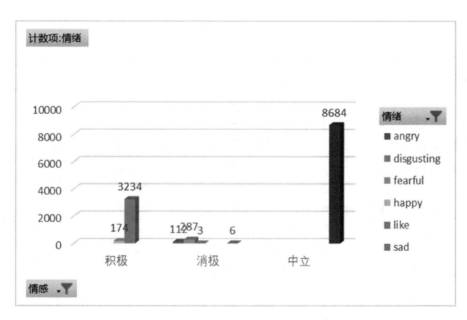

图 3-6-4　B 站短评情绪分析(含中立)

(二)情感角度

从短评文本的情感角度分析 B 站短评的评分是否符合 B 站给出的实际评分。从结果(见图 3-6-4 和图 3-6-5)来看,大量样本(包括反讽与流行语)被判断为中立样本后,有情感倾向的样本中,积极倾向的文本占了近 85%,在全情感中占了近 27%(中立情感占近 70%),这似乎说明短评文本中积极情感占主导。

信息素的信 赞！期待	2022/12/17 11:55	367	0	10	
清夜流光 能出来就是	2022/12/17 11:54	445	0	10	
阿塔塔先 第三集刚看	2022/12/17 11:54	443	0	10	
小小李树 期待	2022/12/17 11:56	152	0	10	
5颜6色de 赞赞！值得	2022/12/17 11:57	180	0	10	
无知之幕 完全是电影	2022/12/17 11:42	236	0	10	

图 3-6-5　短评文本低赞和高评分

回溯原文本的词频统计与分析，可以得到 66 个高频词，其中积极正向的词语有如下四个：好看(1671)；不错(1059)；期待(454)；喜欢(346)。

情感分析得到积极词(3076)、积极情感(3408)，说明仅考虑短评数据，其文本与评分结果吻合，也与 B 站高分的现状吻合。

同时得到如下否定词：不(686)、没(242)、不是(288)、不能(123)；否定词(1339)、消极情感(408)。这些否定词与负面情绪不符，可能是由于百度情感分析 API 不经过特化训练存在局限性。

从对短评文本的情感分析可以得出结论：B 站短评评分与 B 站实际分数情况吻合，但情感分析存在一定的局限性。

(三) 各项维度的一致性

根据 B 站长评文本的词频与评分，可以得出 B 站《三体》的长评评分与实际评分相差极大。观察表 3-6-1 和表 3-6-2，可以发现长评与短评出现较为明显的对冲现象，如表 3-6-3 所示。

表 3-6-3　B 站长短评分布对比

	日期	时间					总计
		2	4	6	8	10	
短评	12 月 17 日	115	104	990	227	1390	2827
长评	12 月 17 日	1018	346	264	45	134	1807
短评	12 月 24 日	184	40	322	49	428	1023
长评	12 月 24 日	285	49	62	12	43	451

通过查阅资料，我们得知 12 月 10 日是动漫开播的日期，12 月 17 日与 12 月 24 日分别为第二次播放与第三次播放，每次开播都出现长评出低分、短评爆高分的情况。除了"真爱粉"集结，基本可以判定制作组或者利益相关者购买了一定量的"水军"对冲。

重新用审视的眼光看短评文本的统计情况，不难发现点赞率高的文本基本都不是高评分的称赞文本(见图 3-6-5)。

仅有 5 条文本为高赞回答，其余多为 0~1 赞。而剩余 305 条 10 条点赞量以上的回答里，有 139 条为 2 分，进一步证明 B 站《三体》的短评评论区存在大量"水军"(见图 3-6-6)。

而我们在短评高赞文本中还发现大量反语与特殊表达(网络流行语，三体行话)，因此不是百度 API 不努力，只是文本内容超出了其能力水平。

作者	内容	时间	点赞	点踩	评分
阳电磁手忆	太好看了	#######	31855	0	2
中国鸡长	独一无二的	#######	30069	0	2
述叶msly	6	#######	26552	0	2
陈钟祥	我好急啊，	#######	16971	0	6
Loren_	很符合预期	#######	14967	0	6
kingLHZS	太棒了！	#######	13116	0	2
葡韶君	6	#######	11562	0	2
香溢南北	《长安汽车	#######	10583	0	6
高锰酸皮	给三体以云	#######	8550	0	6
-中二の少	各位是观众	#######	8127	0	6

图 3-6-6　短评文本中高赞和低评分

五、结论与讨论

根据上述分析，得出如下结论：第一，B 站《三体》短评论存在"水军"现象，评分与《三体》高评分现状吻合；第二，从文本的情感性分析较为复杂的文本存在一定的局限性；第三，B 站《三体》的实际评分偏低，在其长评评分上尤为突出。

这次《三体》长评和短评的不一致、口碑与评分的落差、豆瓣评分与 B 站评分的差距都不断消磨着 B 站资深漫迷的耐心，让其与 B 站的距离越来越远。观影后在网络平台进行打分和评价是不少网友的习惯，由此形成的影视剧评分也成了其他观众进行观影决策的重要参考指标。在当前的影视市场，作品的高分数越来越成为判定好剧的标准之一。而随着影视评分的影响日益扩大，网络评分平台也成了被"水军"盯上的生意。但它扰乱了正常的影视市场秩序，混淆了视听，一方面，使得大众受到蒙蔽，在错误信息的诱导下盲目追捧那些不值得看的影视剧，徒然浪费了钱财和精力；另一方面，加剧了影视剧生产当中的"劣币驱逐良币"效应，很可能使得一些品质不错、坚决不买收视率、不刷票房的影视剧黯然淡出公众视野，市场业绩惨淡。

但不管是制作方还是宣传方都需要明白，虽然评分很重要，但随着中国在全球影视市场中占据愈发重要的地位，健康的影评体系在促进影视市场繁荣中的作用日益凸显。对于"水军"，B 站应当肩负起主要的监管责任，加大审核力度。

第七节　2021 年度微博热搜数据分析报告

一、研究背景

如今，社交媒体蓬勃发展，成为强大的媒介平台，海量信息在这个平台上以不同的方式聚合，呈现出多样化的信息服务形态，渗透进人们生活的方方面面。与其他社交媒体相比，微博的媒体属性更为突出，被认为是当今影响力最大的社交媒体平台之一。《微博2020用户发展报告》显示，2020年9月微博月活用户达5.11亿，日活用户达2.24亿。微博的信息具有传播快、覆盖范围广的特点，在网络信息生态的搭建中有着不可忽视的作用，是社交媒体用户十分重要的信息获取渠道。而其重要产品功能之一——热搜榜是特定时间段内热点事件的聚合体现，某种程度上甚至可以看作文字版的小型"新闻联播"，也因此成为许多网友了解时事的第一选择。

本研究将2021年全年（1—11月）的微博热搜榜内容作为原始数据，对其进行各类数据分析，产出年度热点事件洞察。

微博的热搜榜显示特定时间段内被大量搜索的热点事件，每分钟更新一次，实时显示50条热搜内容，依据热度排名。热搜榜将用户获取信息的行为经过统计整合数据化，又依序组织重新信息化，生成精练、实时的热点信息榜单，将当前时刻最受公众关注的议题曝光给所有用户，满足了用户动态化、快捷了解社会热点事件的需求，提供了高效的信息服务。热搜榜能够在很大程度上反映公众注意力的聚焦点，对其进行数据分析能够挖掘社交媒体热点事件分布的各类特征，管窥网络舆论生态。

二、数据获取

由于微博热搜榜只能查看实时榜单，无法回退至历史内容，故需要另寻数据来源。本研究主要从两个具有历史微博热搜数据的第三方网站获取数据，分别是今日热榜[①]和微博热搜索引擎[②]。

下面对两个网站的数据爬取难度进行分析。

（一）今日热榜

如图3-7-1所示，用户点击时间线交互栏查询获得相关结果，同时需要下拉加载更多内容条目，数据爬取相对困难。

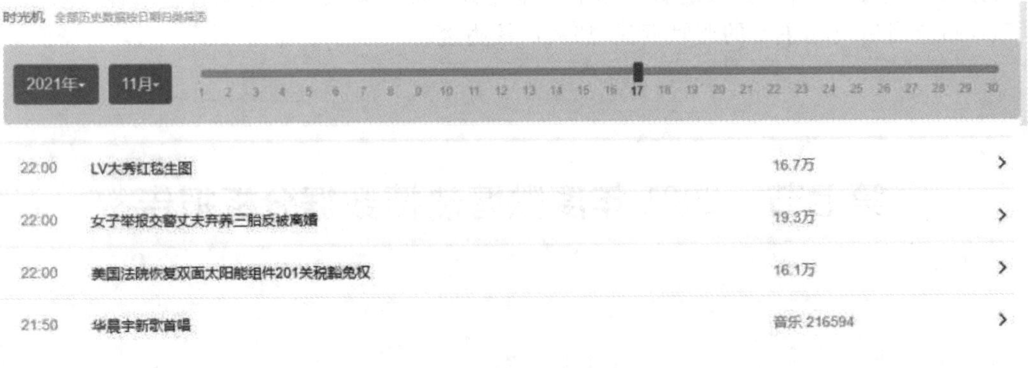

图3-7-1 今日热榜网站细节

---

① https://tophub.today/
② https://weibo.zhaoyizhe.com/

(二)微博热搜搜索引擎

用户在日期框中选择需要查询的日期,下方榜单刷新为指定日期的热搜信息,一次性加载全部内容,无须下拉,如图 3-7-2 所示。

图 3-7-2　微博热搜搜索引擎网站细节

在谷歌浏览器中,打开上述网站,点击审查元素,选择"网络",刷新,并在选择日期前开始记录网络日志,发现出现了需要爬取的热搜数据,包括热搜名称、热度值、日期等数据。同时,网页地址后缀即为指定日期。综合考虑爬虫难度后,选择"微博热搜搜索引擎"为本研究的数据来源。

共爬取 11 个月的热搜数据(包括热搜名称、热度值、日期三个字段)114863 条。其中 1 月 9927 条,2 月 8144 条,3 月 9777 条,4 月 9271 条,5 月 9007 条,6 月 11704 条,7 月 13052 条,8 月 11629 条,9 月 9252 条,10 月 12105 条,11 月 10995 条,数据分布如图 3-7-3 所示。

三、数据统计

(一)2021 年总数据

在数据统计部分,分别从 2021 年总数据和各月数据进行分析,主要关注热度值最高的

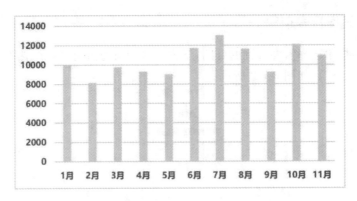

图 3-7-3　2021 年每月热搜数量

热搜内容、高频词和高频人物。使用 Python 和 Excel 实现数据的处理。

1. 热度值分布

使用 Excel 的数据透视功能绘制全年热度值条形图,如图 3-7-4 所示。

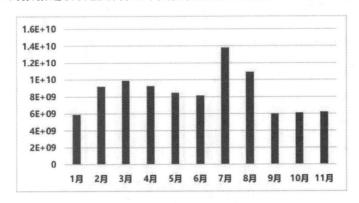

图 3-7-4　2021 年热搜总热度值条形图

可以看到,7月和8月热度最高。该时段正值万众瞩目的东京奥运会,话题频出、热点不断,吴亦凡事件又正好在这两个月内引爆、发酵。同时,7月河南暴雨关注度极高,使 7 月成为微博热搜热度值最高的月份。另外,2月吴孟达和赵英俊去世、3月新疆棉花事件、4月赵丽颖冯绍峰离婚也带来不小的热度。

图 3-7-4 反映的是单月热度值总计的情况,随后计算单条热搜热度平均值(去除热度值 null 项)如图 3-7-5 所示。

综合图 3-7-3 可以看到,2 月虽然总热度值并不特别高,平均值却很高,做个不严谨的猜测:春节休假期间,艺人明星减少了活动,热搜数量全年最少,而大家又在家刷微博,时常浏览热门话题。

2. Top 热点

直接使用 Excel 排序功能获得年度 Top 热点。源数据中有若干条无热度值记录,在 Excel 中显示为"null",考虑到词语统计时仍需要这些记录,故仅在 Excel 中进行筛选操作以获得热度值排序而非直接删除。

选取各月热度值大于或等于 1000000 的热搜词条进行统计排序,结果如表 3-7-1 所示。

第三章 主题挖掘与情感分析

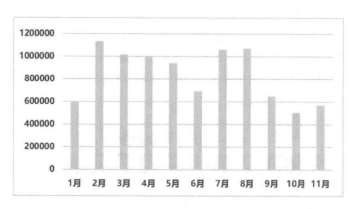

图 3-7-5 2021 年热搜热度平均值条形图

表 3-7-1 2021 年热搜词条表

序号	热搜名称	热度值	日期
1	袁隆平逝世	64789560	2021-05-22
2	吴亦凡被刑拘	57834860	2021-07-31
3	袁隆平去世	52843380	2021-05-22
4	赵立坚说美国在抗疫和溯源上有三宗罪	52031546	2021-07-29
5	赵丽颖冯绍峰离婚	43906172	2021-04-23
6	李云迪嫖娼被拘	35611785	2021-10-21
7	EDG 夺冠	34135138	2021-11-07
8	秘书称袁隆平目前在医院	33933313	2021-05-22
9	吴孟达去世	33211371	2021-02-27
10	孙颖莎战胜伊藤美诚	30692791	2021-07-29
11	吴亦凡被批捕	30265926	2021-08-16
12	杨倩摘得东京奥运首金	29847621	2021-07-24
13	乒乓球混双决赛	29820238	2021-07-26
14	孙颖莎 VS 伊藤美诚	26269352	2021-07-29
15	许昕刘诗雯获混双银牌	23932803	2021-07-26
16	孙一文夺得第三金	23917180	2021-07-24
17	中国女排 VS 土耳其女排	23455258	2021-07-25
18	高考语文	23327001	2021-06-07
19	马龙夺乒乓球男单金牌	23119807	2021-07-30
20	北京警方通报吴亦凡事件	23084303	2021-07-22

3. 高频词及词云绘制

按热度值排序能够看到某一事件被网友集中关注的程度,而某一词语的被提及频率则能体现该词被关注的次数以及所延伸事件的数量。下面进行年度高频词分析及词云绘制。

首先要解决的是分词需求,这里采用 jieba 分词的精确模式,设置自定义词典和停用词过滤,忽略单字,输出前 50 个高频词。

2021 年热搜高频词如表 3-7-2 所示。

表 3-7-2 2021 年热搜高频词

序号	词语	提及次数	序号	词语	提及次数
1	中国	2616	26	接种	563
2	回应	2209	27	广州	549
3	确诊	1642	28	郑州	548
4	男子	1527	29	2021	539
5	新增	1434	30	孩子	532
6	北京	1225	31	全国	517
7	疫苗	1205	32	舞台	517
8	女子	1163	33	20	511
9	新冠	1136	34	检测	507
10	美国	1085	35	通报	506
11	疫情	1026	36	暴雨	505
12	上海	836	37	奥运会	502
13	本土	824	38	老人	493
14	自己	793	39	现场	491
15	病例	786	40	造型	479
16	直播	777	41	东京	474
17	发现	740	42	预告	459
18	核酸	721	43	视频	453
19	妈妈	703	44	我国	448
20	河南	675	45	印度	446
21	学生	658	46	成都	436
22	女孩	656	47	女儿	427
23	日本	642	48	老师	421
24	南京	626	49	阳性	419
25	奥运	599	50	云南	416

可以看到，2021年疫情相关词语（"确诊""新增""疫苗""新冠""病例"）仍然非常多，同时，"暴雨""奥运"等词也被频繁提及。这一年，最受关注的国家（除中国外）是美国，最受关注的地区是北京，最受关注的活动是直播，最受关注的赛事是奥运，最受关注的灾害是暴雨，最受关注的人物是妈妈，最受关注的职业是老师。

接下来进行词云绘制，为达到美观的效果，设置了多种参数，包括字体、背景色、遮罩图片（这里用了年份数字的形状做）等，同时通过scale值的修改让词云更清晰，如图3-7-6所示。

图3-7-6　2021年热搜词云

此外，为分析各月热门人物，使用jieba包的posseg来标注词性。提取名词词性的高频词后，通过人工筛选，得出如表3-7-3所示的年度Top热门人物。

表3-7-3　2021年Top热门人物

序号	人物	年提及次数	代表热搜	热度值
1	王一博	419	王一博 李子璇	1763万
2	张哲瀚	307	张哲瀚道歉	1497万
3	龚俊	306	龚俊迪丽热巴牵手路透	617万
4	马龙	296	马龙VS奥恰洛夫	2227万
5	迪丽热巴	250	龚俊迪丽热巴牵手路透	617万
6	张艺兴	250	小霸王飞天舞回应张艺兴翻牌	852万
7	杨幂	244	杨幂100%粉丝对工作室都不满意	537万
8	肖战	217	李宁官宣肖战	1371万
9	EDG	215	EDG夺冠	3413万

（二）各月数据

1. Top热点

直接使用Excel排序功能获得各月Top热点，如图3-7-7所示。从结果可以看到，各月排名前10的热搜条目都与当月热点事件相对应，数据比较准确。如5月袁隆平逝世，6月高考，7月、8月吴亦凡事件和东京奥运，9月孟晚舟回国，10月李云迪嫖娼被拘，11月EDG夺冠，都是2021年的代表性事件。

1月TOP10热点

序号	热搜名称	热度值	记录时间	日期
1	赵丽颖工作室声明	15173959	21-01-22 23:59	21-01-22
2	新年焕新颜	12467473	21-01-19 21:56	21-01-19
3	马可宣布结婚	12189452	21-01-28 23:59	21-01-28
4	外交部	9352861	21-01-19 23:59	21-01-19
5	中央政法委评郑爽代孕弃养	8595276	21-01-19 23:59	21-01-19
6	杨丞琳李荣浩终于见面了	8492043	21-01-23 23:59	21-01-23
7	陈翔	7826259	21-01-29 23:59	21-01-29
8	王丽坤代言曼娅奴	7656561	21-01-19 23:32	21-01-19
9	语音发出后录音还在继续	7583068	21-01-31 19:05	21-01-31
10	潘粤明转行说脱口秀	7580419	21-01-18 17:56	21-01-18

2月TOP10热点

序号	热搜名称	热度值	记录时间	日期
1	吴孟达去世	33211371	21-02-27 23:59	21-02-27
2	赵英俊去世	23010161	21-02-03 23:59	21-02-03
3	岳云鹏说对了	18711071	21-02-11 23:25	21-02-11
4	张小斐毛衣	17305007	21-02-11 23:59	21-02-11
5	春晚节目单	15616297	21-02-11 23:59	21-02-11
6	周星驰 我还无法接受	13458480	21-02-27 23:59	21-02-27
7	赵英俊吃完止疼药在家录的小红花	12069964	21-02-03 23:59	21-02-03
8	张小斐毛衣	11154410	21-02-12 07:49	21-02-12
9	中国已消除绝对贫困	10684614	21-02-25 23:59	21-02-25
10	默克尔承认塞尔维亚接种疫苗比德国快	8991466	21-02-03 23:59	21-02-03

3月TOP10热点

序号	热搜名称	热度值	记录时间	日期
1	王一博 李子璇	17635588	21-03-16 22:53	21-03-16
2	中美高层战略对话	16862296	21-03-19 23:57	21-03-19
3	阿迪达斯	16762182	21-03-25 23:42	21-03-25
4	新疆曾多次邀请欧盟驻华使节参访	15383381	21-03-25 19:29	21-03-25
5	张雨剑承认有女儿	15253413	21-03-15 23:59	21-03-15
6	王子文 我确实有个小孩	14789264	21-03-13 23:59	21-03-13
7	何炅	14143208	21-03-16 19:41	21-03-16
8	耐克	13879646	21-03-25 14:35	21-03-25
9	李宁官宣肖战	13718318	21-03-26 19:21	21-03-26
10	新能源代步汽车哪家强	13174507	21-03-25 23:35	21-03-25

4月TOP10热点

序号	热搜名称	热度值	记录时间	日期
1	赵丽颖冯绍峰离婚	43906172	21-04-23 12:21	21-04-23
2	创造营成团名单	19639935	21-04-24 23:59	21-04-24
3	中国女足晋级东京奥运会	14550492	21-04-13 23:59	21-04-13
4	创造营成团名单	8629548	21-04-25 09:06	21-04-25
5	被进村东北虎扑倒女子手术结束	8481435	21-04-24 23:59	21-04-24
6	地震被救女孩与8年前救她的解放军重逢	8474313	21-04-23 16:58	21-04-23
7	笔圈五分钟发布会	8397999	21-04-23 23:47	21-04-23
8	还在等赵丽颖冯绍峰补办婚礼	8379332	21-04-23 11:16	21-04-23
9	中国国学院大学被取缔	8360692	21-04-24 23:59	21-04-24
10	王子文改微博名	8193273	21-04-11 08:50	21-04-11

5月TOP10热点

序号	热搜名称	热度值	记录时间	日期
1	袁隆平逝世	64789560	21-05-22 23:59	21-05-22
2	袁隆平去世	52843380	21-05-22 11:31	21-05-22
3	秘书称袁隆平目前在医院	33933313	21-05-22 14:07	21-05-22
4	袁隆平	20025698	21-05-22 14:43	21-05-22
5	袁隆平遗体送别仪式	18889995	21-05-24 23:59	21-05-24
6	三孩生育政策来了	18359507	21-05-31 23:59	21-05-31
7	吴孟超逝世	18061359	21-05-22 23:59	21-05-22
8	陈思诚佟丽娅离婚	17870363	21-05-20 09:51	21-05-20
9	共和国一天痛失两位院士	17072850	21-05-22 23:59	21-05-22
10	南京警方通报男子驾车撞人并持刀捅人	15398650	21-05-30 14:46	21-05-30

图 3-7-7　2021 年各月 Top 热点表

6月TOP10热点

序号	热搜名称	热度值	记录时间	日期
1	高考语文	23327001	21-06-07 20:59	21-06-07
2	高考数学	18639168	21-06-07 23:59	21-06-07
3	王思聪曝光和孙一宁聊天记录	15749946	21-06-15 21:55	21-06-15
4	我以为王思聪平时这么讲话呢	15058139	21-06-15 20:50	21-06-15
5	神舟十二号发射升空	13747781	21-06-17 21:24	21-06-17
6	大S 汪小菲	13334841	21-06-05 22:01	21-06-05
7	神舟十二号发射圆满成功	12283466	21-06-17 22:49	21-06-17
8	全智贤 离婚	8903108	21-06-03 11:54	21-06-03
9	日本一老人一天内被两次接种新冠疫苗	8483687	21-06-07 14:38	21-06-07
10	王者荣耀打到国服前十被封号	8470830	21-06-15 23:59	21-06-15

7月TOP10热点

序号	热搜名称	热度值	记录时间	日期
1	吴亦凡被刑拘	57834860	21-07-31 23:59	21-07-31
2	赵立坚说美国在抗疫和溯源上有三宗罪	52031546	21-07-29 21:00	21-07-29
3	孙颖莎战胜伊藤美诚	30692791	21-07-29 17:53	21-07-29
4	杨倩摘得东京奥运首金	29847621	21-07-24 21:01	21-07-24
5	乒乓球混双决赛	29820238	21-07-26 23:59	21-07-26
6	孙颖莎VS伊藤美诚	26269352	21-07-29 15:48	21-07-29
7	许昕刘诗雯获混双银牌	23932803	21-07-26 23:59	21-07-26
8	孙一文夺得第三金	23917180	21-07-24 23:59	21-07-24
9	中国女排VS土耳其女排	23455258	21-07-25 19:29	21-07-25
10	马龙夺乒乓球男单金牌	23119807	21-07-30 23:59	21-07-30

8月TOP10热点

序号	热搜名称	热度值	记录时间	日期
1	吴亦凡被批捕	30265926	21-08-16 23:59	21-08-16
2	中国队获乒乓球男团金牌	22815360	21-08-06 23:59	21-08-06
3	吴亦凡被刑拘	22562852	21-08-01 10:57	21-08-01
4	苏炳添男子百米第6	20832199	21-08-01 23:59	21-08-01
5	腾讯视频崩了	20423556	21-08-16 22:24	21-08-16
6	苏炳添9秒83晋级百米决赛	20164280	21-08-01 23:59	21-08-01
7	吴亦凡微博被封	19683973	21-08-01 23:59	21-08-01
8	于月仙去世	19649080	21-08-09 18:38	21-08-09
9	国乒女团VS日本女团	19569972	21-08-05 22:42	21-08-05
10	全红婵跳水10米台夺金	18384085	21-08-05 23:17	21-08-05

9月TOP10热点

序号	热搜名称	热度值	记录时间	日期
1	孟晚舟即将回到祖国	18996588	21-09-25 22:30	21-09-25
2	孟晚舟回到深圳	18645855	21-09-25 23:59	21-09-25
3	勿忘九一八	14128987	21-09-18 23:59	21-09-18
4	九一八90周年	11694600	21-09-18 23:59	21-09-18
5	孟晚舟飞机已进入中国空域	7617846	21-09-25 22:27	21-09-25
6	起底吴某凡背后的疯狂饭圈	7260064	21-09-13 23:59	21-09-13
7	iPhone13价格	6613070	21-09-15 13:25	21-09-15
8	厦门疫情	6406129	21-09-15 09:40	21-09-15
9	28人感染的鞋厂确诊前多人身体不适	6009392	21-09-15 09:15	21-09-15
10	禁止劣迹艺人转移阵地复出	5847640	21-09-02 23:59	21-09-02

10月TOP10热点

序号	热搜名称	热度值	记录时间	日期
1	李云迪嫖娼被拘	35611785	21-10-21 23:59	21-10-21
2	祝新中国生日快乐	13643968	21-10-01 23:59	21-10-01
3	嫖娼要承担什么法律责任	8372896	21-10-21 23:59	21-10-21
4	神舟十三号升空	7014674	21-10-16 20:23	21-10-16
5	上海迪士尼停止游客进入	6671688	21-10-31 23:59	21-10-31
6	台独分裂是祖国统一的最大障碍	6195917	21-10-09 21:38	21-10-09
7	央视网评李云迪完全是自作孽	6192833	21-10-22 11:56	21-10-22
8	周洁去世	5998551	21-10-03 21:11	21-10-03
9	南京航空航天大学一实验室爆炸	5825029	21-10-24 23:59	21-10-24
10	张恒帮郑爽偷逃税被罚3227万元	5791260	21-10-18 23:59	21-10-18

续图 3-7-7

11月TOP10热点				
序号	热搜名称	热度值	记录时间	日期
1	EDG夺冠	34135138	21-11-07 11:45	21-11-07
2	EDG夺冠flag	17871703	21-11-07 02:51	21-11-07
3	江苏盐城大丰区发生5.1级地震	13397777	21-11-17 21:16	21-11-17
4	Lisa确诊感染新冠	12396578	21-11-24 20:38	21-11-24
5	中国共产党第三个历史决议全文发布	11903775	21-11-17 11:30	21-11-17
6	十九届六中全会知识点	10770981	21-11-17 11:30	21-11-17
7	雪梨和林珊珊偷逃税被处罚	10215975	21-11-22 18:05	21-11-22
8	当小伙给班里当医学模特	10033374	21-11-17 11:30	21-11-17
9	党的百年奋斗重大成就和历史经验	10004146	21-11-17 11:30	21-11-17
10	当老公突然问化妆品的价格	9940299	21-11-17 11:30	21-11-17

续图 3-7-7

2.高频词及词云绘制

依据词云,列出各月具有代表性的高频词的关联事件,括号内是该词在当月热搜中被提及的次数。

(1)1月

1月词云如图 3-7-8 所示。

石家庄(209):"石家庄通报进口车厘子复检结果""石家庄疫情"。

河北(180):"河北新增本土确诊 11 例""加油河北"。

2021(127):"2021 你想怎么牛""解锁 2021 百变运势"。

(2)2月

2月词云如图 3-7-9 所示。

春晚(147):"春晚节目单""淘宝春晚发 20 亿"。

春节(114):"春节氛围组""吐槽人春节行为图鉴"。

过年(79):"2021 过年 N 件套""超七成农民工就地过年"。

(3)3月

3月词云如图 3-7-10 所示。

建议(274):"代表建议明星一次吸毒终身禁演""建议把视力纳入学生综合素质考核"(十三届全国人大四次会议时段)。

图 3-7-8　1月词云　　　图 3-7-9　2月词云　　　图 3-7-10　3月词云

山河令(89):"追山河令大结局正确姿势""沈腾沙溢换脸版山河令"。

新疆(79):"新疆棉花中国自己还不够用""我支持新疆棉花"。

(4)4月

4月词云如图3-7-11所示。

特斯拉(64):"厦门特斯拉与电动车相撞致4伤""特斯拉车展维权车主道歉"。

龚俊(60):"龚俊 我真的不是耍大牌""龚俊精致到了头发"。

利路修(58):"利路修翻白眼""利路修飞奔下班"。

(5)5月

5月词云如图3-7-12所示。

印度(157):"广州荔湾确诊病例感染印度变异株""印度变异毒株已传至40多国和地区"。

疫苗(151):"钟南山说未来可能要定期打新冠疫苗""中国疫苗接种剂次全球第一"。

袁隆平(96):"袁隆平逝世""袁隆平遗体送别仪式"。

(6)6月

6月词云如图3-7-13所示。

高考(329):"高考语文""高考数学"。

广州(208):"广州疫情""广州劝返1.8万不符合出行条件人员"。

航天员(82):"航天员聂海胜刘伯明汤洪波""3名航天员领命出征"。

图3-7-11 4月词云　　图3-7-12 5月词云　　图3-7-13 6月词云

(7)7月

7月词云如图3-7-14所示。

河南(334):"河南暴雨""多家企业捐款驰援河南"。

南京(321):"南京疫情传播链增至170人""南京夫子庙女子穿和服"。

奥运会(282):"中国三人女篮获东京奥运会铜牌""东京奥运会今天开幕""侯志慧创造抓举奥运会纪录"。

(8)8月

8月词云如图3-7-15所示。

阿富汗(153):"外交部回应中方是否承认阿富汗塔利班""阿富汗总统已逃离喀布尔"。

马龙(119)："许昕球打到马龙背上""马龙躲开了教练摸脸的手"。
全红婵(116)："全红婵跳水 10 米台夺金""父亲听全红婵说挣钱给妈妈治病很感动"。
(9)9 月
9 月词云如图 3-7-16 所示。
全运会(209)："司机捡到全运会金牌误以为月饼""王冰冰在全运会现场被观众表白"。
中秋(135)："一顿等了 12 年的中秋团圆饭""小孩中秋节被父母锁车里一天身亡"。
月饼(103)："月饼算是让南方人玩明白了""知乎月饼吃了拉肚子"。

图 3-7-14　7 月词云　　　　图 3-7-15　8 月词云　　　　图 3-7-16　9 月词云

(10)10 月
10 月词云如图 3-7-17 所示。
长津湖(176)："长津湖 3 个冰雕连仅 2 人生还""女孩看完长津湖回家尝冻土豆"。
山西(175)："鸿星尔克悄悄给山西捐物资""山西饭馆闭店送 1000 个肉夹馍抗洪"。
国庆(121)："国庆天安门广场升旗仪式""国庆返程男孩大哭并将钱丢回奶奶"。
(11)11 月
11 月词云如图 3-7-18 所示。
上海(103)："上海市新增 3 例本土确诊病例""上海迪士尼停止游客进入"。

图 3-7-17　10 月词云　　　　图 3-7-18　11 月词云

学生(100)："怀孕老师晕倒学生飞奔相救""学生集体呕吐校长痛哭换不动送餐公司"。
EDG(89)："EDG夺冠""EDG夺冠flag"。

值得一提的是，1—11月无一例外，"新增""确诊""新冠""疫情""疫苗"等词语都名列前茅，疫情仍然贯穿2021年始终，令人十分感慨。

使用jieba包的posseg提取名词词性的高频词后，通过人工筛选，得到各月Top热门人物，如表3-7-4所示。

表 3-7-4 2021年各月Top人物表

月份	人物	当月提及次数	代表热搜	热度值
1	特朗普	80	特朗普任期最后一天日程	201万
	郑爽	46	中央政法委评郑爽代孕弃养	859万
	肖战	36	肖战工作室报警	546万
	王一博	34	王一博方声明	256万
	章子怡	29	章子怡老公明天要发歌	669万
2	王一博	50	王一博solo卡点绝了	481万
	肖战	37	肖战发长文	642万
	张小斐	33	张小斐毛衣	1730万
	贾玲	32	贾玲是坐杨紫身上了吗	561万
	杨幂	30	杨幂100%粉丝对工作室都不满意	537万
3	龚俊	66	龚俊海边晒太阳	270万
	张哲瀚	66	专家说张哲瀚用眼影遮麦粒肿使不得	449万
	白敬亭	62	白敬亭终止与匡威合作	695万
	王一博	34	王一博李子璇	1763万
	景甜	34	景甜跑步姿势	413万
4	龚俊	72	龚俊我真的不是耍大牌	372万
	利路修	58	利路修翻白眼	563万
	吴磊	50	吴磊买到自己假签名照	356万
	张哲瀚	45	张哲瀚方辟谣聊天记录	312万
	迪丽热巴	39	迪丽热巴不要为了让男生公主抱减肥	327万
5	袁隆平	96	袁隆平逝世	6478万
	张哲瀚	65	张哲瀚不简单	333万
	龚俊	35	龚俊何其有幸	353万
	杨紫	35	杨紫张艺兴有点好嗑	503万
	张艺兴	33	杨紫张艺兴有点好嗑	503万
6	王一博	42	周冬雨王一博年轻的朋友来相会	221万
	李沁	41	黄景瑜成李沁微博铁粉	349万
	张哲瀚	39	张哲瀚也在嗑李佳琦金靖	187万
	张桂梅	31	高考后张桂梅一个人躲进办公室	398万
	肖战	27	肖战成都街头vlog	242万

续表

月份	人物	当月提及次数	代表热搜	热度值
7	吴亦凡	83	吴亦凡被刑拘	5783 万
	马龙	83	马龙夺乒乓球男单金牌	2311 万
	杨倩	64	杨倩摘得东京奥运首金	2984 万
	王一博	60	李易峰发了王一博拍的大合照	418 万
	龚俊	47	龚俊工作室注销	400 万
8	马龙	121	许昕球打到马龙背上	1226 万
	苏炳添	111	苏炳添男子百米第 6	2083 万
	许昕	91	许昕球打到马龙背上	1226 万
	张哲瀚	60	张哲瀚道歉	1497 万
	杨洋	56	杨洋方否认恋情	507 万
9	孟晚舟	73	孟晚舟即将回到祖国	1899 万
	樊振东	68	樊振东全红婵的体型差	306 万
	马龙	58	马龙退出全运会单打	301 万
	刘诗雯	45	港队选手和刘诗雯握手后的反应	231 万
	许昕	39	梁靖崑 3 比 0 击败许昕	210 万
10	王一博	61	王一博废墟大片	89 万
	张杰	33	张杰新歌 MV 佟丽娅雪中起舞	117 万
	张艺兴	32	张艺兴说只要中国风的作品都给手	136 万
	玲娜贝儿	30	玲娜贝儿	158 万
11	EDG	89	EDG 夺冠	3413 万
	杨幂	54	杨幂让周笔畅去看斛珠夫人	103 万
	陈伟霆	43	陈伟霆回应斛珠夫人发型争议	123 万
	易烊千玺	33	易烊千玺剧透新歌	144 万
	樊振东	30	樊振东世乒赛男单夺冠	208 万

四、情感分析

在情感分析部分，分别从 2021 年总数据和各月数据进行分析，主要关注情感分数走向和代表性积极或消极兴趣热搜词条。同样使用 Python 和 Excel 实现数据的处理。

（一）总数据

这里选择 Python 的 SnowNLP 库进行情感分数计算。笔者先随机取了几条热搜做计算测试,发现打分准确率很低。之后了解到 SnowNLP 的默认模型使用的语料来自电商评论,这与微博热搜场景十分不符。同时,SnowNLP 的模型训练难度并不算很高,需要重新寻找语料库,训练一个新模型。经过搜索,笔者下载了 12 万条的微博情感分析标记语料[①]。

在 2021 年 1—11 月共 114863 条热搜词条中,52327 条情感分数大于 0.5,为积极情绪;61704 条情感分数小于 0.5,为消极情绪。情感倾向占比如图 3-7-19 所示。

由于模型语料数量并不多,所以目前的情感分数计算并不完全准确,但也足以进行粗略的分析,如图 3-7-20 所示。例如 2 月是春节期间,热搜词条多与新年有关,故整体来看最为积极,箱盒及上下边缘位置都靠上;5 月袁隆平、吴孟超逝世,其相关词条情绪偏消极(涉及袁隆平的词条情感分数均值 0.388,涉及吴孟超的词条情感分数均值 0.187),故箱盒及上下边缘位置都较靠下;7 月各类事件数量多,占比最大的奥运也往往有好坏两方面的消息,故箱盒长、上下边缘距离大(异常值也体现了这一点)。

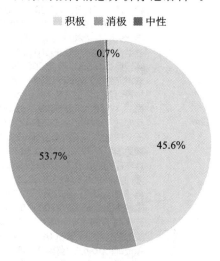

图 3-7-19 2021 年热搜情感倾向占比

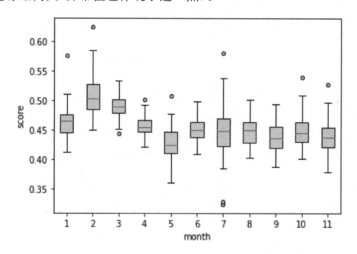

图 3-7-20 2021 年热搜情感分数箱型图

(二)各月数据

对各月所有热搜名称进行情感打分,结果如图 3-7-21 所示。据此获得的 2021 年各月热搜情感分数如表 3-7-5 所示。由于一个月的热搜数量过于庞大(10000 条左右),以每日情感分数的平均值画出各月热搜情感分数散点图,反映当月情感走势。

---

① https://download.csdn.net/download/weixin_38442818/10214750

图 3-7-21 2021 年 6 月热搜情感分数

表 3-7-5 2021 年各月热搜情感分数

月份	偏向	占比	极值热搜名称	情感分数
1月 0.463	积极	47.7%	北京什刹海冰场正式对外营业	0.996793678
			汪文斌12种语言祝福新年快乐	0.995445522
	消极	51.2%	警方通报公安刑侦队长发死亡威胁	2.21E-05
			警方通报外卖员与保安冲突后死亡	2.71E-05
2月 0.623	积极	53.8%	你好李焕英王牌首映礼	0.997721258
			詹姆斯祝贺布雷迪夺冠	0.995269619
	消极	44.9%	被刺死男童家属回应凶手死刑	3.49E-05
			电梯猥亵年轻妈妈嫌疑人已被抓	6.04E-05
3月 0.444	积极	50.9%	婺源油菜花进入最佳赏花期	0.999508761
			壶口瀑布进入春季最佳观赏期	0.998432628
	消极	47.9%	警方通报老人坐轮椅进隧道被撞身亡	8.78E-05
			警方通报未成年男孩猥亵女童	0.000101485
4月 0.457	积极	45.3%	壶口瀑布迎来春季最佳观赏期	0.999195037
			故宫海棠最佳观赏季	0.997191884
	消极	53.4%	警方回应辛巴报案称遭打假人敲诈	5.48E-05
			广西警方通报男子持刀杀害5人	0.000100571

续表

月份	偏向	占比	极值热搜名称	情感分数
5月 0.388	积极	42.4%	第25届中国青年五四奖章评选结果揭晓	0.99892045
			央视五四晚会节目单出炉	0.997648242
	消极	56.5%	警方通报男乘客不戴口罩殴打司机	3.48E-05
			警方通报司机猝死交警仍贴罚单	7.77E-05
6月 0.409	积极	44.7%	中国3名航天员在空间站祝党生日快乐	0.99236996
			山城最美灯光秀庆祝建党百年	0.992368
	消极	54.7%	恶意投诉两千多名网约车司机获利被刑拘	1.83E-05
			北京一男子因车位纠纷故意撞车被刑拘	6.07E-05
7月 0.441	积极	42.7%	趵突泉再现趵突腾空盛景	0.999334138
			北京现可爱粉和绚丽金浪漫晚霞	0.997449132
	消极	56.7%	菲律宾军机坠毁事故已致45人死亡	8.34E-06
			河南洪涝灾害已致33人死亡8人失踪	7.88E-05
8月 0.502	积极	44.8%	任嘉伦祝贺乒乓女团夺冠	0.995651571
			郎朗祝贺苏炳添晋级百米半决赛	0.99513802
	消极	54.8%	郑州一确诊病例故意隐瞒行程被立案侦查	2.65E-05
			广西女护士杀害男医生案二审维持死刑	2.83E-05
9月 0.388	积极	43.1%	张子枫入围亚洲电影大奖最佳女主角	0.998398868
			央视中秋晚会节目单出炉	0.993623818
	消极	56.7%	男子肇事逃逸造成5死7伤被判死刑	4.31E-06
			女童车内身亡父母涉嫌过失致人死亡罪	5.24E-06
10月 0.418	积极	44.6%	沉浸式体验NBA新赛季奇才队激烈揭幕战	0.998491438
			周深周笔畅李冰洁杨皓然合唱冰雪冬奥	0.996420737
	消极	55.1%	沈阳燃气爆炸事故已致4人死亡	2.77E-05
			拉姆家属望判凶手死刑	4.23E-05
11月 0.439	积极	43.8%	董卿送王亚平183段朗读录音带上太空	0.997111024
			王亚平太空摄影图太美了	0.99621417
	消极	55.9%	67岁住院病人砍伤医护和病人后跳楼身亡	3.12E-06
			骗子冒充受骗居民骗民警称没被骗	1.19E-05

下面给出情感走势图,并依此列出各月代表性积极情绪和消极情绪热搜词条。

1. 1月

1月1日是2021年的第一天,热搜基本都沉浸在新年第一天的喜庆氛围中,是很明显的情感分数最高点,如图3-7-22和表3-7-6所示。

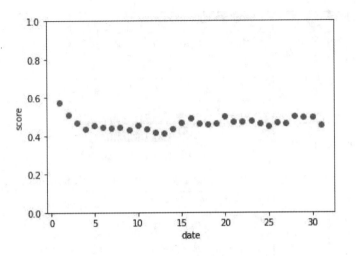

图 3-7-22　2021 年 1 月热搜情感走势

表 3-7-6　2021 年 1 月热搜情感分数

月份	情感峰值	热搜名称	情感分数
1月	最高点:1 日 0.576 ≥0.8 19.2%,≤0.2 8.9%	汪文斌 12 种语言祝福新年快乐	0.995445522
		微博跨年狂欢节	0.970182448
	最低点:13 日 0.413 ≥0.8 11.9%,≤0.2 28.3%	警方介入调查假冒健康码软件	0.000290207
		警方通报湖南高院女法官被同乡刺死	0.000413772

2.2 月

2 月 12 日是春节,同 1 月 1 日一样,热搜大部分与节日相关,成为明显的情感分数最高点(并且春节前夕还有一段上升趋势),如图 3-7-23 和表 3-7-7 所示。

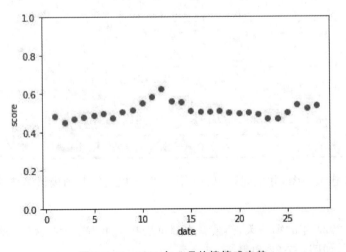

图 3-7-23　2021 年 2 月热搜情感走势

表 3-7-7　2021 年 2 月热搜情感分数

月份	情感峰值	热搜名称	情感分数
2 月	最高点：12 日 0.623 ≥0.8 29.7%，≤0.2 7.6%	秦岭 4 小只大熊猫宝宝可爱拜年	0.988233211
		新春摄影大赛	0.981969499
	最低点：2 日 0.450 ≥0.8 16.8%，≤0.2 30.4%	电梯猥亵年轻妈妈嫌疑人已被抓	6.04E-05
		伤害陶勇医生凶手被判死缓	0.000245157

3. 3 月

3 月的热搜情感走势和情感分数分别如图 3-7-24 和表 3-7-8 所示。

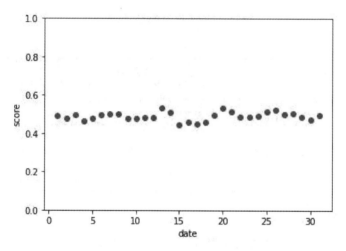

图 3-7-24　2021 年 3 月热搜情感走势

表 3-7-8　2021 年 3 月热搜情感分数

月份	情感峰值	热搜名称	情感分数
3 月	最高点：13 日 0.534 ≥0.8 21.7%，≤0.2 16.6%	壶口瀑布进入春季最佳观赏期	0.998432628
		直播武大樱花季抗疫专场	0.985517862
	最低点：15 日 0.444 ≥0.8 12.8%，≤0.2 24.3%	滴滴回应司机开车冲撞乘客致死	0.002086231
		官方通报陕西 6 岁男童遭 13 岁邻居杀害	0.002206981

4. 4 月

4 月的热搜情感走势和情感分数分别如图 3-7-25 和表 3-7-9 所示。

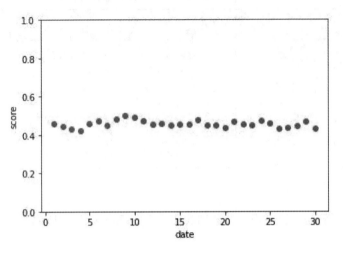

图 3-7-25　2021 年 4 月热搜情感走势

表 3-7-9　2021 年 4 月热搜情感分数

月份	情感峰值	热搜名称	情感分数
4 月	最高点:9 日 0.501 ≥0.8 18.4%,≤0.2 19.0%	峨眉山金顶首次拍到小熊猫	0.969771071
		侯佩岑对黄柏俊说谢谢你娶我	0.968773742
	最低点:4 日 0.421 ≥0.8 9.8%,≤0.2 29.0%	向台湾列车出轨事故遇难同胞表示哀悼	0.000193918
		沈海高速交通事故 4 人仍在 ICU 抢救	0.001012242

5.5 月

5 月 4 日是五四青年节,相关词条都偏积极;除 12 日外,还有另外一个低极值点出现在 5 月 22 日,而这正是袁隆平、吴孟超"双星"陨落的日子,如图 3-7-26 和表 3-7-10 所示。

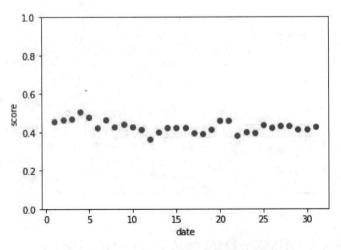

图 3-7-26　2021 年 5 月热搜情感走势

表 3-7-10 2021 年 5 月热搜情感分数

月份	情感峰值	热搜名称	情感分数
5月	最高点:4 日 0.507 ≥0.8 17.5%,≤0.2 17.9%	央视五四晚会节目单出炉	0.997648242
		五四青年爱国图鉴	0.975656995
	最低点:12 日 0.362 ≥0.8 7.4%,≤0.2 35.1%	印度发生多起新冠病人缺氧死亡事件	0.000340004
		警方通报多名幼儿身上现针眼	0.000915677

6. 6月

6月7日高考开始,查询情感分数表发现,涉及"高考"一词的热搜情感分数都偏消极(均值 0.334),这也是 7 日成为情感分数最低点的原因之一,如图 3-7-27 和表 3-7-11 所示。

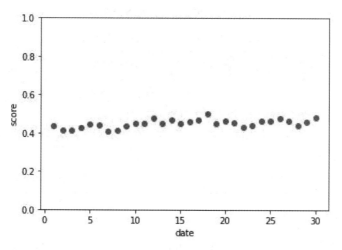

图 3-7-27 2021 年 6 月热搜情感走势

表 3-7-11 2021 年 6 月热搜情感分数

月份	情感峰值	热搜名称	情感分数
6月	最高点:18 日 0.499 ≥0.8 16.0%,≤0.2 15.7%	云南洱源茈碧湖绝美星河	0.972831385
		林郑月娥谈神舟十二号升空	0.971693441
	最低点:7 日 0.409 ≥0.8 7.8%,≤0.2 26.1%	高三最后一课班主任哭着道歉	0.012978424
		考生因太紧张连续 2 天丢失身份证	0.028582382

7. 7月

7月1日是建党节,2021 年更是中国共产党成立 100 周年,热搜情绪积极;21 日、22 日是河南暴雨事件在微博持续发酵的时段,灾害的相关热搜情绪消极,如图 3-7-28 和表 3-7-12 所示。

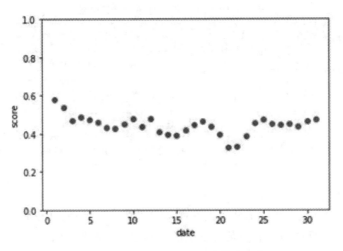

图 3-7-28 2021 年 7 月热搜情感走势

表 3-7-12 2021 年 7 月热搜情感分数

月份	情感峰值	热搜名称	情感分数
7月	最高点:1 日 0.579 ≥0.8 26.7%,≤0.2 11.6%	全国各地主题灯光秀璀璨亮丽	0.994432708
		航天员在太空祝党生日快乐	0.993660426
	最低点:21 日 0.325 ≥0.8 6.4%,≤0.2 40.2%	巩义洪灾已致至少 4 人死亡	0.001762646
		郑大一附院呼吸机快要没电急需支援	0.002432774

8.8 月

8 月 14 日是七夕节,热搜比较甜蜜,情绪积极("七夕"相关词条情感分数均值 0.740),如图 3-7-29 和表 3-7-13 所示。

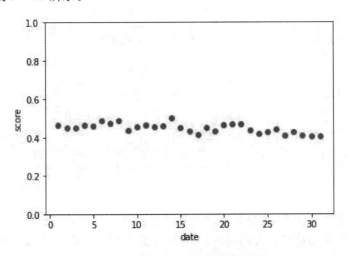

图 3-7-29 2021 年 8 月热搜情感走势

表 3-7-13 2021 年 8 月热搜情感分数

月份	情感峰值	热搜名称	情感分数
8月	最高点:14 日 0.502 ≥0.8 20.2%,≤0.2 21.1%	当古风舞蹈邂逅龙门石窟	0.991590327
		七夕天空出现摩斯密码鹊桥	0.974176139
	最低点:30 日 0.403 ≥0.8 12.7%,≤0.2 34.4%	男子不听劝驾车遇泥石流弃车逃命	0.001097011
		男子骗 17 万后动真感情奔现被抓	0.001377087

9. 9 月

9 月 21 日是中秋节,跟其他节日类似,热搜情绪积极;此外,可以明显发现 17 日、25 日是高极值点,17 日神舟十二号返回,25 日孟晚舟回到祖国,如图 3-7-30 和表 3-7-14 所示。

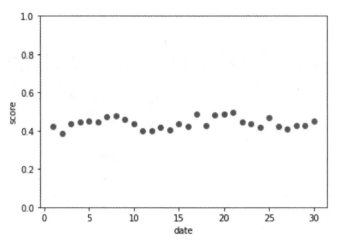

图 3-7-30 2021 年 9 月热搜情感走势

表 3-7-14 2021 年 9 月热搜情感分数

月份	情感峰值	热搜名称	情感分数
9月	最高点:21 日 0.494 ≥0.8 22.1%,≤0.2 25.8%	东方卫视竟把街舞和剪纸融合了	0.991714913
		中秋大概是最浪漫的节日	0.960799751
	最低点:2 日 0.387 ≥0.8 9.2%,≤0.2 31.4%	杀人犯潜逃 17 年被抓时已成高管	0.000222954
		询问退票遭火车站工作人员喇叭敲头	0.003336057

10. 10 月

10 月 16 日,神舟十三号升空,举国欢庆,热搜情绪积极,情感走势和情感分数分别如图 3-7-31和表 3-7-15 所示。

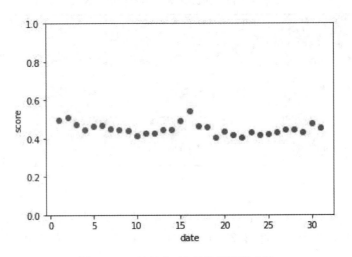

图 3-7-31　2021 年 10 月热搜情感走势

表 3-7-15　2021 年 10 月热搜情感分数

月份	情感峰值	热搜名称	情感分数
10 月	最高点:16 日 0.539 ≥0.8 22.8％,≤0.2 16.7％	王亚平进舱前的敬礼微笑好可爱	0.987782767
		高燃回顾中国航天员飞天时刻	0.931467409
	最低点:19 日 0.404 ≥0.8 10.1％,≤0.2 32.1％	莆田 2 死 3 伤刑案嫌犯拒捕并畏罪自杀	6.95E-05
		内蒙古额济纳旗已确诊 5 例	0.002940048

11. 11 月

11 月 7 日,EDG 夺冠,热搜沸腾,该日为情感分数最高点,情感走势和情感分数分别如图 3-7-32 和表 3-7-16 所示。

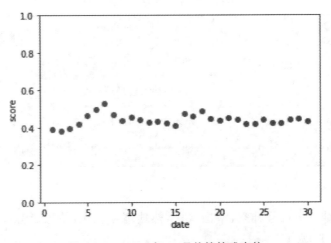

图 3-7-32　2021 年 11 月热搜情感走势

表 3-7-16　2021 年 11 月热搜情感分数

月份	情感峰值	热搜名称	情感分数
11月	最高点:7 日 0.527 ≥0.8 22.2%,≤0.2 16.0%	EDG 老板感谢 G2 陪练	0.95208319
		EDG 首次夺得全球总决赛冠军	0.926935088
	最低点:2 日 0.379 ≥0.8 9.0%,≤0.2 35.0%	小偷狱中拜师学盗车作案再被抓	0.000663677
		男子凌晨坐派出所门口哭诉太累了	0.001749196

五、总结

做这次热搜数据分析时,时光仿佛倒回了 2021 年。这一年,新冠疫情持续,新冠病毒出现变种,疫情防控常态化;这一年,迟到的东京奥运会在万众期待中开幕,中国健儿大放异彩、为国争光,前有孙颖莎战胜伊藤美诚,后有苏炳添百米 9 秒 83;这一年,数星陨落,袁隆平、吴孟超院士 5 分钟内相继逝世,再无达叔带来欢笑,潇洒哥在春风中远去;这一年,劣迹艺人纷纷得到曝光和惩罚,吴亦凡被刑拘、李云迪嫖娼被拘、张哲瀚被封杀;这一年,天灾降临,河南突降特大暴雨,数个地区出现洪涝灾害,全国齐心救灾……

这一年发生了很多事,有悲痛和愤怒,也有欢乐和感动。数据挖掘以科学、理性的视角洞察 2021 年的热点事件,使得看似冰冷的数字蕴含着丰富的意义。

当然,本研究也存在一定的不足。

第一,由于全年范围的热搜数据数量庞大,爬虫和整理花了不少时间,分析部分自认为较为浅显,仅包括数据统计和情感分析两个维度。大量数据为更多维度的洞察提供了良好条件,还有很大的深挖数据价值的空间。

第二,分析工具主要是 Python 和 Excel,因为工具固定的话,代码复用和管理比较方便,但其实可以运用更多工具提供的多样功能来锻炼数据分析和可视化的能力。

第三,情感分析中用于模型训练的语料数量为 12 万条,并不算特别充足,情感分数的计算与实际情感偏向仍存在一定差距,可替换为更大数量级的语料库进行训练。

第四,缺少 12 月份的数据,作为"年度分析报告"而言并不完整。

第八节　微博上主流媒体的奥运报道内容分析
——以《人民日报》为例

一、绪论

(一)背景

2021 年 9 月 CNNIC 发布的第 48 次《中国互联网络发展状况统计报告》显示,截至 2021

年6月,我国网民使用手机上网的比例已达到99.6%,网民规模达到了10.11亿,互联网普及率达71.6%。根据微博发布的2021年第二季度财报,到第二季度末,微博的月活跃用户已经达到了5.66亿,增速较快。微博一直以来都是新媒体时代的代表,在舆论引导、传递信息等方面起到了重要的作用;作为一个新兴的公众舆论平台,微博也成为网民发表自己的言论和感想的又一大阵地;同时微博也是主流媒体抢占用户市场的关键平台,是很多媒体人研究的重要媒介。因此,研究微博具有较重要的意义。

《人民日报》作为主流媒体的代表,一直以来都发布着最权威最新的消息。如今,以《人民日报》为首的主流媒体都处在媒介融合的关键时期,在微博平台上抢占优势至关重要。随着《人民日报》逐渐构建了自己由微信公众号、抖音、微博组成的社交媒体矩阵,根据各个平台的优缺点进行差异化的改进也更加重要,以推动其在融媒体的道路上越走越好。

体育新闻是报道类型较为特别也较为重要的一类新闻,虽然并未像其他新闻类型一样备受瞩目,但对于媒介融合以及媒介发展还是有较大的意义。奥运会一直受到媒体和普通网民的广泛关注,所以延期于2021年7月23日开幕的东京奥运会,是备受瞩目的体育赛事,具有重大意义。主流媒体如何在微博上对其进行报道、报道方式和结构是否存在优势,都对主流媒体转型发展至关重要。

本研究将从主流媒体的代表《人民日报》出发,对东京奥运会(以下简称奥运)微博进行数据挖掘、可视化和情感分析,并从微博情感和微博结构两个方面对奥运微博进行相关性分析,同时采用LDA主题模型提取主题进行分析,以期为主流媒体在体育新闻上的发展做出一定的贡献。

(二)国内研究现状

1.微博

微博是由微型博客发展而来的,是Web2.0时代兴起的一种既开放又集成的互联网社交服务平台。其以陌生人的社交为基础,用户通过平台传递信息,进行信息的共享。所以微博为用户提供了一个可以交流、发声、社交的多元化平台,吸引了越来越多的用户加入,微博上的信息也越来越引起人们的重视和关注,分走了人们的注意力。

自2012年7月《人民日报》开通微博以来,微博作为《人民日报》发展媒介融合的重要平台,就一直广受学者的关注和研究。然而,现有研究大多是从文本的角度对《人民日报》所发的微博进行话语研究,如:李雪歌以《人民日报》为例对其微博进行了话语分析,总结了《人民日报》在微博上的传播特征;牛德法通过历史分期法、词频分析法和聚类分析法对《人民日报》冬季奥运会体育新闻进行话语流变研究,探究其话语流变历程。

大部分研究都是对《人民日报》进行文本分析,很少有研究通过统计的方法寻找发展的相关性,《人民日报》在体育新闻上的报道还值得从数据上进行深入探究。

2.情感分析

情感分析又称意见挖掘,是对带有一定情感色彩的主观性的文本进行分析、处理、总结的过程,文本的情感分析能够帮助用户进行很多判断。情感分析也是自然语言处理中很常见的一个场景,通过对产品的用户评论的情感分析,可以挖掘产品在多个方面的优劣势,明确怎样更好地改进产品。同样,通过对爬取的微博文本进行情感分析,可以总结有用特征,为后面的内容优化做出贡献。

现有的情感分析主要有两种方法：一种是基于情感词典的传统方法；另一种是基于深度学习的方法。本研究采用的是第一种方法。首先对输入的文本进行分词等处理，然后利用已经构建好的情感词典（情感词典是由已经整理好的积极和消极词汇、否定词、程度副词等组成），对输入文本的字符串进行匹配，从而输出情感值，挖掘相应的情感特征。整个方法流程如图 3-8-1 所示。

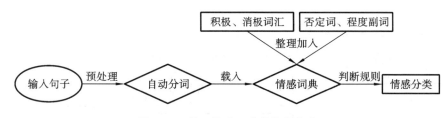

图 3-8-1　基于情感词典的传统方法

总体来看，目前大多数研究都是从微博评论、网友的观点出发，进行可视化研究或者总结出对应可改进的地方。从个体出发（如《人民日报》），将情感分析作为一种指标去探究内容或结构上的改进还有比较大的研究空间。

3. LDA 主题提取

LDA 是 Latent Dirichlet Allocation 的简称，在机器学习领域的主题模型类型中占有非常重要的地位，经常用来进行文本分类的操作。LDA 可以将数据集中的每个文档的主题按照概率分布的形式输出，抽取文档的主题分布情况后，根据主题的分布情况进行主题聚类。

LDA 涉及的知识有很多，包括 gamma 函数、多项分布和二项分布、Beta 分布等，主要采用的是纸袋模型。在一篇文章中，我们不会考虑一个词语出现的顺序，而仅考虑这个词语是否会出现；比如纸袋模型当中的"我和你"和"你和我"是等价的。LDA 主要采用一种非监督机器学习技术。一篇文章可以有多个主题，每个主题也可以对应很多不同的词语。

现在已经有很多利用 LDA 模型进行主题研究对现实生活做出贡献的例子，如有学者使用 LDA 主题模型识别多源数据主题，用 Word2vec 基于主题代表词汇及其权重，优化了现有的新兴技术的识别方式；还有学者为了挖掘消费者需求、提升快递物流服务质量，通过爬取菜鸟平台评论数据，运用 TF-IDF 算法、LDA 主题模型等，提出了提升消费者评价水平的有利建议。LDA 主题建模在国内外研究中已经较为成熟，也运用于很多领域。本研究同样采用 LDA 主题建模的方式对《人民日报》发布的奥运相关微博进行主题提取，并根据提取到的主题进行总结和归纳，从而为主流媒体的融媒体发展提出发展上的建议。

（三）研究主要内容和目的

本研究的主要内容是爬取《人民日报》所发布的与奥运相关的微博，首先对数据进行总结性分析和可视化呈现；接着，对微博文本进行情感分析，同时从情感分析和微博结构分析两个角度，分别构建与微博赞评转之间的相关性模型，进行相关性分析；最后，采用 LDA 主题建模的方法对微博内容进行主题分类和建模，总结主题，对主流媒体在微博平台发布与体育相关的内容提出一定的建议。

本研究的目的在于总结《人民日报》发布奥运相关微博的基本情况,并且通过情感、结构两个层面的分析,从数据出发,探索融媒体背景下,主流媒体如何在微博上进行体育赛事报道,更好地发挥内容引导的作用。

二、相关技术

本研究整体的技术思路如图 3-8-2 所示。

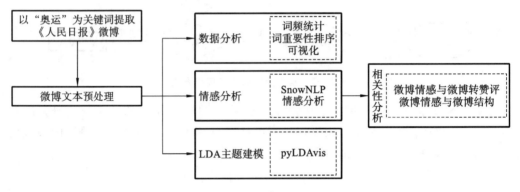

图 3-8-2 本研究整体的技术思路

在进行数据挖掘爬取到所需数据并且对数据进行预处理后,主要的分析分为三个板块:一是数据分析,对文本进行词频统计、词重要性排序、可视化等;二是情感分析,进而进行相关性研究;三是对微博文本进行 LDA 主题建模、主题提取。

具体来说,针对以《人民日报》为代表的主流媒体奥运相关报道的分析主要分为以下几个部分。

(一)奥运相关微博的数据采集

2021 年东京奥运会的举办时间为 2021 年 7 月 23 日到 8 月 8 日。为了获得更多数据,使得数据内容更丰富,本研究将时间延长,爬取了从 6 月 1 日到 9 月 1 日《人民日报》官方微博账号发布的包含"奥运"关键字的微博。总体来看,奥运相关微博的发布也主要是集中在这一时间段,之前的时间中发布"奥运"微博数量较少。在数据上,每条微博都爬取了其微博 ID、正文、图片数、视频数、日期、点赞评论转发数等数据,以便进行后续研究。

(二)微博正文预处理

在爬取相关数据后,由于微博上特殊表情符号较多,同时包含较多的网页标签信息,所以还要对微博正文进行预处理,对内容进行数据清洗、过滤等操作。同时,要丢掉爬取异常造成的内容缺失,将处理好的数据存储在 CSV 文件当中,每一行对应一条微博。

(三)微博正文情感分析

本研究用 SnowNLP 对爬取的微博正文进行情感分析。SnowNLP 是一个用 Python 写的类库,可以很方便地处理中文的文本内容。可以通过中文文本的处理能力来对相关文本进行情感分析,优点在于操作简单、较易实现,但缺点是准确度不是很高,尤其是对于一些情感倾向性不是特别明显的文本,判别的准确度不高。SnowNLP 的主要功能有情感分析、中文分词、分割句子、词性标注、文本分类等。本研究首先用 SnowNLP 的分词功能对微博正文进行分词,再对已分词的内容进行情绪判断,判断每一条微博正文的情绪值。SnowNLP 的返回值是内容为正面情绪的概率,越接近 1 代表情绪越正面,越接近 0 代表情绪越负面。

(四)可视化和相关性分析

对于收集到的数据进行可视化处理,能够更直观地展现数据特点。本研究先利用 jieba 分词来处理数据。jieba 工具是最常用的中文文本分词工具之一,能够实现关键词抽取、获取词语位置、中文分词、词性标注等。支持精确模式、全模式和搜索引擎摸索,其优点是免费且容易使用。

分词完成后通过统计词频对高频词进行可视化排序,绘制词云来更加直观地展现奥运相关微博的内容特点。同时,利用情感分析获得的微博情感值,与微博的点赞、评论、转发数之间进行回归分析,分析之间可能存在的相关性,并从微博结构出发对其与点赞、评论、转发数之间进行相关性分析。通过分析总结其中可能存在的关系和特点,提出相关的建议。

(五)LDA 主题提取

LDA 是无监督机器学习模型,传入文本即可实现主题自动提取。但是 LDA 需要学习文档-主题的分布以及主题-词的分布,所以需要先对传入的文本进行分词,仍然采用的 jieba 分词工具;接着做停用词处理,去掉一些标点符号和没有意义的词,比如"大约""哎""无""未"等,好的停用词能够较好地提高结果的质量。

本研究主要采用的是 pyLDAvis,这是一个交互式的 LDA 可视化 Python 软件包,一般会显示若干圆圈区域,圆圈的个数代表生成主题的个数,圆圈面积的大小体现对应主题在整个文本库中的重要程度,圆圈越大,说明这个主题在整个文本库中所占的比例越大;圆圈的重合度或者说圆圈中心之间的距离代表主题的相似度,两个圆圈的重合度越高,说明这两个主题的相似度越高。右侧的直方图会给出排在前 30 的与主题相关的词语,也可以由此判断哪个主题重要程度最大。

LDA 主题建模生成的主题和对应的主题词如图 3-8-3 所示。进行主题的归类,就可以知道《人民日报》所发布的与奥运相关的微博主要内容有哪几类。

三、数据获取与分析

(一)数据获取

虽然东京奥运会只有短短 17 天,但《人民日报》作为主流媒体的代表,并非仅仅在这 17 天内进行赛事再现,在奥运会开始前还需要进行赛事预热,提前告知人们赛事安排,引导人

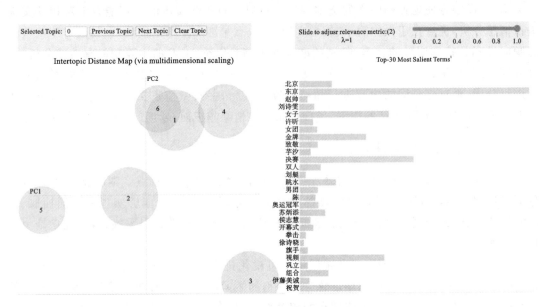

图 3-8-3 LDA 可视化示例

们为即将参加奥运会的运动员加油鼓气；同时在奥运会结束后，还需要持续发布奥运会的后续情况，不管是针对运动员个人，还是针对运动项目，都要进行介绍和引导。为了让数据更丰富、数据量更大、研究结果更具可信度，本研究将时间延长至三个月，爬取了 6 月 1 日到 9 月 1 日《人民日报》官方微博账号发布的与奥运相关的微博，共获得 647 篇文章、7.2 万字。每条微博的微博 ID、正文、图片数、视频数、日期、点赞评论转发数等数据都存储在 CSV 文件中，一行包含一条微博的数据。具体如图 3-8-4 所示。

	A	B	C	D	E	F	G	H	I	J	K	L	M	N
1	id	bid	正文	头条文章u	原始图片u	视频url	位置	日期	工具	点赞数	评论数	转发数	话题	@用户
2	4.71E+15	L2R7ZIkkl	【#30名内地奥运健儿		https://wx2.sinaimg.cn/large/003			#######	微博 weibo	6614	802	745	30名内地奥运健儿将访港,马龙苏炳添等内地奥运健儿将访港	
3	4.70E+15	L1zbV7cEu	【冬奥MV来了！ #易烊千玺冬奥			https://f.video.weiboc		#######	微博视频号	135731	7396	112434	易烊千玺冬TFBOYS-易烊千玺	
4	4.70E+15	L1gmHg8A	【围观2021年清华本科生特奖答			https://f.video.weiboc		#######	微博视频号	14348	939	1665	一年一度清华学霸神仙打架现场,杨倩清华特等奖学金答辩现场	
5	4.70E+15	KERSYk4GV	【美！ #鸟巢冰立方冰丝带首次集			https://f.video.weiboc		#######	微博视频号	6798	510	1092	鸟巢冰立方冰丝带首次集体点亮,北京冬奥是首个100%绿色电能	
6	4.70E+15	KEMbndyC	【从2008到2022，#中国风的奥			https://f.video.weiboc		#######	微博视频号	51470	2231	9622	中国风的奥运从不会让你失望,2008和2022的同款中国式浪漫	
7	4.70E+15	KED9OiYY	【美！ #冬奥火种遇上北京银杏#			https://f.video.weiboc		#######	微博视频号	3757	662	918	冬奥火种遇上北京银杏,北京冬奥火种打卡攻略,晒微笑迎冬奥	
8	4.70E+15	KEyyurlvs	【期待！ #奥运残奥冠军齐唱我们			https://f.video.weiboc		#######	微博视频号	3435	493	894	奥运残奥冠军齐唱我们北京见,东京奥运会冠军为北京冬奥加油	
9	4.70E+15	KEyes8w8A	【收藏纪念！ #2022年		https://wx1.sinaimg.cn/large/003			#######	微博 weibo	2344	434	568	2022年冬奥会和冬残奥会奖牌揭晓,冬奥会奖牌背面取意古代天	
10	4.70E+15	KEye4dung	【收藏！ #北京冬奥会		https://wx1.sinaimg.cn/large/003			#######	微博 weibo	6412	740	1558	北京冬奥会奖牌名为同心,北京冬奥奖牌创意来源同心圆玉璧,北	
11	4.70E+15	KEuirj18f	【回忆杀！ #冬奥吉祥物版北京欢			https://f.video.weiboc		#######	微博视频号	8943	1017	13521	冬奥吉祥物版北京欢迎你,冬奥吉祥物打卡北京欢迎你MV地标,	
12	4.70E+15	KEtpnryhN	【#北京街头再次唱起08奥运主题			https://f.video.weiboc		#######	微博视频号	13568	997	1843	北京街头再次唱起08奥运主题曲,晒微笑迎冬奥,冰雪之约中国之	
13	4.70E+15	KDUYpoM	【共赴《冰雪之约》！ #北京冬奥			https://f.video.weiboc		#######	微博视频号	98697	4031	1072075	北京冬奥火炬传递故事短片,易烊千玺谷爱凌冰雪之约短片	
14	4.69E+15	KDEWAzM	【#你好，明天#】北京2022年冬			https://f.video.weiboc		#######	微博视频号	3206	513	612	你好、明天	
15	4.69E+15	KDjPxc5Nf	【#奥运火种再次为北		https://wx1.sinaimg.cn/large/003			#######	微博 weibo	3224	424	785	奥运火种再次为北京点燃,这是跨越13年的两支奥运火炬,北京冬	
16	4.69E+15	KDjCIA7sN	【火种点燃！ #北京冬		https://wx4.sinaimg.cn/large/003			#######	微博 weibo	2700	339	463	北京冬奥火种成功采集	
17	4.69E+15	KCdlb053F	【冬奥会超燃混剪来了！ #你好双			https://f.video.weiboc		#######	微博视频号	4149	429	1059	你好双奥之城,3分钟北京冬奥大片	
18	4.69E+15	KB4uAnV2	【#89年前的奥运会中国运动员仅			https://locallimit.us.si		#######	微博视频号	8904	321	602	89年前的奥运会中国运动员仅1人,愿来日我等后辈远离这般苦	

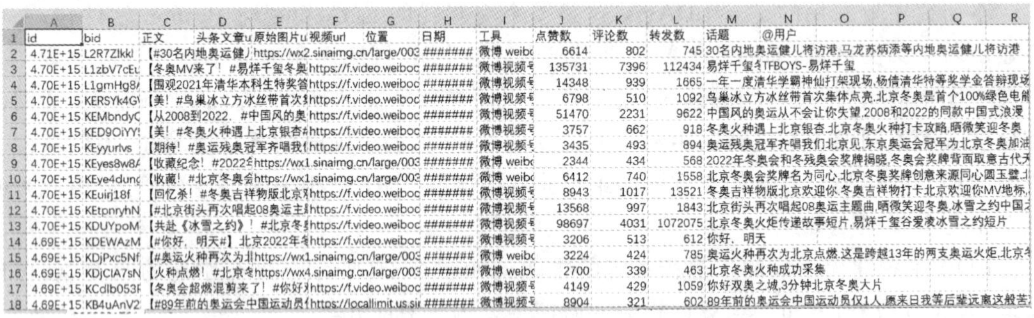

图 3-8-4 《人民日报》官方微博账号发布的与奥运相关的微博

（二）词频统计和可视化

爬取相关数据后，首先对数据进行整体分析，找出《人民日报》发布的与奥运相关的微博的总体特征。对所有爬取的微博正文进行数据预处理，利用 jieba 分词来处理数据，用精确模式对微博正文文本进行分词后，生成高频特征词并进行词频排序，结果如图 3-8-5 及表 3-8-1 所示。

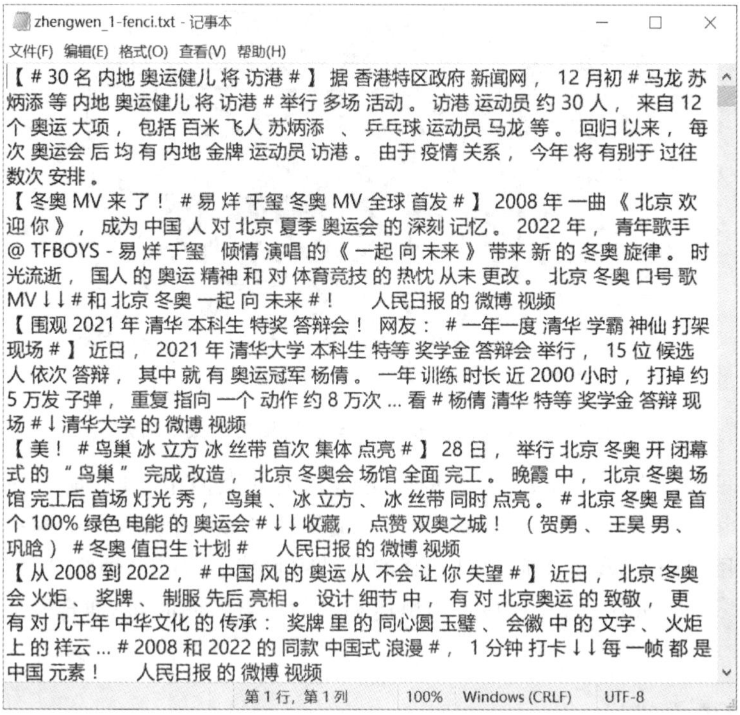

zhengwen_1-fenci.txt - 记事本

文件(F) 编辑(E) 格式(O) 查看(V) 帮助(H)

【＃30 名 内地 奥运健儿 将 访港＃】据 香港特区政府 新闻网， 12 月初＃马龙 苏炳添 等 内地 奥运健儿 将 访港＃举行 多场 活动。 访港 运动员 约 30 人， 来自 12 个 奥运 大项， 包括 百米飞人 苏炳添 、 乒乓球 运动员 马龙 等。 回归 以来， 每次 奥运会 后 均 有 内地 金牌 运动员 访港。 由于 疫情 关系， 今年 将 有别于 过往 数次 安排。

【冬奥 MV 来了！＃易 烊 千玺 冬奥 MV 全球 首发＃】2008 年 一曲《北京 欢迎 你》， 成为 中国 人 对 北京 夏季 奥运会 的 深刻 记忆。 2022 年， 青年歌手 @TFBOYS - 易 烊 千玺 倾情 演唱 的《一起 向 未来》带来 新 的 冬奥 旋律。 时光流逝， 国人 的 奥运 精神 和 对 体育竞技 的 热忱 从未 更改。 北京 冬奥 口号 歌 MV↓↓＃和 北京 冬奥 一起 向 未来＃！　人民日报 的 微博 视频

【围观 2021 年 清华 本科生 特奖 答辩会！ 网友：＃一年一度 清华 学霸 神仙 打架 现场＃】近日， 2021 年 清华大学 本科生 特等 奖学金 答辩会 举行， 15 位 候选人 依次 答辩， 其中 就 有 奥运冠军 杨倩。 一年 训练 时长 近 2000 小时， 打掉 约 5 万发 子弹， 重复 指向 一个 动作 约 8 万次 ... 看＃杨倩 清华 特等 奖学金 答辩 现场＃↓清华大学 的 微博 视频

【美！＃鸟巢 冰 立方 冰 丝带 首次 集体 点亮＃】28 日， 举行 北京 冬奥 开 闭幕式 的 "鸟巢" 完成 改造， 北京 冬奥会 场馆 全面 完工。 晚霞 中， 北京 冬奥 场馆 完工后 首场 灯光秀， 鸟巢 、 冰 立方 、 冰 丝带 同时 点亮。＃北京 冬奥 是 首个 100% 绿色 电能 的 奥运会＃↓↓收藏， 点赞 双奥之城！（贺勇 、 王昊 男 、 巩晗）＃冬奥 值日生 计划＃　人民日报 的 微博 视频

【从 2008 到 2022，＃中国 风 的 奥运 从 不会 让 你 失望＃】近日， 北京 冬奥会 火炬 、 奖牌 、 制服 先后 亮相。 设计 细节 中， 有 对 北京奥运 的 致敬， 更 有 对 几千年 中华文化 的 传承： 奖牌 里 的 同心圆 玉璧 、 会徽 中 的 文字 、 火炬 上 的 祥云 ...＃2008 和 2022 的 同款 中国式 浪漫＃， 1 分钟 打卡↓↓每 一帧 都 是 中国 元素！　人民日报 的 微博 视频

第 1 行，第 1 列　100%　Windows (CRLF)　UTF-8

图 3-8-5　分词后的微博内容

表 3-8-1　词频统计结果

顺序	词语	词频
1	中国	715
2	东京	652
3	奥运会	608
4	奥运	527
5	决赛	320
6	加油	280
7	女子	254
8	视频	237
9	中国队	214
10	人民日报	212

爬取的与奥运相关的微博文本中，词频排在前十的分别为“中国”“东京”“奥运会”“奥运”“决赛”“加油”“女子”“视频”“中国队”“人民日报”。从词频统计的结果可知，《人民日报》在发布与奥运相关的微博时，牢牢把握最关键的信息和要素，传递给人们最重要的主题内容，当然，这也有可能造成内容丰富度在一定程度上的缺失。

为了更直观地呈现结果，对高频特征词进一步绘制词云，如图 3-8-6 所示。

图 3-8-6 《人民日报》发布与奥运相关的微博词云

根据结果可知,《人民日报》所发布的与奥运相关的微博中,排在前三的关键词分别为"中国""东京"和"奥运会"。《人民日报》作为主流媒体的重要代表,在微博平台起到了很好的主题引导作用。同时,奥运期间热度较高的运动项目代表,如"苏炳添""马龙""杨倩"也占有较高的词频,说明《人民日报》在报道与奥运相关的消息的同时,也迎合网友需求制造了人物热度。

（三）词重要性排序

本研究利用 TF-IDF 算法对微博正文中词语的重要性进行排序,找到最重要的词语。TF-IDF 是一种经常用来处理信息和文本挖掘的加权技术,其可以根据某一词语在文本中出现的次数和其在整个语料中出现的文本的频率,来计算这个词语在整个语料中的重要程度。词语的重要性会随着它在文本中出现的次数增加而正比增加,也会随着它在整个语料中出现的频率的增加而反比下降。计算公式为:$TF-IDF = tf_{i,j} \times idf_i$。其中,$TF$(词频)表示词语在文本中出现的频率,$IDF$(逆向文件频率)是由总文件数目除以包含该词语的文件数目再取对数得到。二者的计算公式分别为 $tf_{i,j} = \frac{n_{i,j}}{\sum_k n_{k,j}}, idf_i = \lg \frac{|D|}{|\{j:t_i \in d_j\}|}$,其中,$n_{i,j}$ 代表词语 i 在文档 j 中出现的次数,$|D|$ 表示语料库中的问卷总数。

在对爬取的与奥运相关的微博正文进行分词后,利用 TF-IDF 算法提取关键词并进行词重要性排序,结果如图 3-8-7 所示。

（四）情感分析

在情感分析上,本研究采用 Python 中的 SnowNLP 对微博正文进行初步的情感分析。在所有情感分析技术中,Python 语言易于维护且较易学习,第三方库的数量也比较庞大,包含解决各类问题的库类;同时,Python 开发效率高,Python 的代码往往只需要 C 或者 java 代码的三分之一甚至五分之一就可实现相同的功能。所以 Python 的应用领域很广,可以用于 web 开发、数据分析、网络编程等各种情境,也常常被用于机器学习。在本研究中,数据爬虫以及分词、词频统计都是用的 Python。

而 SnowNLP 作为 Python 的一个库,具有的功能较多,是基于 TextBlob 的一个中文自

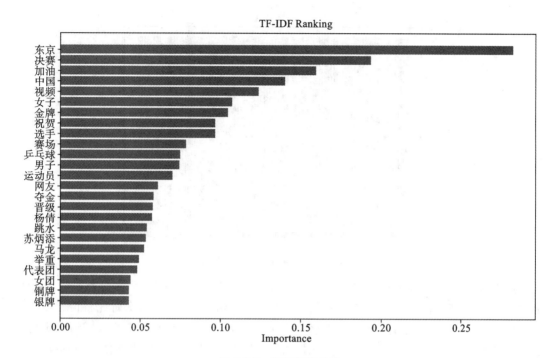

图 3-8-7　词重要性排序

然语言处理库,可以很方便地对文本进行各种处理。对于爬取的微博数据,首先将每条微博的正文读取出来,再使用 SnowNLP 进行初步的情感值输出。

在对每一篇微博文章进行情感分析后,输出情感值,如图 3-8-8 所示。

```
0.05725149968385035, 0.9995489374424332, 0.9999999876461217,
0.999982886258269, 0.99999999993227, 0.00047838272389855163,
0.9999630957883169, 0.9999934786835986, 0.997514706063025,
0.9982006447727608, 0.9993143953493868, 0.9999989407076916,
0.9999982345518503, 0.9999673604965418, 0.9999999327601873,
0.993307808566139, 0.9997936885495377, 0.9999999542076522, 0.999999992845189,
0.9999994591571969, 0.9999996124368468, 0.9999999987370278,
0.007298253206639571, 0.9999997425205823, 0.998961067154048,
0.9998756210880972, 0.999998647746879, 0.9999999999669487, 0.999863098052657,
0.999999996415672, 0.9999449633997287, 0.9999880716897055,
0.9999999987389452, 0.999998517075756, 0.9999905037353403,
0.9999999999730445, 0.006278056754418393, 0.9978833613730828,
0.9498167259473913, 0.4540242135702828, 0.26182714419292175,
0.9248752414953216, 0.9422032330600784, 0.9978600311833474,
0.9998843328136211, 0.9996385839052068, 0.9999844950272607,
0.9999443491844875, 0.999999999293296, 0.9996878003942747,
0.7758687477057694, 0.9369114594580792, 0.9969315994779694,
0.9999999999998552, 0.9998904639902554, 0.9999999973216644,
0.9999999998020828, 0.9999998031696274, 0.9999999921981914,
0.9969387518301595, 0.9816124860316817, 0.9671946643563836,
0.999999926710337784, 0.9999960657186339, 0.9960669713312722,
0.999999999989394, 0.9999540178729875, 0.9999999695272275,
0.9999999342388072, 0.999999927887559]
```

图 3-8-8　微博文本的情感值

为了更直观地呈现结果,对情感值进行 bar 操作画出直方图,如图 3-8-9 所示。

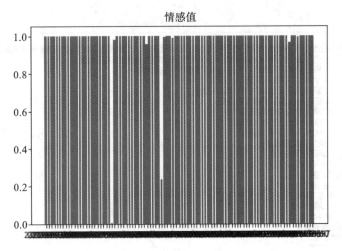

图 3-8-9 微博情感值的直方图

可以看到,直接用 SnowNLP 对正文进行情感分析得到的情感值,大部分都接近 1,很多都大于 0.999,情感倾向过于极端。为了更好地对微博情感进行区分,本研究将情感值大于 0 小于 0.4 的微博情感定为消极,将情感值大于等于 0.4 小于等于 0.6 的微博情感定为中立,将情感值大于 0.6 的微博情感定为积极,情感值越大,越接近 1,代表微博的情感越积极。在此判断条件下,积极情感微博占比为 91.96%,消极情感微博占比为 6.34%,中立情感微博占比仅为 1.7%。

图 3-8-10 《人民日报》2021 年 6 月 21 日微博正文

然而,SnowNLP 的情感分析方法虽然有依据,但是它更适合于短句子或者短文本的处理,对于长文本的情感分析并没有那么准确。如图 3-8-10 所示的微博只是在叙述奥运相关情况,介绍入场观众数量的决定,并没有带很浓的感情色彩,但是 SnowNLP 输出的情感值高达 0.9961,并不符合实际情况。

《人民日报》作为主流媒体,在微博平台上除了发布具有正能量、为运动员摇旗呐喊的内容外,还有义务及时发布最新的相关信息,向普通受众介绍最基本的情况,而这类微博是不会带有太大的情感倾向的。为了优化 SnowNLP 的结果,从 SnowNLP 擅长短文本的情感分析出发,用 SnowNLP 自带的分句功能(sentences)先将正文内容分成短句,再依次对每个短句进行情感分析,最后计算所有短句情感值的平均值。该平均值就是这段正文的情感值。

对更新的代码输出的情感值进行直方图展示后,输出如图 3-8-11 所示的结果。

第三章 主题挖掘与情感分析

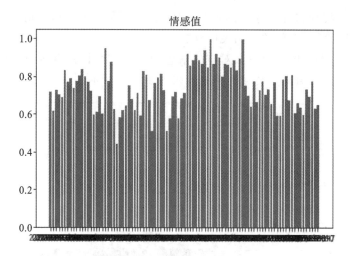

图 3-8-11　微博情感值直方图

在上文所述的判断条件下,新输出的情感值中,积极情感微博占比变为 66.15%,消极情感微博占比变为 2.78%,中立情感微博占比变为 31.07%。图 4-8-10 所示的微博正文,直接情感分析后情感值为 0.9961,但是分句后情感值输出为 0.5937,判断为中性,与实际情况较为符合。

用此方法输出情感值小于 0.4 的消极情感微博,如图 3-8-12 所示的微博,情感值输出为 0.3317,判定为消极情感。虽然微博并没有明显的消极倾向,但此微博内容确实是偏消极,情感分析的结果也较为准确。

(五)相关性分析

1. 微博情感与微博赞评转的相关性分析

微博的点赞、评论、转发数是一条微博最基础的数据,也能直观地体现出微博的热度和受关注度,从而体现微博的话题讨论度。《人民日报》作为主流媒体,一定要起到议程设置的作用。所谓"议程设置",是大众传播媒介影响社会的一种很重要的方式。大众传播媒介虽然不一定能决定人们对某一事件的具体看

图 3-8-12　《人民日报》2021 年 8 月 18 日微博正文

法,但是可以通过发表相关的议题和提供信息使大家关注,从而有效地左右人们对某些意见的关注度,以及人们讨论议题的先后顺序。《人民日报》在新媒体平台微博上,也要通过发微博来引导网友,告诉网友需要关注哪些问题,来行使它议程设置的权利。同时,网民也需要这种正确的话题引导,以起到一定的监督舆论环境的作用。

当一条微博的点赞、评论、转发数较高时,说明关注这条微博的网友多,微博热度高,也说明此微博起到的议程设置和引导网民的作用较好。探究微博情感与微博点赞、评论、转发

数之间的关系,可以预测微博的数据走向,从而对主流媒体发布微博的情感倾向做出指导。

(1)微博情感与微博点赞数的相关性分析

在本研究中,将上文中微博正文对应的情感值分别与微博的点赞、评论、转发数进行一元回归分析。微博情感值与点赞数的相关性如图3-8-13所示。

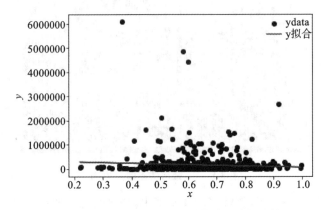

图 3-8-13　微博情感值与微博点赞数的相关性

由结果可知,微博点赞数 y 与微博情感值 x 之间的相关性函数为:$y=-1.28\times10^{10}x+8.64\times10^{9}$。

可以看到,微博点赞数与微博情感值在回归分析后呈反函数的关系,即微博情感值越大,点赞数越小;微博情感越积极,点赞数越小。而并不是人们设想的,微博情感值越大,情感越积极,点赞数越多。

但是从图中可以看出,有少数微博点赞数为 500 万以上,为了减少特殊数值对相关性结果的干扰,接下来将 500 万以上点赞数的微博删除,重新进行相关性分析,结果如图 3-8-14 所示,微博点赞数 y 与微博情感值 x 之间的相关性函数变为:$y=-6.41\times10^{8}x+4.34\times10^{8}$。

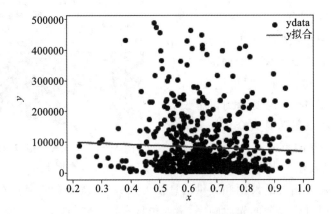

图 3-8-14　微博情感值与点赞数

此时,微博点赞数与微博情感值仍然呈反函数的关系,但是从图中可以更清晰地看到点的分布情况,大多数微博情感值都是在中立情感附近,只有少数微博呈极端消极或者极端积极,这也与《人民日报》应有的调性相符。

由相关性分析可知,微博点赞数与微博情感值之间是负相关关系;为了更清楚地得到微博点赞数与微博情感值之间的相关性强度,接下来计算二者之间的相关系数。图 3-8-14 可以反映两个变量之间的相互关系及相关方向,但是没有办法确切地表明两个变量之间的相关程度,所以相关系数是用来反映变量之间相关关系密切程度的一个统计指标。用两个变量和各自的平均值的离差为基础,通过两个离差相乘来反映两个变量之间的相关程度。

计算结果是,微博点赞数与微博情感值之间的相关系数为-0.049,仍然可以得出二者是负相关的关系。相关系数有三个极值:-1、0、1。其中,-1 代表负线性相关,0 代表非线性相关,1 代表正线性相关。而相关系数的数值为 $0\sim0.3$ 代表具有弱相关性,为 $0.4\sim0.6$ 代表具有中等相关性,为 $0.7\sim1$ 代表具有强相关性。微博点赞数与微博情感值之间的相关系数为-0.049,代表二者之间呈弱相关性,也就是说,微博情感值的大小对微博点赞数并没有很强的影响。

(2)微博情感与微博评论数的相关性分析

根据上述方法再来研究微博情感值与微博评论数之间的相关性,相关性函数为:$y = -2.03\times10^7 x + 1.371\times10^7$。此时,微博情感值与微博评论数之间也是反函数的关系。计算二者之间的相关系数,结果为-0.094。评论数大于 150000 也是特殊值,数量很少,所以删除评论数大于 150000 的点,结果如图 3-8-15 所示。此时相关性函数为 $y = -9.57\times10^6 x + 6.46\times10^6$,相关系数为$-0.0467$。微博评论数与微博情感值之间也是弱相关关系,即微博情感值越大,微博评论数相对来说越小。

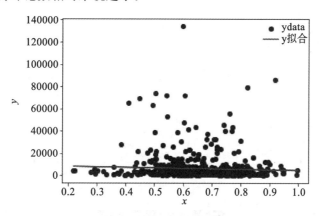

图 3-8-15　微博情感值与微博评论数

(3)微博情感与微博转发数的相关性分析

用同样的方法研究微博情感值与微博转发数之间的相关性,如图 3-8-16 所示,相关函数为:$y = -6.55\times10^7 x + 4.42\times10^7$。相关系数为$-0.0076$。微博转发数与微博情感值之间也是弱相关关系,相关系数的绝对值小于 0.01,没有很大的说服力。

根据微博情感与微博点赞、转发、评论数的相关性分析,得到的结论是:微博情感值与点赞、评论、转发数之间都是负的线性相关关系,且相关性较弱。这说明在一定程度上,并不是微博情感值越大,情感越积极,微博的相关数据越好;微博数据与微博情感值之间并没有很强的联系或决定性关系,微博数据还受到内容、话题热度等其他方面的影响。

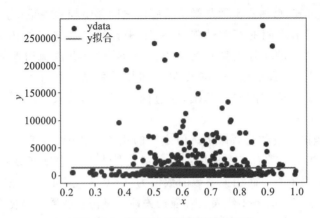

图 3-8-16　微博情感值与微博转发数

2.微博结构与微博赞评转的相关性分析

微博结构也是微博很重要的一个指标。目前微博可以发布的内容是文字、图片、视频三种。微博最开始时只能发 140 字以内的文字,现在文字字数已经不受限制,并且当文字过多时,还可以切换到头条文章的模式输入更多的文字。图片也从最开始时限制 9 张图变成了现在限制 18 张图。微博上传的视频也是要限制在 15 分钟以内。微博的结构目前也组成了三种模式,如图 3-8-17 所示。第一种是"只有文字",第二种是"文字+图片",第三种是"文字+视频"。文字、图片和视频都是人们常用的传播媒介,文字信息量大、说明性强,用户通过

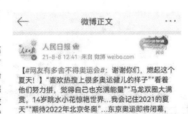

图 3-8-17　微博结构(从左到右依次为"只有文字""文字+图片""文字+视频")

文字可以获得重要的信息,但缺点是注意度不高,相比图片和视频,文字没有办法立刻吸引用户的注意力;与文字相比,图片更能吸引用户的注意,但是包含的信息量不如文字。而视频与图片相比更不直观,用户需要花费更多的时间去获取想要的信息。

首先,判断"只有文字"的结构与"不只有文字"的结构,是否和微博的点赞数之间有相关性关系。在提取每个微博的图片数和视频数后,如果图片数和视频数都为 0 时,对微博结构赋值 0,否则,对微博结构赋值 2。这种情况下"只有文字"的微博结构值为 0,"不只有文字"的微博结构值为 2,进行回归分析后的结果如图 3-8-18 所示,相关系数为 0.0712。可知微博结构与点赞数之间是正向关系,即不只有文字的微博结构相比只有文字的微博结构来说,获得的点赞数更多,但只是弱相关关系。也就是说,微博结构越丰富,越能吸引用户的注意,但影响有限。

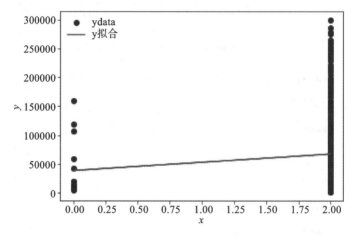

图 3-8-18 "只有文字"与"不只有文字"结构点赞数对比

接着,判断"文字+图片"和"文字+视频"两种结构中,哪一种结构对应的相关数据更好。在判断条件中,只有文字的微博结构赋值 0,包含图片的微博结构赋值 1,包含视频的微博结构赋值 2(图片和视频不会同时存在)。除去"只有文字"的微博,进行微博结构与微博点赞数之间的回归分析,结果如图 3-8-19 所示。二者的相关系数为 −0.188。可知"文字+图片"和"文字+视频"两种微博结构相比,"文字+图片"的结构相对来说数据更好,但同样也只是弱相关关系。

为了进一步验证上述结论,同样对微博结构与评论数之间进行回归分析,"只有文字"与"不只有文字"得到的结果如图 3-8-20 所示,回归方程为:$y = 4.15 \times 10^6 x + 8.29 \times 10^6$,相关系数为 0.0567,即微博结构与评论数之间是正向关系,"不只有文字"的微博结构相比"只有文字"的微博结构来说,获得的点赞、评论、转发数更多。"文字+图片"与"文字+视频"得到的结果如图 3-8-21 所示,回归方程为:$y = -1.35 \times 10^6 x + 1.998 \times 10^6$,相关系数为 −0.1964,即"文字+图片"和"文字+视频"两种微博结构相比,"文字+图片"的结构相对来说评论数更高。

微博结构与评论数之间的回归分析同样验证了上述结果。

针对微博结构与微博点赞、转发、评论数之间的关系,"不只有文字"的结构比"只有文字"的结构在数据上表现得更好,说明微博的结构丰富度能在一定程度上影响微博相关数

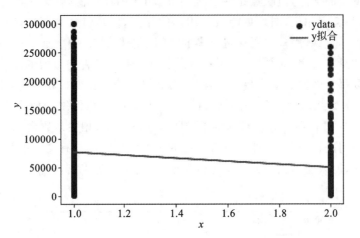

图 3-8-19 "文字+图片"与"文字+视频"结构点赞数对比

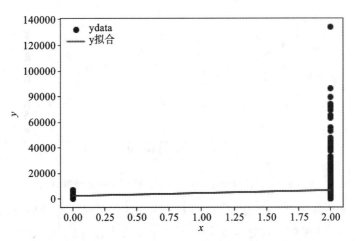

图 3-8-20 "只有文字"与"不只有文字"结构评论数对比

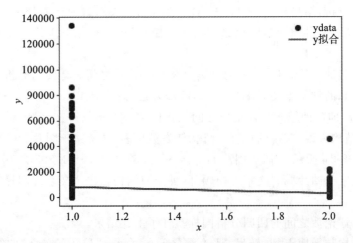

图 3-8-21 "文字+图片"与"文字+视频"结构评论数对比

据;而"文字+图片"和"文字+视频"两种微博结构的比较中,"文字+图片"结构的点赞、评论、转发数相对更高,说明在微博结构方面,《人民日报》可以利用"文字+图片"的结构发布微博,从而不仅传播有用信息,还可以吸引用户的点赞、评论、转发操作。

根据上述研究结果可知,微博情感和微博结构只是影响微博数据的两个很小的方面,因为二者之间的相关系数都很小,都是弱相关关系,所以要想真正提升微博数据,还要从内容出发,提前预测网民可能感兴趣或者需要的内容,第一时间传播更符合用户期望的内容。内容才是提升数据的第一要义。

四、LDA 主题建模

(一)困惑度与主题个数

在主题提取的过程中,首先要确定提取主题的个数,有两种方法:一种方法是从小到大依次输出指定个数的主题分类,再对比不同个数的主题分类情况,从圆圈图和直方图中找到最合适的主题分类的个数;另一种方法是借助困惑度(perplexity)这个概念。困惑度是评估模型好坏的一个指标,是信息理论的一种测量方法,能够度量一个概率分布预测样本的好坏程度。本研究就利用困惑度来确定主题分类的最佳个数,困惑度的公式为:$perplexity = e^{\frac{-\sum \log(p(w))}{N}}$。

这里 $p(w)$ 指的是所有文本中每个词语出现的概率,N 指的是分词后所有文本中出现的所有词;$p(w)$ 的计算公式是 $p(w) = p(z \mid d) \times p(w \mid z)$,这里 d 指的是所有文本当中包含的文档数,在本研究中指的就是微博的个数,$p(z \mid d)$ 指的是每个微博中每个主题出现的概率,所以 $p(w \mid z)$ 指的是每个词语在每个主题中出现的概率。确定上述概念后,利用 Python 计算不同主题个数下的 LDA 模型困惑度,结果如图 3-8-22 所示。

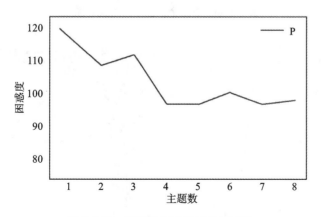

图 3-8-22　不同主题个数下的困惑度

从图中可以看出,困惑度的值随着主题数量的增大有着减小的趋势,一般来说,困惑度值越大,说明该主题数的主题模型的生成能力越弱。从图中可以看出,困惑度的较小值分布在 3~4,所以使用 pyLDAvis 输出主题分别为 3 个和 4 个的可视化图谱。

pyLDAvis 可以以动态交互式的可视化图谱展现核心技术主题，可视化图谱中的不同圆圈代表不同的主题，圆圈的大小与主题的可解读性成正比，通过对比即可提炼核心技术主题。在代码中将主题的个数分别设置为 3 和 4，得到的可视化图谱分别如图 3-8-23、图 3-8-24 所示。在图 3-8-23 中，三个圆圈主题均面积较大且分布较为分散，说明生成的这三个主题相关度不高、重合度也不高，都有较强的主题聚类能力，是爬取的微博文本的核心主题。在图 3-8-24 中，主题 1 和主题 3 距离较近且有一部分重合，说明这两个主题具有一定的相似性，要对这两个主题进行取舍。由于主题 1 的圆圈面积远大于主题 3 的圆圈面积，所以主题 1 比主题 3 更加具备主题的特征，因此保留主题 1，舍去主题 3。对比可知，主题个数为 3 比主题个数为 4 的聚类精确度更高，更加适合作为微博文本的核心主题数量，所以本研究将选择 3 个核心聚类主题。

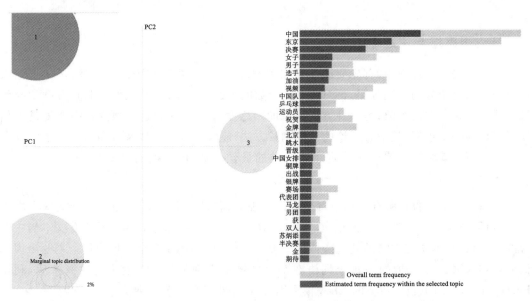

图 3-8-23　主题个数为 3 的可视化图谱

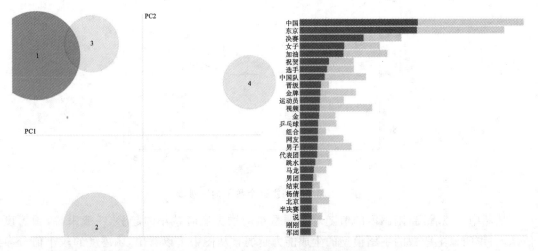

图 3-8-24　主题个数为 4 的可视化图谱

(二)主题提取

在确定了主题数量为3后,用Python的LDA主题建模进一步输出每个主题包含的词频较高的词汇以及每个词汇对应的权重,如表3-8-2所示。主题1的高频词为"东京""中国""加油""视频""中国队""金牌""祝贺""网友""赛场""决赛";主题2的高频词为"中国""东京""决赛""女子""男子""选手""加油""视频""中国队""乒乓球";主题3的高频词为"女子""中国""东京""中国队""金牌""决赛""网友""视频""祝贺""男子"。将高频词进行归纳后,总结出《人民日报》发布与奥运相关的微博的以下三大主题。

表3-8-2 不同主题的特征值及权重

主题1		主题2		主题3	
特征值	权重	特征值	权重	特征值	权重
东京	0.036	中国	0.048	女子	0.024
中国	0.031	东京	0.036	中国	0.021
加油	0.020	决赛	0.026	东京	0.017
视频	0.015	女子	0.013	中国队	0.017
中国队	0.010	男子	0.013	金牌	0.014
金牌	0.009	选手	0.011	决赛	0.012
祝贺	0.009	加油	0.011	网友	0.011
网友	0.009	视频	0.010	视频	0.009
赛场	0.009	中国队	0.008	祝贺	0.009
决赛	0.008	乒乓球	0.008	男子	0.008

主题1是为中国队呐喊助威,即发布微博号召网民们为即将迎来比赛的中国队呐喊助威。这里《人民日报》起到了一定的宣传模范作用和号召作用,用自己的影响力来带动网民鼓励运动员。

主题2是发布重要赛事情况,即及时发布奥运赛场上的一些重要赛事,每个项目的男子或女子决赛等。《人民日报》提供的消息是最有说服力和公信力的,所以《人民日报》有必要第一时间报道重要赛事的结果,让大家了解到最新的赛况。

主题3是发布网民为奥运会做的努力,即除了运动员,还有哪些普通网民也为奥运会做着各种努力。奥运会是一场全民关注的赛事,很多网民即使不在奥运赛场上,也在通过自己的努力鼓舞运动员,为他们加油。如吉林长春的一位赵先生用一万多个排球简笔图案绘制出朱婷的画像,配上"中国加油"字样。《人民日报》发布这类微博也能体现其贴近民心、关注民心的态度。

综上所述,《人民日报》发布与奥运相关的微博的三大主题分别是为中国队呐喊助威、发布重要赛事情况、发布网民为奥运会做的努力。

五、总结与展望

(一) 总结

主流媒体的融媒体发展一直以来都是传媒业研究人员重点研究的对象,微博作为发展趋势大好的新媒体也一直是主流媒体关注的对象。本研究以主流媒体《人民日报》为研究对象,爬取其发布的与奥运相关的微博,并对爬取到的数据进行数据清洗、可视化、情感分析、相关性分析和主题提取。得到的结论如下。

第一,词频统计和词重要性排序中靠前的词均为"中国""东京""奥运会",说明《人民日报》在发布与奥运相关的微博时迎合了舆论热点,起到了很好的舆论引导作用。

第二,根据微博情感分析的结果,《人民日报》发布与奥运相关的微博大部分是积极情绪,一部分是中立情绪,很小一部分是消极情绪,这与《人民日报》正能量官方媒体的定位相符。

第三,在相关性研究中,微博的情感值与微博赞评转之间都有较弱的相关性,并没有很强的说服力;同时,数据显示微博结构中以"文字+图片"的形式数据较优。但微博数据更多是看内容,及时发布最吸引网民、与网民最相关的内容才能获得更好的数据。

第四,在 LDA 主题提取中,三大主题分别为为中国队呐喊助威、发布重要赛事情况、发布网民为奥运会做的努力。主题较为单调,《人民日报》在体育赛事的报道中单调性较强,建议发布更多不同视角的微博。

(二) 展望

在得出上述结论后,还要分析本次研究存在的不足之处。

第一,数据量不够大。要想总结出微博数据的关系,数据量是很重要的,受限于《人民日报》发布奥运微博的条数,本研究获取的数据量并不大,结论可能有些许误差,需要在后续研究中改进。

第二,相关性研究较为单一。相关性研究涉及复杂多样的内容,除了线性相关性还有很多相关性值得挖掘,本研究的结论还不够充分,也需要后续不断改进。

虽然体育报道对于主流媒体来说是占比很小的内容,但将体育报道做好能在一定程度上进行有效宣传,让热爱体育的人越来越多,也能提高主流媒体的公信力。对于主流媒体而言,其在这一方面还有很长的路要走。

第三章 在线图说明

拓展阅读案例

第四章 社交网络舆情数据挖掘与分析

社交网络舆情数据挖掘与分析是数据挖掘领域的一个重要应用方向,它主要利用数据挖掘技术来分析互联网上的舆情信息,揭示舆情的特点和规律,从而为舆情监测、危机公关、市场营销等提供有力支持和重要参考。

本章将介绍三个综合运用各种方法对社交网络舆情进行数据挖掘与分析的案例。

第一节 基于微博数据挖掘的"网红雪糕多次抽检不合格"事件舆情分析

一、引言

古代执政者常以"防民之口,甚于防川"自省,舆论在古代便得到了执政者的重视,他们认为其有影响社会的巨大力量。我们的宇宙是一个协作的、分散的网络。小至原子、大至星系都属于这一网络。人类创造了互联网,可以想象它与宇宙一致,是连通、自由和共享知识的空间。登录、连接这些操作改变着世界。各个独立的个体隐匿于互联网的面具之下,各类信息裹挟着多元思潮席卷网络,现代社会的舆论多立足于由各个节点连接的社交媒体形成、发酵、下沉。

由于微博具有即时性、便捷性、实时互动性和社交性,社会热点事件引发的网络舆情在微博平台可以得到快速传播。用户情感的表达不仅影响信息的传播速度,而且能够迅速感染其他用户的情绪,从而导致舆情的爆发。突发事件中出现的情绪在舆情的不同发展阶段有不同的特点,若不能合理划分阶段、对各阶段情感内容和特点进行分析,在信息不对称的情况下可能会被别有用心的人误导,导致舆情失控甚至产生舆情危机。因此,有效地对网络舆情进行情感分析,了解网民的心理特点和情感态度,进而有效引导舆论,掌握舆情演化规律,是非常必要的。

人们常说"国以民为本,民以食为天"。"食"对于人民群众而言是相当重要的事情,只有将"食"的问题解决了,国家才有安定团结的基础和保障。中国传统社会是自给自足的农业社会,人民群众关心的是"食"的"有无"问题。如今,在我国已经全面建成小康社会的背景下,"食"的"安全"问题逐渐成为人们非常关心的问题。食品安全事件发生时,相关的信息会对公众心态与情绪产生何种影响,是一个兼具理论与现实意义的重要问题。人们对涉事企业持怎样的态度,也是值得深思的问题。因此,详细地分析这些数据,有助于各级党政机关工作人员及时并准确地掌握舆情动态、回应民众关切,从而增强应对公共事件危机的能力。

二、相关事件背景

2020 年 5 月,广东省市场监督管理局组织抽检粮食加工品、肉制品、饮料、冷冻饮品等 10 类食品 518 批次样品。根据食品安全国家标准检验和判定,抽样检验项目合格样品 503 批次、不合格样品 15 批次,网红奥雪"双黄蛋"雪糕再上"黑榜"。

据悉,这已不是营口奥雪冷藏储运食品有限公司(以下简称奥雪公司)生产的雪糕第一次登上"黑榜"。2019 年 6 月,奥雪"双黄蛋"雪糕被浙江温州市场监督管理局检测出"菌落总数、大肠菌群超标"。6 月 27 日,奥雪公司发布声明表示,温州市场监督管理局通报的产品批次抽检日期为 2019 年 3 月 19 日,该批次产品出厂质量检验合格。由于零售终端在运输过程中无任何冷链保护,产品发生化冻情况且用于储存的冰柜老旧,制冷效果很差,导致该终端销售的 3 个厂家的 3 种产品抽检都不合格,公司产品"双黄蛋"雪糕只是其中之一。7 月 30 日,奥雪公司在其官方微博上再次发表公开信,称奥雪公司将成立终端调查小组,定期抽查零售商品储存情况和保质说明,并表示在未来两年尝试启用新型包装,寻找合适的不可逆温变色材料进行外包装改进等。

此后,2020 年 3 月,南京市市场监督管理局发布关于 4 批次食品不合格情况的通告,其中南京市玄武区优玄森百货超市店销售的标称奥雪公司生产的"双黄蛋"(咸蛋黄牛奶口味)雪糕,大肠菌群不符合食品安全标准规定。

考虑到微博是我国人民最为常用的社交媒体平台之一,具有较高的信息公共性、数据开放性以及对突发事件响应的及时性,本研究选择微博作为个案数据来源,采用数据挖掘方法,从中获取较之问卷横截面数据更为完整的数据分析。

三、研究方法设计

针对微博舆情传播情况,为了更加科学地对舆情发展阶段进行划分,把握各阶段发展规律,本研究运用 Python 进行数据挖掘与文本处理,建立热点事件微博舆情情感倾向度演变模型。用"网红蛋糕""双黄蛋""食品安全"3 个主题词在微博平台进行数据检索,获取 2020 年 5 月 30 日至 2020 年 6 月 2 日发布于微博平台上的 2700 条评论,过滤与研究对象无关的文本,最后获得 2063 条有效数据。使用 Python 组件 jieba 对文本数据进行分词处理,之后制作词频统计分析、词性标注与词云,研究此次网红雪糕不合格的舆论关键词与公众情感取向。

(一)爬取数据

网络爬虫可以对网页上的信息数据进行批量收集和下载。由于微博登录机制复杂、数据格式不统一,并且有较为严格的反爬虫机制,因此,研究开始前需要专门编写适用于微博的爬虫。本研究通过 Python 模拟微博登录和搜索,编写微博爬虫,有针对性地对微博上热点事件的评论进行自动爬取,并通过爬虫进行网页上多种属性信息的提取。通过 Python 设置与舆情高度相关的关键词,以关键词检索的方式对"网红雪糕多次抽检不合格"事件相关博文进行自动爬取。

(二)文本分词与去停用词

现有的分词算法可以分为基于词典的方法、基于统计的方法和基于规则的方法。本研究使用正则表达式,通过命令在空格符处分割原始文本,最终实现文本分词和词性标注。停用词是指在信息检索中处理自然语言数据(或文本)之前或之后会自动过滤某些字或词。在进行文本分类的过程中,由于有的无效文本词量过多,使得操作量过大,因此需要对文本进行合理的筛选过滤。Python 自然语言处理中自带的工具包结合词典资源可以实现对高频词的停用,过滤文本语料库的内容,实现文本筛选。

(三)研究流程

为分析微博舆情情感态势演变及时空分布特点和规律,笔者建立了热点事件微博舆情情感倾向度演变模型。研究具体包含数据获取、数据处理、舆情演变阶段划分、舆情演变时空分析四个阶段。

由于爬虫获取的信息不一定全部契合模型,可能存在缺失、重复和无效数据。采用 Python 进行数据去重,按照日期进行编号后处理无关数据、异常数据,并删除空数据,用 CSV 格式储存清洗后的数据。

SnowNLP 可以方便地处理中文文本内容,其对中文句子进行情感分析,分数分为 0~1,分数越接近 1,表示正面情绪越多;分数越接近 0,表示负面情绪较多。对爬取的微博评论数据进行情感态势分析,并划分演化阶段。最后,对各阶段情感演变态势进行分析,并生成各阶段评论词云。

四、文本处理的结果

(一)文本分析

利用 jieba 工具进行分词,选取词频在 500 以上的词语进行词性标注,"网红雪糕多次抽检不合格"事件微博文本词频统计如表 4-1-1 所示。可以看到,词频最高的为事件主角"网红雪糕",其次是"食品""蛋黄""雪糕""奥雪"等。食品抽检不合格本来就是一个敏感的话题,再加上"网红雪糕"标签、"多次抽检"的属性,在流量时代,该关键词的高频就有了更为深刻的意义。

表 4-1-1 "网红雪糕多次抽检不合格"事件微博文本词频统计

词语	频数	词性
网红雪糕	1938	n
食品	1751	n
蛋黄	1596	n
雪糕	1237	n
奥雪	1128	n
批次	998	n
食品安全	856	n
质量	726	n
抽检	643	v

在汉语中,实现词性标注比较简单,因为汉语词汇、词性多变的情况比较少见,大多词语只有一个词性。通过 jieba 进行词性的标注,根据中文语法可以生成相应的语句。通过词性标注可生成相应的语句。例如,"网红雪糕"为名词(n),"抽检"为动词(v),再将"多次""不合格"这类归入名词,通过组合 3 个词语可以形成语句"网红雪糕多次抽检不合格"。

(二)文本语句中心词分析

对于爬取的博文内容,通过 TF-IDF 这种信息检索与数据加权技术发现博文语句中的主干中心词,用以评估关键词对于文本语句的重要程度。选取阈值与概率值在 0.05 以上的关键词,如表 4-1-2 所示。可以发现,此次抽检不合格事件的主角"网红雪糕"为语句中较为重要的主干和中心部分,"蛋黄"的重要程度也较高。

表 4-1-2 "网红雪糕多次抽检不合格"事件语句关键词

关键词	概率
网红雪糕	0.25
食品	0.16
雪糕	0.15
批次	0.13
食品安全	0.12
蛋黄	0.08
质量	0.08
落菌	0.05

(三)词云

"网红雪糕多次抽检不合格"事件词云如图 4-1-1 所示。

可以发现,"蛋黄""雪糕""菌落""奥雪""总数""食品安全"等与此次事件高度相关的名

图 4-1-1 "网红雪糕多次抽检不合格"事件词云

词出现概率较高,反映在事件整体发酵过程中,就是大部分网民可以比较客观地对舆情做出评论,而较少使用情绪化的形容词。评论主要内容围绕"网红雪糕多次抽检不合格"展开,体现了舆情的整体态势。此外,一些并非高频但与事件紧密相关的词,如"要求""批次""过程"等反映了所分析的评论中网民的主要阐述内容,包括对整个舆情的相关地点、涉及的"意见领袖"、舆情发酵的平台、对此次食品安全事件的态度等。

(四)地区分布

从关注人数的地区分布来看,除了奥雪雪糕的产地广东地区,北京、天津以及江浙沿海一带的人们都对该事件相当关注。这说明当今社会空间距离对人们关注度的影响有限,不管身处何地,食品安全问题都能够引发受众的广泛关注,从而在社会上形成极大的影响。

(五)态度与评价

"网红雪糕多次抽检不合格"事件文本情感分析如图 4-1-2 所示。

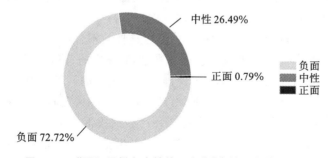

图 4-1-2 "网红雪糕多次抽检不合格"事件文本情感分析

在所有的微博数据中,负面评价为主导,占 72.72%;中性评论其次,占 26.46%;正面评价相当少,仅占 0.79%。这说明食品安全的问题受到人们的高度重视,对于问题食品的出现,人们保持"零容忍"的态度。虽然后期奥雪公司宣称此检测报告里的产品是 2019 年的,也并未对结果产生显著的影响,这说明早期的报道对受众的印象有很大的影响。

(六)报道主体的变化

"网红雪糕多次抽检不合格"事件报道主体分布如图 4-1-3 所示。从图中可以看到,主推

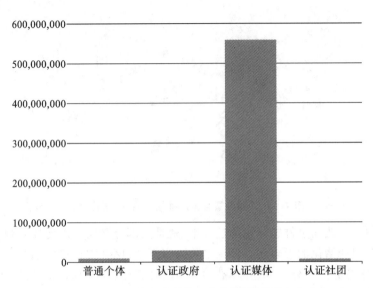

图 4-1-3 "网红雪糕多次抽检不合格"事件报道主体分布

该事件的其实是认证媒体。从微博数据来看,本事件首先由财新网报道,后来经过澎湃新闻等媒体转载以及一些团体的转发,该事件很快冲上了微博热搜首位。由此我们可以看到,在涉及食品安全问题时,媒体的报道能够在第一时间引起受众的关注,而受众的关注引起的微博浏览量的上升,又可以引起更多人的关注,从而在社会上形成相关的舆情。

五、启示与借鉴

借助相关工具,本研究形成了对"网红雪糕多次抽检不合格"事件的相关认识。结合该事件的影响力,笔者也想指出几点值得探讨的地方。

第一,要迅速、清晰地认知公共事件。"网红雪糕抽检不合格"曾于 2019 年 3 月、2019 年 6 月两次被曝光,但在 2020 年 5 月又一次被曝光,频繁爆发的背后有怎样的隐情?是否存在当地食品安全部门的不作为? 这些都是人民群众普遍关心的问题。该公司做出的回应——由于零售终端在运输过程中无任何冷链保护,产品发生化冻情况且用于储存的冰柜老旧,制冷效果很差,导致该终端销售的 3 个厂家的 3 种产品抽检都不合格——并没有把握最佳时机。危机事件发生时,无论是政府的相关机构还是涉事企业,都应该第一时间告知受众详细的情况,第一时间告诉受众的真正情况! 任何舆情危机在爆发前都会经历一个由隐到显的发酵过程,而舆情危机大规模爆发前的酝酿阶段是处理舆情危机最有效的那 20% 时间段。快速回应舆论质疑并针对问题的关键进行恰当的处理,是危机公关的黄金法则;同时,态度是核心要素,企业在面临危机时,应勇于承担责任,而不是寻找借口推脱。一个成熟的品牌,只有建立完整的危机管理体制,才能够在突发事件中及时有效地化解危机。

第二,媒体该怎样发声。在"网红雪糕多次抽检不合格"事件后,除了奥雪公司的发声外,有网友爆出了财经网的相关报道。相关信息显示,财经网 2019 年就报道了这一事件,而 2020 年所谓的"曝光",不过是拿着 2019 年的新闻重新做文章,报道中所引用的数据、资料均是2019年的。为食品安全问题发声的态度自然是值得肯定的,但媒体面对这些事件时如何发声,也是一个值得思考的问题。媒体在传递这种消息的时候,很容易造成舆情的失控,对企业形象产生极大的影响。此外,公共事件网络舆情既聚集了大批"围观者",也调动了大批"当事者"。后者发布的内容往往能够提供更为丰富的细节,能够满足前者的认知欲、表达欲;前者推动相关内容的传播与扩散,也有利于后者利益诉求的表达。像该事件中,相关食用奥雪雪糕的群体的发声,就推动了舆情的发展,引发了人们的关注。

第三,创造、维护网络虚拟价值。人们在上网时产生了时间和精力的输出,这个过程创造并积累了信息、数据、社交关系等无形资产及价值,也自然形成了相关诉求。其中一个重要诉求就是扩大网络的影响力。对于意见领袖而言,制造话题并提升与网民的互动性,是其参与公共事件舆情传播的重要诱因。在网络社交平台,粉丝数量与互动程度是衡量意见领袖网络影响力的重要指标,而借助舆情发表新颖、独到且具有煽动性的观点,是提高互动活跃度并实现"涨粉"的重要途径。本案例中,一些自媒体"大V"活跃于舆情过程的始终,尤其是在舆情酝酿阶段,发挥了引领舆情方向的作用。其发布的内容往往观点鲜明、极具话题性,能够引发大规模评论、转发,形成局部议题的热烈讨论。

第四,加强媒体行业自律,杜绝恶意炒作。当今社会,个别媒体打着"舆论监督"的旗号,恶意炒作事件、歪曲事实、混淆视听,造成了恶劣的影响和严重的危害。媒体从关人员在报道食品安全问题时,万万不可见利忘义,应该时刻坚守职业道德,牢记自身的使命和社会责任,不断提高个人修养,用行业规则约束自己,实事求是地报道食品安全信息,尽一切努力使大众接收真实可靠的信息。在这个过程中,媒体从关人员还要增强法律意识,学习掌握现行的法律法规。

总之,本研究以"网红雪糕多次抽检不合格"事件为分析对象,通过微博关键词搜索,对事件评论进行挖掘,并运用Python对数据进行文本分析,发现食品安全问题是人们关心的一个重大问题。在处理这类问题时,涉事企业要快速回应舆论质疑并针对问题的关键进行恰当的处理;同时,态度是核心要素,企业在面临危机时,应勇于承担责任,而不是寻找借口推脱。相关媒体虽然有舆论监督的责任,但在涉及具体报道时,应该以道德为准绳、以法律为依据进行信息传播活动,不得随意捏造、歪曲事实。大众作为市场经济的参与者,更应理性客观地看待互联网上的各种信息,拥有自己的判断。

六、不足与展望

本研究建立的分析模型较为粗糙,仅能从浅显的角度划分并分析热点事件各阶段情感态势。在本研究的热点事件情感态势演变阶段划分方法的基础上,还可以进一步通过主题聚类方法,分析各阶段的不同主题,并对不同主题的情感倾向进行分析。此外,还可以探寻情感倾向度与用户年龄、教育经历、粉丝人数、性别等的关系,并结合机器学习技术根据用户信息绘制热点事件微博用户舆情画像,以更及时、准确地预测用户情感倾向,为精准的舆情引导提供可涉方向。

第二节 官方通报信息披露下的共识达成作用研究——以"开奔驰进故宫"事件的社交媒体讨论为研究对象

一、引言

近年来,一些关乎公共利益的热点事件引发了公众的高度关注。该类事件发生初期,由于公众急于获取相关细节,通常使得与事件相关的"消息"从各种渠道喷涌而出,进而使舆论走向扑朔迷离。政府相关部门需要在相关热点事件发生后,及时地发布官方通报以对舆论进行引导。然而,倘若该类事件的官方通报发出后,相关信息通道与内容仍出现了缺位,便会给各路谣言及非理性舆论提供迅速发酵的"温床"。

我国进入转型期后,社会变化加剧,社会阶层分化,这导致人们观念的碰撞和思想的裂变,尤其是在网络情境中,众声喧哗,思潮涌动,群体舆论极化突发事件频繁出现。在这种背景下,建构社会认同、整合社会共识的重要性愈发凸显。

共识是一个社会中占主流地位的意见、文化和价值观,公共舆论是社会共识最直接的体现。在当前我国媒体竞争格局变动和用户触媒习惯改变的现实情况下,新媒体尤其是社交媒体成为凝聚共识的主渠道与主战场。尤其是移动互联网的快速发展,推动了后真相时代的到来,众声喧哗中,很多时候"事实"让位于"情感",社会信任成为稀缺资源,因此研究社交媒体场域的共识达成,对于重塑社会信任、消弭社会冲突、广泛凝聚人心具有重要意义。

随着互联网技术的深度发展,信息传播方式已从原来的线性传播变为如今的网状互动传播,热点事件新闻的传播环境也发生了显著变化。社交媒体等媒体新技术的发展更使得网络成为公民获取信息、表达诉求的重要渠道。公共事件信息传递的时间不断缩短,公共议题的界限不断延伸。在这种情形下,一方面,互联网的互动特性使官方通报信息能够即时得到网民的反馈,及时有效的官方通报有利于引导舆情、化解网络不良现象;另一方面,互联网的"加持"使公众对涉及公共利益事件的官方通报要求越来越严苛,不当的通报容易再次引发争议、产生"次生灾害",为舆论引导及事件处置带来更大的风险。更有甚者,不当行为还会使政府有关部门丧失对于信息的解释权,使之陷入塔西佗陷阱之中。因此,研究涉及公共利益的网络热点事件中,官方通报的信息披露程度对于网络共识达成的影响显得尤为必要。

本研究选取了备受关注的"开奔驰进故宫"事件官方通报发布后的社交媒体讨论文本作为研究对象。该事件起因于 2020 年 1 月 17 日 14 时 56 分,网友"露小宝 LL"在微博上晒出一组两名女子在黑色奔驰越野车前的照片,背景是故宫博物院太和门广场,并配文"赶着周一闭馆,躲开人流,去故宫撒欢儿～"。该微博一出,火速引发公众声讨。随着该事件的曝光,许多网友又搜出很多开车进故宫的社交网站上的类似照片,其中不乏各种豪车。针对故宫博物院管理的质疑声在网络上此起彼伏,在高热度的民众关注下,危机不断发酵。不少网友指责其违反故宫禁车规定,擅自在闭馆日将车开进故宫。1月17日晚间,故宫博物院官方微博声明此事属实,今后将严格管理,杜绝此类现象。但简短的通报并未平息公众的情绪与质疑。紧接着,事发后一天,故宫博物院官方微博像平日一样发布科普博文,引发公众对其转移视线的不满。停更数日后,1月21日凌晨,故宫博物院官方微博发布《故宫博物院院长王旭东向公众致歉》,对部分网上质疑进行回应,但不少公众仍不买账。

事件过程中部分故宫博物院官方微博的博文如图 4-2-1 所示。

图 4-2-1　事件过程中故宫博物院官方微博的博文

本研究拟通过文本爬取、权重排序、情感分析对事件发生的动态化网络情境进行还原,探讨事件涉及的社会情绪流动过程,以期了解其信息披露程度在不同时间段对网民共识达成产生何种影响、具有何种特征,进而尝试提出相应的改进策略。

二、问题陈述

本研究的目的在于以"开奔驰进故宫"事件的社交媒体讨论为例,对官方通报信息披露下的共识达成效用及走向进行研究,进而尝试对相关舆情事件提出相应的改进策略。

基于此,本研究提出以下问题:第一,该案例不同时间节点的评论中公众的焦点主要在哪些方面?第二,官方通报发布后的不同时间点网络共识的达成呈现何种趋势?第三,是否时间越往后,官方通报信息披露下的网络共识就越容易达成?第四,是否时间越往后,官方通报信息披露下的网络共识的情绪越来越偏向正面?第五,官方通报的信息披露程度与网络共识的达成究竟具有什么关系?

三、研究方法

本研究采用以定量研究为主的文本分析法，结合相关数据挖掘与分析方法，对"开奔驰进故宫"事件在故宫博物院官方微博相关时间段内的评论进行舆情挖掘、处理与分析。同时，本研究将该事件分为三个时间节点：起势（以 2020 年 1 月 17 日官方微博正式回应为起点）、热议（事发后一天的 1 月 18 日官方微博发文）、定调（事发四天后的 1 月 21 日官方微博发文致歉）。本研究的技术思路如图 4-2-2 所示。

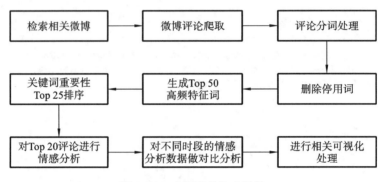

图 4-2-2　本研究的技术思路

1. 评论文本采集

在微博中检索相关博文。使用 Python 网络爬虫技术爬取相关评论数据，提取不必要的元素进行删除，仅保留评论文本文字内容。最终收集上述三个时间节点后的官方微博评论数据 420902 条。

2. 评论文本预处理

采集完成后，将三个时间节点的官方微博评论分别存放在不同的文档中，评论条目以结构化形式保存在电子表格中。丢弃爬取异常导致的缺失条目，剔除可能出现的重复数据。使用常见的结巴（jieba）分词的 Python 包对三个文档的内容进行分词处理，并使用 R 语言删除文本中的相关停用词，再对清洗后的数据进行特征提取，分别统计三个文档中的 Top 50 高频特征词，然后对相关关键词进行权重计算（TF-IDF），得到关键词 Top 25 重要性排序图表。

3. 评论文本情感分析

在三个文档中，分别选取热度为 Top 20 的评论进行情感分析。主要使用了 Python 中的 SnowNLP 包对相关内容进行情感分析统计。判断相关情绪，返回值为正面情绪的概率，接近 1 的表示正面情绪，接近 0 的表示负面情绪，得出 60 条数据。

4. 评论文本情感分析结果可视化

对不同时间节点的三组情感分析数据做对比分析，重点比较三者的平均值和方差，并将相关情感分析数据进行可视化处理。

四、研究结果及讨论

本研究以"开奔驰进故宫"事件的社交媒体讨论为例,对官方通报信息披露下的共识达成之效用及走向进行分析。具体考量:该事件中官方通报的信息披露程度与网络共识达成究竟有什么关系?官方通报发布后的不同时间点,网络共识的达成呈现何种趋势?是否随着时间的推移,官方通报信息披露下的网络共识更容易达成?官方通报信息披露下的网络共识的情绪更偏向正面?……

(一)不同时间节点后的评论焦点

1. 第一个时间节点后的评论焦点

第一个时间节点后评论关键词重要性 Top 25 排序如图 4-2-3 所示。可以看出,在事发当天的 1 月 17 日故宫博物院官方微博开始回应"开奔驰进故宫"事件时,评论焦点除了指向故宫、开车、院长外,还涉及文化、道歉、特权、痛心、被删等,这主要是由于公众除了对故宫博物院轻描淡写的回应表达质疑和不满外,还对作为中国传统文化代表的事物被亵渎和滥用展露出无奈与心寒。

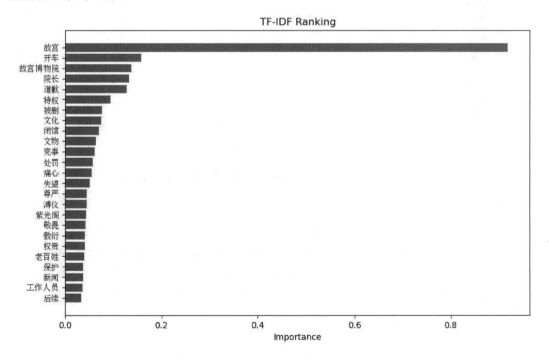

图 4-2-3　第一个时间节点后评论关键词重要性 Top 25 排序

虽然故宫博物院在官方微博上的回应只有短短几十字,主要想表达"情况属实""深表痛心""感谢关注"等,但引来了超过 32 万的评论,突破了该官方账号的历史记录。这也倒逼故宫博物院后续发布更新的通报,披露更多的信息,以影响共识达成的走向。

2. 第二个时间节点后的评论焦点

第二个时间节点后评论关键词重要性 Top 25 排序如图 4-2-4 所示。在事发后一天的 1 月 18 日,故宫博物院官方微博像平日一样发布科普博文,试图平息该事件热度,引导公众更多关注日常议题,不想对"开奔驰进故宫"事件做过多回应,网民却纷纷主动在其博文下继续评论该事件,以表达自己的愤慨。其评论的焦点除了前一天的"故宫、开车、院长、特权"外,还涉及"硕鼠、闭馆、驾校"等。这主要是由于 1 月 18 日正好是周六,公众期待故宫博物院能在周一做出一个令人满意的回应。同时,这也在一定程度上推动故宫博物院关注民众关切,在几天后再次对该事件做出进一步回应。

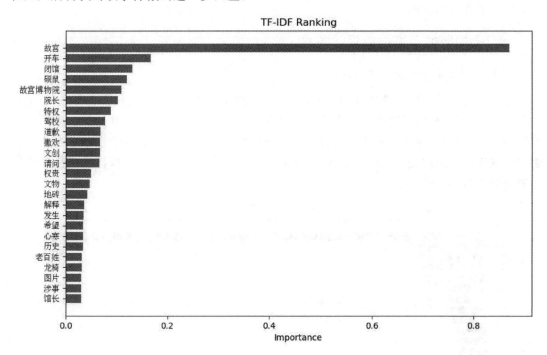

图 4-2-4　第二个时间节点后评论关键词重要性 Top 25 排序

3. 第三个时间节点后的评论焦点

第三个时间节点后评论关键词重要性 Top 25 排序如图 4-2-5 所示。故宫博物院官方微博停止更新数天后,在 1 月 21 日凌晨,对"开奔驰进故宫"事件做出了进一步的也是最终的回应。此次回应的内容比之前的要翔实,但通报中并没有提及对涉事当事人的处理,同时在说明事故原因时存在避重就轻之嫌,使公众舆论走势最终仍未得到明显平息和好转。这一次网民评论的焦点除了"故宫、开车、院长"外,还涉及"活动、道歉、停车场、闭馆、保卫处、停职"等。

由此可见,在"开奔驰进故宫"事件中,官方通报不同的信息披露发布后,虽然并未对公众主要的关注点和质疑点(如故宫、开车、院长)造成太大影响,却对相关事态的次要焦点产生了一定的影响,如从"文化、道歉、特权、痛心、被删"到"硕鼠、闭馆、驾校",再到"活动、道歉、停车场、闭馆、保卫处、停职"等,反映了舆情的变化、转换过程。

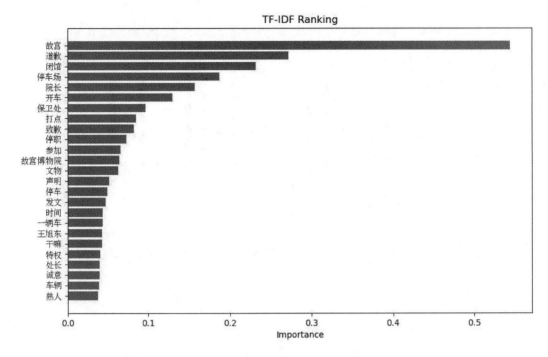

图 4-2-5　第三个时间节点后评论关键词重要性 Top 25 排序

(二)三个时间节点后的热门评论情感分数统计分析

在如今的互联网络上,网络共识的达成以多种方式发生和存在着。其中,网络热评的出现在一定程度上反映着网络共识达成的建构过程。大量网民会对自己认同、不认同、感同身受、眼前一亮等类型的评论进行点赞、评论、转发、再评论、再转发,反映了网民关注度的持续跟进。因此,网络热评不仅反映了网络共识建构的过程,还代表着网络共识达成的结果。

在"开奔驰进故宫"事件中,基于 SnowNLP 对三个时间节点后的官方微博 Top 20 评论情感分数进行统计,分别如图 4-2-6、图 4-2-7、图 4-2-8 所示。

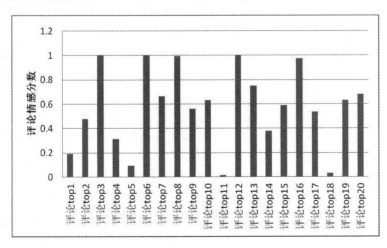

图 4-2-6　1 月 17 日事件发生当天官方微博 Top 20 评论情感分数

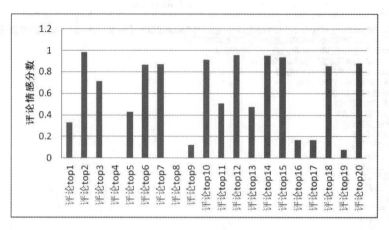

图 4-2-7　1 月 18 日事件发生后一天官方微博 Top 20 评论情感分数

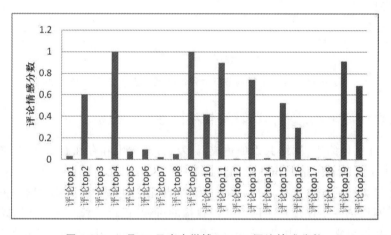

图 4-2-8　1 月 21 日官方微博 Top 20 评论情感分数

由情感分数可知，在"开奔驰进故宫"事件中，随着时间的推移和信息披露的增加，网民的情绪并未呈现向好态势，反而不断走低，逐渐被激化和极化，这种现象与官方的通报信息及通报态度有很大的关联。客观、公正、合理、公开的通报有利于引导公众情绪向好的方面发展，但此案例也说明，若没有处理好官方通报中信息披露的问题，也会使公众情绪持续恶化，造成不良后果。

方差代表了相关数据的离散程度，其数值越低，表示数据离散程度越低；其数值越高，表示数据离散程度越高。值得一提的是，该事件中三个时间节点的情感分析数据的方差并未呈现单向度发展态势。这在一定程度上反映了该事件中官方微博热评 Top 20 达成情绪共识过程的曲折性。在三个时间节点中，由于第二个时间节点的情感数据方差最低，所以该节点后的情绪共识程度最高。而发出最终通报的第三时间节点后的情绪共识程度反而最低，这进一步佐证了该事件的最终官方通报并没有处理好相关信息披露问题的结论，值得相关部门吸取教训。

五、官方通报的信息披露改进策略

官方通报的发布过程就是让公众接受相关事实以平息舆情的过程,通过对"开奔驰进故宫"事件的官方通报信息披露对网络共识达成作用的研究,本研究认为官方通报可以从以下几方面进行改进。

第一,逃避无效,真诚至上。通报的信息越翔实,说理依据越充分,可信度就越高。政府相关部门须针对公众最关切的内容和质疑给出合乎情理的解释,对于通报的结论必须有足够的证据材料作为支撑,能经得起公众的反复审视和检验。在调查过程及问责结果方面,官方通报应该有理有节,不能"反应过度",也不能"官腔官调",要注意逻辑关系,层次分明、环环相扣。通报内容万不可蜻蜓点水一笔带过,否则会让人对事实的情况把握不准,难以营造良好的舆论环境。

反观此次故宫博物院官方微博的发文内容,仅仅致以歉意,没有提及事情的经过及处理结果,如涉事女子为何能开车进入、故宫博物院的管理是否存在失责、如果存在管理失职该如何问责、今后会采取哪些措施杜绝此类问题等,这些公众关心的关键问题均未涉及。既无事件的详细信息,也无事件的处置结果,着实令人感到"诚意不足"。故宫博物院的这种"顾左右而言其他"的做法使评论区存在大量质疑特权和对结果不满以及信任危机的声音,危机并未因此平息。故宫博物院此次事件回应的失败在于其回应内容未能给予公众有效的解释,无法搭建公众的认知框架。

第二,及时回应,速度第一。新媒体时代,事件传播与发酵的速度几乎可以用"秒"来计算,只有把握黄金时间,及时核查事实信息,正确表明态度才能有效解决危机。类似的危机传播管理活动一旦发生,就是一场竞争激烈的话语权争夺战。在第一时间夺取话语权可以使得危机管理事半功倍。解决危机的黄金时间往往是有限的,一旦错过,让某种舆论成为主流,在"沉默的螺旋"的作用下,想再改变公众态度,难度必然增加。

在此事件引起网友热议之后,故宫博物院前后共做出两次回应。第一次回应在1月17日,故宫博物院发布微博致以歉意,该微博不到36小时就得到了近200万网友的点赞关注,从第一次回应的速度来看,微博发布于当天20时49分,距离事件发生已有近6个小时,显然错过了事件处理与回应的黄金时期,致使舆论走向最终仍是扑朔迷离。

第三,管理议题,回应关切。危机传播中,媒体议题管理是组织改变公众对其负面评价的重要手段,而管理好媒体就是要争夺有力的媒体话语权。"开车进故宫"事件爆发于微博,应对此次危机,故宫博物院值得肯定的一点是通过微博抓住了受众评论中的关键点,并予以有效回应和引导,通过互动和有效沟通表明态度,在第二次回应中,故宫博物院院长的致歉微博及时赢取了部分网民的信任,危机有所缓解。同时,管理议题不仅需要掌握有力的媒体平台,转移公众注意力也至关重要。

六、结语

本研究结合相关数据挖掘与分析方法,对故宫博物院官方微博关于"开奔驰进故宫"事件的信息披露通报发出后相关时间段内的评论进行舆情挖掘、处理与分析。研究发现,官方通报不同的信息披露发布后,虽然并未对公众主要的关注点和质疑点造成太大影响,却对相关事态的次要焦点产生了一定的影响。随着时间的推移和信息披露的增加,网民的情绪并未呈现向好态势,反而不断走低,逐渐被激化和极化,这种现象与官方通报信息及通报态度具有很大关联。该事件的官方通报信息披露也并没有使公众情绪共识程度加深,这进一步印证了相关通报披露手法的不当。基于此,笔者尝试提出了相应的改进策略。

本研究的局限性在于,分析流程依赖于自动化情感分析与主题挖掘算法的准确性;相关技术手法也未必是时下最先进的。在后续研究中,笔者将尝试借助最新的大语言模型,结合知识图谱、深度学习等技术手段,细化情感分析的粒度,以期在相关文本的情感与主题方面获得更为精确的分析结果。

第三节　后真相时代微博意见领袖对网民态度的影响分析——以"王凤雅事件"为例

一、引言

互联网的飞速发展为网络环境下网民意见的表达和网络舆论的形成提供了客观条件。微博、贴吧、论坛、朋友圈等社交媒体的出现,最大限度地赋予了人们话语权,这些平台已经成为人们交流观点、表达态度、探讨公共事件的重要舞台,也成为网络舆情演变的主要场所。在时移世易的新媒体环境下,网络去中心化及信息渠道多元化引发了媒介格局的深刻变化,表现为部分网络公共事件中由传统媒体主导到网络意见领袖主导的话语权变更。在这种背景下,重视意见领袖的公共意见表达、把握舆情演变过程、建构社会认同的重要性愈加凸显。

网络意见领袖呈现出高活跃度、高专业度、高社会网络中心性的特征。在突发性公共事件中,意见领袖往往对特定事件或问题有深刻的感悟和体会,或者掌握一手信息。由于意见领袖具有强大的影响力以及独家信息来源,其在公共事件的传播过程中容易受到广泛关注,甚至掌控着舆情的演变方向,其对舆情传播的引导作用包括发挥扩大效应、促使事件转变、澄清事件、规避谣言伤害等。然而,在意见领袖为受众提供广泛的信息来源以及多角度思维方式的同时,传播主体的功利性、把关制度的弱化、受众观点易情绪化等特点也使得其网络舆论在很大程度上不再呈现为立足于事实的缜密的理性逻辑,而是情感动员的逻辑。

二、理论综述

(一)后真相理论

1992年,美国《国家》杂志上发表了一篇关于海湾战争的文章——《后真相及其后果》(*Post-truth and Its Consequences*),首次使用了"后真相"一词,并赋予其"情绪的影响力超越事实"的含义。后真相产生的原因包括以下几点:社会化媒体兴起,话语权下移;"算法推荐"的频繁运用对网络舆论的挑战;大众媒介素养参差不齐以及网络的虚拟性特征;碎片化传播让获取真相的难度大大增加;等等。

后真相遵循情感逻辑,具有"事实让位于情感、服从于价值判断"的特征:成见在前,事实在后;情绪在前,客观在后;话语在前,真相在后;态度在前,认知在后。公众用情感进行社会认同和社会角色的认知和判定,主观性成为判定新闻真实与否的重要标准;不同的舆论主体扮演着不同的角色,传递着差异化的情感诉求,代表着多元化的价值立场。

(二)意见领袖理论

意见领袖的概念是由社会学家和心理学家拉扎斯菲尔德提出的,其实证案例发生在1940年美国总统大选期间,主要影响选民投票结果的是大众媒体,但并非由媒体直接产生作用,而是经过意见领袖的影响起作用。来自媒介的消息先抵达意见领袖,他们频繁接触大众传媒,掌握新闻信息,对有关事态了如指掌,他们既是信息的把关人——在众多的信息中选择一部分向他人传播,也是信息的加工者——在二次传播的过程中往往会加入自己对信息的理解、观点和态度,这些态度倾向也不可避免地影响到信息的接收者。

在虚拟社区中,网络意见领袖是保持社区用户黏度、提高社区用户活跃度的重要存在,其言论往往能得到社区其他用户的追随与追捧。微博意见领袖是指在微博平台某一领域特别活跃并且在这一领域有极大影响力和话语权的用户。微博意见领袖具有关注度高、多元性强、影响面广、说服力强的特征。微博舆论是一种破碎的共识,在事件的事实层面容易产生碎片化的意见,而在一般评价层面和情感层面上则容易产生"一边倒"极化的意见,乃至形成网络共识。意见领袖就是实现舆论走向理性、达成共识的重要节点。

(三)情感动员理论

任孟山指出,网络群体性行为的形成和发展在很大程度上是情感动员的逻辑,而非发动方缜密的理性逻辑,这构成了转型之中的中国互联网特色景观。目前我国的网络事件中,悲情、愤怒与戏谑最能够激发网民的抗争行为。由此可见,情感动员是探讨网络事件的重要角度,但目前对情感动员的相关分析十分有限。白淑英、肖本立曾经对"情感动员"提出定义,指出其是个人或群体为了特定目的,以情感为工具,进行策略性的运作,以达到唤起、激发或改变人们对事物的认知和评价,从而赢得网民支持,影响事件发展的过程。

在杨国斌看来,网络事件中,行动的核心是话语,而话语力量的生成需要依靠情感表达。情绪是在特定时间和地点共同塑造的社会互动中形成的,个体积极寻求情感实现,而社会运动刚好给予了这种探索实现的机会,所以,微观层面的社会运动可以被看作一种运动中情感过程实现的功能。另外,由于情绪是一种自我感觉,情感实现也可以被看作一种身份认同的实现。

意见领袖情感动员过程如图 4-3-1 所示,包括情感唤起、情感渲染、情感传播、情感认同。下面简要介绍前三种。

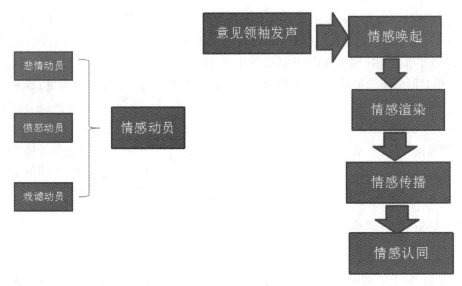

图 4-3-1　意见领袖情感动员过程

1. 情感唤起

通过意见领袖发声,传达其对事件的价值观,因为社交媒体以价值认同为群体认同的基础,在实现价值认同之前,可以通过这样的情感唤起机制,厘清不同群体的边界。

2. 情感渲染

情感渲染机制在一定程度上解释了网络结盟与动员的行动机理。渲染是指加深个体在某种情感状态的带入感和体验感,以"人同自身、心同此理"的行动联系能力聚集同类。网民能在事件中找到"身份类似感",这种"身份类似感"加深了此事件的情感感知和话题渲染。

3. 情感传播

社交媒体不仅是信息传播的平台,更是情感交流、共鸣、结盟的平台,除了信息本身在社交媒体上会有不同的传播阶段,意见领袖的情感因素也借助这一平台呈现出不同的阶段性特征。

三、研究方法及设计

（一）数据爬取及预处理

王凤雅事件是一起影响范围广、影响时间长的社会热点事件,自 2018 年 4 月 8 日起,

"王凤雅"开始成为局部议题,在 2018 年 5 月 24 日开始全面进入公共视野,5 月 25 日迎来反转,5 月 26 日中午进入高潮,5 月 31 日起热度开始逐渐消退。本研究以 12 小时为一个周期,以"王凤雅""小凤雅"为关键词,利用微博的高级搜索功能进行检索,采集 2018 年 5 月 24 日至 6 月 1 日的所有原创微博。

之后,在爬取的原创微博中筛选出热门微博,爬取博主个人数据以及该微博下所有评论和热门转发并予以列表。其中,微博数据包含具体微博的内容、发布日期、点赞数、转发数、评论数及用户昵称。热门评论及热门转发列表包含具体内容、发布日期、点赞数及用户昵称。用户的个人数据包括用户昵称、用户的粉丝数、关注数、认证类型。去除数据中的缺失值、重复复制和无效的广告信息,最终获得 3238 条原创微博、18057 条评论、38173 条转发、61 条用户个人数据。其中 5 月 24 日至 6 月 1 日的每日样本量分别是 123、484、387、448、552、333、567、219、125 条。

(二)意见领袖识别

1. 构建微博意见领袖识别指标体系

本研究采用的是指标分析法,通过分析意见领袖的不同特征建立多级指标并确定权重,得到意见领袖值排名来进行识别。目前,学界尚未对意见领袖形成明确定义,关于意见领袖的评判指标也尚未统一,具有一定的主观性。本研究基于微博平台的传播特点,借鉴已有研究的指标体系,以用户的影响力和活跃度为一级指标,调整二级指标,构建微博意见领袖识别指标体系,具体如表 4-3-1 所示。

表 4-3-1 微博意见领袖识别指标体系

一级指标	二级指标
影响力	转发数
	评论数
	点赞数
	粉丝数
	是否认证
	原创微博数
活跃度	关注数
	回复数

就用户影响力而言,微博下的转发数和点赞数越高,说明其他用户对博文包含的信息或观点的认可度越高;评论数越高,意味着博文被关注与讨论的话题度越高;微博用户的粉丝数越多,传播范围越广,博文的被关注度与转发率就越高;通过微博认证的用户发布的信息权威性越强,越具有专业性,影响力就越大。

此外,微博属于社交网络平台,信息传播行为并非单向性的,用户是否积极参与话题互动也是微博意见领袖的重要考核因素。原创微博数多,说明用户表达自己观点的频率高;关注数高,说明用户更多地接触和使用媒体,具有大量可利用的社会关系,信息渠道更广;回复数多,说明用户积极参与话题讨论,活跃于与他人的观点交流互动。

2. 层次分析法确定指标权重

本研究以建构的微博意见领袖识别指标体系为层次结构,分别就一级指标(u_i)和二级指标(u_{ij})进行两两比较,判断矩阵 $C=(C_{ij})_{n \times n}$。若有 n 个元素,比较 i、j 两个元素的重要性,如果 i 相对 j 而言更重要,矩阵中相应数值就更大。以 1、2、3、4、5 为标度对指标的重要程度进行划分,分别表示同等重要、略微重要、比较重要、非常重要、绝对重要,运用问卷调查方法邀请 30 名相关专家进行评分。如在一级指标中,认为"影响力"最关键,相比"活跃度"的重要程度为 5。对各项评分进行算术加权平均,计算特征向量,并利用一致性指标、随机一致性指标和一致性比率做一致性检验。通过检验,本次判断矩阵的设定满足 CR<0.10。再将归一化的特征向量作为权向量,计算下一层权重集的组合权向量,得到两级指标的组合权重,如表 4-3-2 所示。

表 4-3-2　本研究微博意见领袖评判指标及其权重

一级指标(u_i)及其权重(w_i)	二级指标(u_{ij})及其权重(w_{ij})	
影响力 u_1 $w_1=0.8236$	转发数 u_{11}	$w_{11}=0.2642$
	评论数 u_{12}	$w_{12}=0.2248$
	点赞数 u_{13}	$w_{13}=0.1204$
	粉丝数 u_{14}	$w_{14}=0.1351$
	是否认证 u_{15}	$w_{15}=0.1393$
活跃度 u_2 $w_2=0.1764$	原创微博数 u_{16}	$w_{21}=0.0791$
	关注数 u_{17}	$w_{22}=0.0137$
	回复数 u_{18}	$w_{23}=0.0234$

3. 领袖值计算

通过数据收集与预处理得到各个阶段微博用户各项指标的具体数值 x_i,进行归一化处理的最后一步就是将第 i 个指标相对应的权重 w_i 与其经过归一化的具体数值 x_i 相乘,得到每个微博博主的领袖值 L_i。通过比较领袖值的大小,确定王凤雅事件中的意见领袖。归一化和领袖值计算公式为: $x_i = \dfrac{X_i - X_{i\min}}{X_{i\max} - X_{i\min}}, L_i = \sum_{i=1}^{n} w_i x_i$。其中 n 为指标个数。

4. 情绪传播和引导分析

通过详细剖析关键时间节点以及事件发展态势,将此次舆情事件划分为酝酿期(4月)、引爆期(5月24日)、反转期(5月25日—26日上午)、高潮期(5月26日中午—30日)和衰退期(5月31日—6月1日)。在爬取王凤雅事件各阶段的微博后,对发展各阶段的热点主题和用户的转发网络关系进行分析,显示不同阶段用户的关注热点和转发关系网络图之间的差异。最后,通过对各舆情阶段的发帖内容进行情绪分析,从普通网民和意见领袖两个角度出发,对比网民、官方媒体、个人自媒体的微博内容中的情绪占比差异,以探究网络情绪动员对于网民态度的影响。

四、王凤雅事件中的情绪传播和引导分析

(一)微博意见领袖发帖情况

按照表 4-3-1 提出的微博意见领袖识别指标体系,对收集到的数据进行处理分析。在此,以舆情高潮期"网易新闻客户端"为例进行分析,该阶段"网易新闻客户端"共发布 1 条主题相关博文,各项指标合计具体数值、经过计算得到的归化值与领袖值如表 4-3-3 所示。

表 4-3-3　舆情高潮期"网易新闻客户端"各项指标数值及领袖值

	原始数据	归化值	领袖值
转发数	170	0.0128595	
评论数	315	0.0102853	
点赞数	56	0.0015638	
粉丝数	30872471	0.0271409	0.17207166
是否认证	是	—	
原创微博数	39474	0.0271409	
关注数	360	0.0519776	
回复数	0	0	

其他用户数据与上述处理流程相同,本文选取领袖值 $L_i > 0.145$ 的微博用户为王凤雅事件中的意见领袖,各个舆情阶段微博意见领袖识别结果如表 4-3-4 所示。

表 4-3-4　各个舆情阶段微博意见领袖识别结果

阶段	微博用户	领袖值	类型
酝酿与引爆期	第一财经日报	0.377803249	官方媒体
	麦可西穆师	0.328203768	无认证
	翟医师	0.311335865	个人自媒体
	网易新闻客户端	0.293888307	官方媒体
	陈小兜律师	0.235406468	个人自媒体
	-iew-	0.232881516	个人自媒体
	追影寻综咖喱酱	0.212053108	个人自媒体
反转期	观察者网	0.738082181	官方媒体
	新京报	0.358659832	官方媒体
	果壳	0.253729744	官方媒体
	界面新闻	0.23308281	官方媒体

续表

阶段	微博用户	领袖值	类型
反转期	新京报我们视频	0.227819135	官方媒体
	南方都市报	0.214977216	官方媒体
	三秦公益	0.210797918	NGO
	周口之窗	0.18207941	个人自媒体
	上海大树公益服务中心	0.147288849	NGO
高潮期	局面	0.631781861	官方媒体
	人民日报	0.354652891	官方媒体
	中国新闻网	0.30335515	官方媒体
	十九瑶一瑶	0.268363873	无认证
	新京报我们视频	0.257737359	官方媒体
	澎湃新闻	0.255952727	官方媒体
	观察者网	0.249713153	官方媒体
	鋼筆樣子	0.183454274	个人自媒体
	网易新闻客户端	0.172071664	官方媒体
	北京生活热门资讯	0.166552222	个人自媒体
衰退期	局面	0.757995869	官方媒体
	中国新闻网	0.342391571	官方媒体
	eprom	0.227357146	个人自媒体
	麦雨香衣	0.215953127	个人自媒体
	勿怪幸	0.207636885	个人自媒体
	南方周末	0.202925855	媒体
	肖传国	0.192478301	个人自媒体
	翟医师	0.165013107	个人自媒体

(二)热点主题演变

在爬取王凤雅事件各阶段的微博后,对王凤雅事件发展各阶段的热点主题和用户转发网络关系进行分析。结果显示,不同阶段用户的关注热点和转发关系网络图有明显的差异。意见领袖的识别需要考虑事件的阶段性发展特性,在不同阶段,意见领袖发表的观点会显著影响用户的情绪,促进某些用户转发行为的产生,形成不同阶段的用户转发网络关系。

基于有关王凤雅事件的微博中呈现的热点主题及关键词,构建该事件不同阶段高频词的词云,以分析事件在不同发展阶段的热点主题和演变发展过程。对与王凤雅有关的微博进行词频分析,得出相关微博中关键词的出现频次,在删去"全文""查看""不是"等与事件主题无关的词后,利用 Rstudio 制作词云,结果如图 4-3-2 所示。

从词云中可以看出,不同阶段的热点主题存在明显的差异。在酝酿期,王凤雅的遭遇被

第四章　社交网络舆情数据挖掘与分析

图 4-3-2　各阶段词云

人们熟知,但人们关注的是王凤雅的遭遇,把王凤雅的死亡归咎到其家人重男轻女、不与志愿者合作,作家陈岚更是在微博"实名报警",称"3岁女婴王凤雅疑似被亲生父母虐待致死"。舆论慢慢发酵,从词云可以看出,公众在这一阶段讨论的关键词是"陈岚""重男轻女""道歉"等。

在引爆期,王凤雅事件受到越来越多人的关注。由于微信公众号"有槽"发布《王凤雅小朋友之死》一文,再次将这一事件拉进公众视野,作者用指向性言论将舆论矛头对准王凤雅的父母和家人,文章一经发表就激起强烈的社会舆论和公众谴责。这段时间公众讨论最多的是"王凤雅""陈岚""治疗"等。

在反转期,事件受到更多的关注后,事情的真相也慢慢浮出水面。许多在此前发布相关微博的"大V"发布致歉微博,表示自己在转发前没有查证事实细节,并删除此前相关微博;《新京报》、澎湃新闻先后发表多篇评论,对自媒体"大V"带节奏、编故事的言论进行批评,呼吁网友多些理性思考。这段时间,公众除了讨论"王凤雅""陈岚",还讨论"法律责任""事件""妈妈"等。

在高潮期,公众的讨论热情高涨,许多网友纷纷在微博上发表自己的看法和观点。王凤雅家人、陈岚等志愿者双方各有说辞,王凤雅的家人回应并未动用善款,并指责志愿者们不是真心要带孩子看病,而志愿者指责王凤雅家人不愿意配合,耽误王凤雅的治疗。许多媒体也跟进事情的最新进展,采访各方人员,跟进事情的发展过程。网友根据已有的事实各抒己见。这段时间公众讨论的重点在于"筹款""志愿者""媒体"等。

在衰退期,公众对事件的讨论度逐渐下降。公众在事件高潮期浏览了许多信息,慢慢了解整个事件发生的过程,在经历了事件不断的反转后,在微博上发表的多是自己的反思与看法。在这段时间,公众讨论的重点在于"围观""问题""价值""慈善"等。

(三)情绪传播与引导分析

在王凤雅事件中,网民情绪的表达随着事件的发展呈现出不一样的内容和特点。本研究基于上述网络结构的演变过程,从普通网民和意见领袖两个不同群体的情绪表达内容方面进行判断,设置积极、中性、消极三个标准衡量网民群体之间情绪抒发的程度,设置"乐观""喜爱""悲伤""愤怒""焦虑""厌恶""惊讶""同情""无情绪",衡量意见领袖之间情绪表达的异同。其中,对于意见领袖微博内容的情绪传播分析细化至官方媒体和个人自媒体两个方面,以此来探讨意见领袖对于网民情感态度的影响。

1. 针对普通网民的分析

从引爆期普通网民的微博内容分布(见表 4-3-5)与情绪占比(见图 4-3-3)来看,普通网民的消极情绪较多,大多表现了对王凤雅父母重男轻女思想的不满;也有一部分用户表达了对王凤雅的追思与美好祝愿的积极情绪。

表 4-3-5　引爆期普通网民各议题类型数量占比

日期	事件转发	情绪表达	传谣	辟谣不信谣	追思祝愿
5月24日	31.1%	44.9%	3.4%	10.3%	10.3%

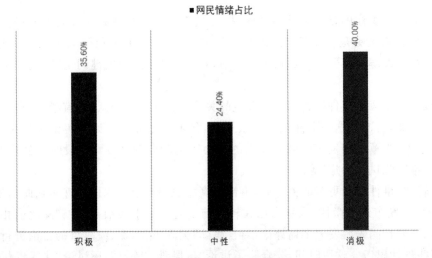

图 4-3-3　引爆期普通网民情绪占比

反转期相关数据如表 4-3-6 及图 4-3-4 所示。虽然意见领袖发布的是阐述事件发展的中性情感微博,但随着事件越发明朗、清晰,舆情开始反转,普通网民通过浏览意见领袖发布的客观性微博了解了王凤雅事件的真相,网友态度、情绪以及关注的重点开始偏移。25日,事情尚未明朗之前,绝大多数网友在微博公众平台表达对王凤雅父母的指责,谣言与事件进展的传播并驾齐驱。而随着 26 日上午关于王凤雅事件的清晰报道出现后,网友开始转向评价造谣者和某些无良媒体,传谣数量下降而辟谣数量上升,对于事件真相的调查开始增多。网民的消极情绪下降,对事件的中立看法开始增多。

表 4-3-6　反转期普通网民各议题类型数量占比

日期	评价言论	传谣	不信谣	事件进展	期盼真相	事件调查	情绪表达
5月25日	9.8%	17.6%	3.9%	17.6%	5.9%	2.0%	43.1%
5月26日上午	25.0%	12.5%	10.0%	15.0%	10.0%	20.0%	7.5%

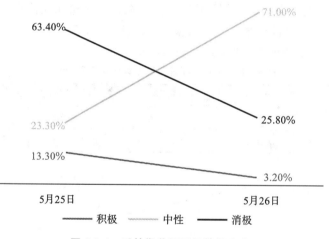

图 4-3-4　反转期普通网民情绪占比

高潮期相关数据如表 4-3-7 及图 4-3-5 所示,随着官方媒体的调查深入以及事件进展的推动,网民开始逐渐了解真相,减少了谣言的传播,主要议题从主动辟谣开始转向对散播不实信息者的批评以及对网络筹款的监督、法律法规存在的短板、网络舆论暴力等问题的探讨与反思。网民情绪从观望事件发展的中立状态开始向两边扩散,既有为误会王凤雅父母而道歉的积极情绪也有对造谣者感到愤怒的消极情绪。

表 4-3-7　高潮期普通网民各议题类型数量占比[①]

日期	评价言论	传谣	辟谣不信谣	事件进展	期盼真相	事件调查	情绪表达
5月27日	12.0%	1%	37.1%	7.1%	4.8%	28.5%	9.5%
5月28日	22.0%	3.9%	2.4%	19.5%	5.2%	33.4%	13.6%
5月29日	33.6%	2.4%	4.1%	7.8%	8.2%	15.2%	28.7%
5月30日	28%	3%	12%	10%	10%	5%	32%

---

① 由于 5 月 26 日上午属于反转期,下午和晚上属于高潮期,故该表不包含当天的数据。

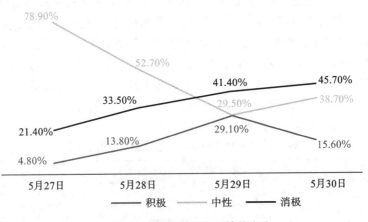

图 4-3-5　高潮期普通网民情绪占比

衰退期相关数据如表 4-3-8 及图 4-3-6 所示，在强势舆论和媒体报道的影响下，网民开始针对儿童救援保护、农村与城市传统观念差异、舆论道德绑架等问题进行探讨。出于对讨论问题的公正态度，此时网民情绪又由两极回归至中性。

表 4-3-8　衰退期普通网民各议题类型数量占比

日期	评价言论	传谣	辟谣不信谣	事件进展	期盼真相	事件调查	情绪表达
5月31日	34.6%	2.9%	7.8%	3.2%	4.8%	27.4%	19.3%
6月1日	42.8%	3.6%	8.9%	1.9%	3.6%	12.5%	26.9%

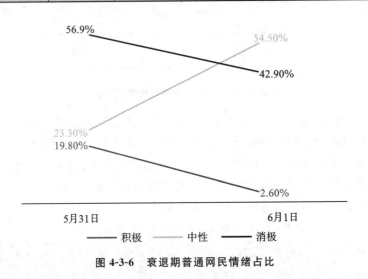

图 4-3-6　衰退期普通网民情绪占比

2. 针对主要意见领袖的分析

通过对意见领袖的影响力分析，将所选意见领袖大致分为"官方媒体"与"个人自媒体"两种，并对意见领袖的微博内容及微博下的评论进行具体分析。提炼文本中多种细节情绪表现，具体到本研究则分别是乐观、喜爱、悲伤、愤怒、焦虑、厌恶、惊讶、同情和无情绪，如图 4-3-7 所示。

第四章 社交网络舆情数据挖掘与分析

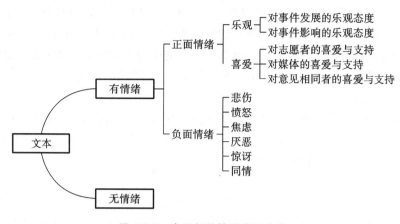

图 4-3-7 意见领袖情绪表现分类

（1）官方媒体

官方媒体微博下网民评论的情绪变化如图 4-3-8 所示。引爆期仅有部分官方媒体在没有经过亲自采访核实的情况下，利用在网络上截取的内容进行发声。此时媒体发文内容较单一，态度偏于保守，在文章标题中用了"疑似"一词，虽有部分媒体对此事表达了强烈愤慨，但大部分发声媒体不过是保持中立态度的转发行为。然而，出于对官方媒体的信任，绝大多数网友在评论中表现出愤怒情绪，舆论呈现"一边倒"的指责王凤雅家人的态势，认为其"重男轻女"，并对这一行为表达了厌恶。此外，还有大量评论表达了对王凤雅的同情。

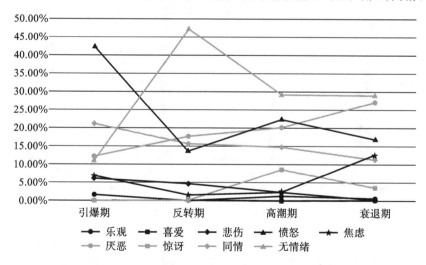

图 4-3-8 官方媒体微博下网民评论的情绪变化

从反转期开始，不少主流媒体正式介入舆论场，促使新闻事实逐渐明朗，使舆情发生反转：观察家网对"王凤雅事件"做了全面的澄清报道，界面新闻发布对王凤雅母亲的新闻采访。大部分网友开始由感性回归理性，保持中立态度观望事态发展，此时评论中对王凤雅父母的愤怒大幅度减少，并通过转发微博以及评论的方式向家属道歉。同时评论开始声讨爆料者歪曲事实、媒体不经核实就发布消息，对造谣者的谴责与厌恶增多。

5月26日中午起，社会舆论不断发酵，央视新闻出面引导，倡导人们反思，《人民日报》在微博话题"你好,明天"中发表短评,引导公众发起对网络舆论暴力等问题的探讨。各大媒体相继发表文章引导舆论,建议公众保持理性中立的态度,对真相和事实做进一步的探究后再发言,不要因口中的恶言让善举之人望而却步。评论中的网友情绪以中立的"无情绪"、事件反转的"愤怒"、对造谣者的"厌恶"以及对王凤雅的"同情"四种为主,并呈现较为均匀的分布。

最后至衰退期,由于前期舆论的不断发酵,同时在各大媒体和警方的介入下,真相大白。媒体也随之减少了对此事件的报道,仅有少部分媒体对事件经过进行复盘,评论中的情绪与高潮期相比趋于稳定,没有较大变化。

（2）个人自媒体

个人自媒体情绪变化如图 4-3-9 所示,自媒体微博下网民评论的情绪变化如图 4-3-10 所示。通过时间梳理及意见领袖分析,可知在此次王凤雅事件中,个人自媒体出于对社会问题的关注,率先进入舆论场。在引爆期发挥重要作用。除了事件爆料者转发微信推文《王凤雅小朋友之死》之外,也有部分"大 V"在悲伤之余,保持理性态度,以理动情,透过王凤雅事件关注儿童问题,因此,评论中除了对王凤雅事件表示悲伤与同情外,更多的是与博主一起探讨社会问题。在此阶段,由于"大 V"博主的理性发言,评论中网友的情绪占比以中性的"无情绪"为主。

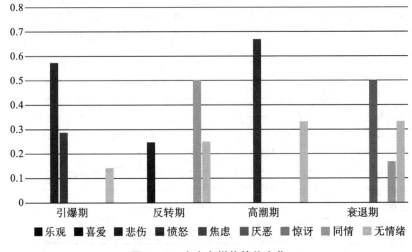

图 4-3-9　个人自媒体情绪变化

在反转期,不少在此前发布相关微博的"大 V"发布致歉微博,表示自己在转发前没有查证事实细节,并删除此前相关微博。另有"大 V"开始配合官方媒体呼吁公众保持理性。在此阶段,评论中对于王凤雅小朋友以及王凤雅家庭的同情变多,对造谣者的愤怒开始上升。

进入高潮期后,在官方媒体引导舆论朝着积极方向演变的同时,仍有部分"大 V"关注着王凤雅事件本身,就其体现出的"重男轻女"伦理问题进行探讨。意见领袖表现出强烈的愤怒之情,与之相应的微博下,网友的评论也被愤怒支配,他们对这一伦理问题展开了激烈的讨论。

随后王凤雅事件关注度减弱,在经历了事件不断反转、造谣者道歉删博之后,以个人自媒体为主的意见领袖开始进行反思,针对儿童救援保护的社会问题发起讨论。意见领袖对

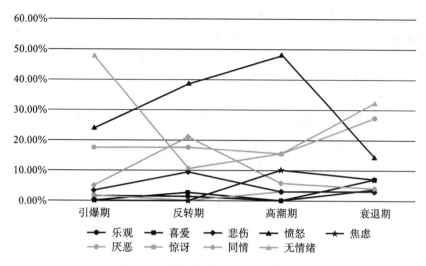

图 4-3-10　自媒体微博下网民评论的情绪变化

于公益机构的不当行为表示不满,并影响到公众的态度。与此同时,针对此次事件的愤怒情绪下降,理性探讨社会问题的中性情绪占据上风,整体网民情绪回归中性。

五、思考

在当前去中心化的网络舆论生态下,网民对于突发性公共事件的看法和情绪容易受到意见领袖的影响,导致舆情反转和后真相现象频繁发生,进一步引发网络舆情危机。网民的情绪化传播与意见领袖的文本情绪密切相关,大量研究已经证实,意见领袖的发声是放大网民情绪、推动舆情发展的重要驱动因素。本研究构建了意见领袖对网民情绪传播产生影响的机理模型,明确了在不同的舆情阶段意见领袖的表达对舆情传播过程的推动作用,意见领袖既有扩大话题讨论度、引导舆情传播方向、指向多维度议题互动的作用,也有盲目进行情绪动员、事实真相不足、导致群体情绪极化的作用。在舆情传播的后期,以官方媒体为主的立足事件真相、秉持中立情绪的报道客观上发挥了安抚网民情绪、呈现客观事实、肃清舆论风气的作用。网络情绪呈现由极端到中性的演变过程。

意见领袖推动的情绪化传播能够激发网民更多地传播舆情事件信息,但也在客观上激发了网民极端情绪的宣泄和抗争话语的表达。当下,社交媒体促使受众形成社群和圈层,意见领袖成为社群的关键人物。在"过滤气泡"的作用下,不同社群和圈层所获取的信息是不一致和不对等的,针对同一事件,意见领袖的话语表达所携带的情感和立场会对网民的信息获取和观点态度带来影响。然而,部分意见领袖出于追逐个人利益、抢占眼球效应等目的,有意煽动网民负面情绪,引发舆情反转现象,不利于网络生态的健康发展。

后真相时代是一个传播媒介迅猛革新与社会不断加快形塑进程的时代,任何一个网络公共事件带来的情绪动员和其传播效应的产生都存在意见领袖的推动作用。意见领袖的情绪动员导致的结果是双面的,我们除了警惕部分意见领袖带来的负面影响外,还应该客观地反思如何提升政府及官方组织的媒介素养,如何重拾网民信心,如何重塑能够凝聚社会共识的媒体力量,使网民的言论表达回归理性。从王凤雅自身悲惨命运的个人议题到重男轻女、慈善机构管理制度、媒体公信力等公众议题,政府和媒体应当遵循中国传统的情感逻辑,理解社会情绪为社会结构与文化所建构,更应以情绪体验而非理性说教来对抗情绪风险,从"共情"的角度出发,寻求与广大网民的"人情"对话互动。

  本研究存在以下不足:首先,由于自媒体"作家陈岚"等意见领袖在事件后删除了原始微博数据,导致部分数据缺失,由此得出的理论模型与事实存在一定的出入;其次,构建的意见领袖情感动员机理模型是基于王凤雅事件得出的,案例类型过于单一,引发的情绪主要是愤怒、同情等负面情绪,而情绪类型较多,未来可以选择更为多样的案例进行研究,以检验不同类型的意见领袖情感动员是否存在差异;最后,对情绪传播主要是基于大数据的文本分析,但情绪传播是个体行为,本研究并未从个体微观视角分析个体特质如年龄、性别对情绪传播的影响,因此未来还可以进一步从个体微观视角研究意见领袖影响下网络舆情的情绪化传播。

参考文献

[1] 陈子晨,张慧娟,汪新建,等.抑郁症起源的三类理论视角[J].心理科学进展,2018,26(6):1041-1053.

[2] 萧易忻."抑郁症如何产生"的社会学分析:基于新自由主义全球化的视角[J].社会,2016,36(2):191-214.

[3] 张剑.西方文论关键词他者[J].外国文学,2011(1):118-127,59-60.

[4] 邓昕.被遮蔽的情感之维:兰德尔·柯林斯互动仪式链理论诠释[J].新闻界,2020(8):40-47,95.

[5] 吴迪,严三九.网络亚文化群体的互动仪式链模型探究[J].现代传播(中国传媒大学学报),2016,38(3):17-20.

[6] 夏雨禾.微博互动的结构与机制——基于对新浪微博的实证研究[J].新闻与传播研究,2010,18(4):60-69,110-111.

[7] 潘曙雅,张煜祺.虚拟在场:网络粉丝社群的互动仪式链[J].国际新闻界,2014,36(9):35-46.

[8] 王爽,胡晓娟.传播心理学视域下的"吃播"现象分析[J].新闻研究导刊,2019,10(9):31-32,38.

[9] 柴小雨.使用与满足理论视角下浅析"吃播"的受众心理[J].新闻传播,2021(7):64-66.

[10] 寇慧,苏艳华,张妍,等.面孔吸引力的影响因素:观察者假设[J].心理科学进展,2013,21(12):2144-2153.

[11] 战迪.论"看脸时代"的青年审美迷失[J].现代传播(中国传媒大学学报),2020,42(10):101-106.

[12] 王斌.体验式数字部落:"吃播"的群聚效应及其理论反思[J].中国青年研究,2019(8):90-96.

[13] 周晓晔.基于深度学习的人脸颜值评估[D].成都:电子科技大学,2020.

[14] 唐梦林.美食类短视频的内容特征及存在的问题[J].青年记者,2018(2):90-91.

[15] 翟思缘.图影"颜值"背后的逻辑:审美多样性及意义的消逝[J].现代传播(中国传媒大学学报),2017,39(10):103-108.

[16] 敖成兵.视觉文化背景下的"颜值"崇尚现象[J].当代青年研究,2016(4):5-11.

[17] 优酷继爱奇艺之后关闭前台播放量,腾讯视频何时会跟进[EB/OL].(2019-01-19)[2024-01-21].https://36kr.com/p/1723156774913.

[18] Duan W,Gu B,Whinston A B.Do online reviews matter? —An empirical investigation of panel data[J].Decision Support Systems,2008,45(4):1007-1016.

[19] Persson K.Predicting movie ratings:A comparative study on random forests and support vector machines[D].Skövde:University of Skövde,2015.

[20] 苏炯铭,刘宝宏,李琦,等.基于观点动力学的在线评分人数预测[J].计算机工程,2014(10):155-160,167.

[21] 刘明昌.豆瓣网站电影在线评分的混合预测模型研究[D].保定:河北大学,2017.

[22] 陆君之.基于随机森林回归算法的电影评分预测模型[J].江苏通信,2018,34(1):75-78.

[23] 谭家柱.基于随机森林算法的 IMDB 电影评分预测研究[J].现代计算机(专业版),2021,27(30):24-31.

[24] 万颖迪.中国明星真人秀收视率的影响因素及其实证分析[D].南宁:广西大学,2016.

[25] 庄玉婕,刘娟.我国综艺节目收视率的影响因素研究[J].现代商贸工业,2020,41(20):51-52.

[26] 郭明欣.综艺节目点播量组合预测模型研究——以腾讯视频综艺节目为例[D].石家庄:河北经贸大学,2021.

[27] 孙宏姣,葛进平,章洁.电视综艺节目多级分类及应用[J].浙江传媒学院学报,2017,24(4):16-22.

[28] 张悦.综艺节目《王牌对王牌》的豆瓣评论研究[J].新闻研究导刊,2021,12(17):203-205.

[29] 艾瑞咨询.中国综 N 代 IP 价值研究 2020 年[C]//艾瑞咨询系列研究报告,2020:475-511.

[30] 赵文华.关联规则在福彩"快乐 8"游戏中应用的研究[J].现代信息科技,2022(11):136-139.

[31] 中国科学技术协会.全民科学素质行动规划纲要(2021—2035 年)[M].北京:人民出版社,2021.

[32] 帕特丽夏·盖斯特-马丁,艾琳·伯林·雷,芭芭拉·F.沙夫.健康传播:个人、文化与政治的综合视角[M].龚文库,李利群,译.北京:北京大学出版社,2006.

[33] 岳增勇,丛金芝.健康科普传播存在的问题及对策[J].青年记者,2019(11):12-13.

[34] 谢新洲,赵珞琳.网络知识传播的沿革与新特征[J].编辑学刊,2017(1):6-12.

[35] 刘华杰.科学传播的三种模型与三个阶段[J].科普研究,2009,4(2):10-18.

[36] 秦家琛.科普短视频节目《回形针 paperclip》的传播学分析[J].新媒体研究,2019,5(13):130-132,7.

[37] 金心怡,王国燕.抖音热门科普短视频的传播力探析[J].科普研究,2021,16(1):15-23,96.

[38] 张雅婷.新媒体语境下受众参与行为研究——以哔哩哔哩弹幕网站为例[J].新媒体

研究,2019,5(21):22-23.

[39] 陈冰琰.传统文化类视频的受众接触动机研究——以哔哩哔哩弹幕视频网为例[J].传播与版权,2020(2):108-110.

[40] 蒲信竹.自媒体科普短视频的内容生产与公众解读——兼议对话规则的建立[J].中国编辑,2021(3):33-37.

[41] 陈忆金,潘沛.健康类短视频信息有用性感知的影响因素研究[J].现代情报,2021,41(11):43-56.

[42] 王邵军,李晓冰.Z世代消费新主流影视的原因与趋势——基于使用与满足理论[J].经济与管理评论,2022,38(5):86-96.

[43] 王莉,李启东.科普短视频的创作类型与传播特征分析[J].地质论评,2021,67(S1):243-244.

[44] 郭小平,段琳杉.AIGC:引领传媒业变革与人机关系的重构[J].视听界,2023(3):5-10.

[45] Arsenyan J, Mirowska A. Almost human? A comparative case study on the social media presence of virtual influencers[J]. International Journal of Human-Computer Studies,2021,155:102694.

[46] Hofeditz L, Nissen A, Schütte R, et al. Trust Me. I'm an Influencer! ——A Comparison of Perceived Trust in Human and Virtual Influencers[C]//European Conference on Information Systems(ECIS),2022:1-12.

[47] Moustakas E, Lamba N, Mahmoud D, et al. Blurring lines between fiction and reality: Perspectives of experts on marketing effectiveness of virtual influencers[C]//2020 International Conference on Cyber Security and Protection of Digital Services (Cyber Security), IEEE,2020:1-6.

[48] 王雪冰.传媒领域虚拟数字人的发展与破局[J].科技传播,2023,15(10):69-71,75.

[49] Wortelboer M. "Lil Miquela makes me feel uncomfortable, but I keep following her": An interview study on motivations to engage with virtual influencers on social networking sites[D]. Enschede: University of Twente,2022.

[50] Cornelius S, Leidner D, Bina S. Significance of Visual Realism-Eeriness, Credibility, and Persuasiveness of Virtual Influencers[C]//Hawaii International Conference on System Sciences,2023.

[51] Deng F, Jiang X. Effects of human versus virtual human influencers on the appearance anxiety of social media users[J]. Journal of Retailing and Consumer Services,2023,71:103233.

[52] Cornelius S, Leidner D, Benbya H. Credibility of Virtual Influencers: The Role of Design Stimuli, Knowledge Cues, and User Disposition[C]//Hawaii International Conference on System Sciences,2023:3401-3410.

[53] Kim E A, Kim D, Shoenberger H. The next hype in social media advertising: Examining virtual influencers' brand endorsement effectiveness[J]. Frontiers in

Psychology,2023,14:1089051.

[54] Ozdemir O,Kolfal B,Messinger P R,et al. Human or virtual:How influencer type shapes brand attitudes[J]. Computers in Human Behavior,2023,145:107771.

[55] 李武.国内传播学领域新媒体的研究热点——基于共词分析的文献计量研究[J].西南民族大学学报(人文社会科学版),2012,33(11):151-156.

[56] 刘岩,刘铭.基于CNKI的国内大数据研究热点及趋势分析[J].北京警察学院学报,2020(1):63-71.

[57] 赵凯,王鸿源.LDA最优主题数选取方法研究:以CNKI文献为例[J].统计与决策,2020,36(16):175-179.

[58] 冉从敬,宋凯,何梦婷,等.校企合作背景下高校前沿科研团队探测模型构建——以区块链技术领域为例[J].现代情报,2020,40(6):46-54.

[59] 邱均平,沈超.基于LDA模型的国内大数据研究热点主题分析[J].现代情报,2021,41(9):22-31.

[60] 陈卫民,李晓晴.晚婚还是不婚:婚姻传统与个人选择[J].人口研究,2020,44(5):19-32.

[61] 肖武.中国青年婚姻观调查[J].当代青年研究,2016(5):79-85.

[62] 徐芳,曾静.当代晚婚不婚女性婚姻观研究[J].新疆社会科学,2018(5):149-155.

[63] 翟学伟.爱情与姻缘:两种亲密关系的模式比较——关系向度上的理想型解释[J].社会学研究,2017,32(2):128-149,244.

[64] 艾里克·克里南伯格.单身社会[M].沈开喜,译.上海:上海文艺出版社,2015.

[65] 秦晨."边际人"及其"中国式相亲"——转型期中国青年的婚恋观与择偶行为[J].中国青年研究,2017(7):4-10,47.

[66] 杨舒雅.文旅融合背景下博物馆发展的新机遇[J].文化产业,2023(31):10-12.

[67] 师荣蓉,张教萌.中国经济高质量发展的社会评价:基于微博情感分析的视角[J].统计与决策,2021,37(24):180-184.

[68] 曾金,张耀峰,黄新杰,等.面向用户评论的主题挖掘研究——以美团为例[J].情报科学,2022,40(11):78-84,92.

[69] 白健,洪小娟.基于弹幕的网络舆情文本挖掘与情感分析[J].软件工程,2022,25(11):44-48.

[70] 赵晖,鲍妍.短视频应用场景下的文旅资源深度融合[J].当代电视,2023(10):27-32.

[71] 刘渝妍,洪孙焱,曹嘉晨.视频网站评论数据处理及分析——以B站为例[J].计算机时代,2022(2):76-79.

[72] 莫倩,杨珂.网络水军识别研究[J].软件学报,2014,25(7):1505-1526.

[73] Sakaki T O M,Matsuo Y. Earthquake shakes twitter users:Real-time event detection by social sensors[C]//Proceedings of the 19th International Conference on World Wide Web,2010:851-860.

[74] Tommasel A,Godoy D. A Social-aware online short-text feature selection technique for social media[J]. Information Fusion,2018,40:1-17.

[75] 徐翔.公共信息茧房:社交媒体信息内容收敛现象与效应——基于新浪微博的文本挖掘[J].情报杂志,2023,42(1):113-123.

[76] 蒋宏大."后浪"叠起,媒体如何引导圈层文化[J].人民论坛,2020(22):136-137.

[77] 袁会,蔡骐.何谓后浪?——对报纸媒体一种话语实践的考察[J].新闻记者,2021(2):14-26.

[78] 彭妍.主流意识形态如何嵌入网络青年亚文化——宣传片《后浪》的批评话语分析[J].新闻研究导刊,2020,11(15):221-222.

[79] 李雪歌.新媒体时代下官方微博的话语分析——以《人民日报》为例[J].电视指南,2018,(13):57-59,69.

[80] 牛德法,李芳.冬奥会体育新闻传播话语流变研究——以《中国体育报》冬奥会报道为例[J].记者摇篮,2021(6):157-158.

[81] 王树义,廖桦涛,吴查科.基于情感分类的竞争企业新闻文本主题挖掘[J].数据分析与知识发现,2018,2(3):70-78.

[82] 张冬,魏俊斌.情感驱动下主流媒体疫情信息数据分析与话语引导策略[J].图书情报工作,2021,65(14):101-108.

[83] Blei D M,Ng A Y,Jordan M I. Latent dirichlet allocation[J]. Journal of Machine Learning Research,2003,3:993-1022.

[84] 周云泽,闵超.基于LDA模型与共享语义空间的新兴技术识别——以自动驾驶汽车为例[J].现代图书情报技术,2022,6(2):55-66.

[85] 孙青云,刘吉华.基于文本挖掘的MOOC差评意愿的影响因素研究[J].统计与管理,2021,36(9):105-112.

[86] 魏姮清.基于机器学习的政务微博评论情感分类研究[J].现代商贸工业,2020(11):161-162.

[87] 孔宇,王海起,李学伟.新冠肺炎疫情的微博舆情演化时空分析[J].地理空间信息,2022(7):5-9.

[88] 李海磊,杨文忠,李东昊,等.基于特征融合的K-means微博话题发现模型[J].电子技术应用,2020,46(4):24-28,33.

[89] 李博诚,张云秋,杨铠西.面向微博商品评论的情感标签抽取研究[J].数据分析与知识发现,2019(9):115-123.

[90] 李丹妮,梁嘉.新浪微博中的"上海垃圾分类"议题文本挖掘研究——基于Python SnowNLP的舆情分析[J].东南传播,2019(9):93-95.

[91] 陈春阳,黄秀玲.微博舆情的生成机制和传播规律研究[J].情报科学,2018,36(4):32-37.

[92] 李民强.微博文本情感分类与观点挖掘研究及实现[D].成都:电子科技大学,2018.

[93] 牛沛媛.特定事件情境下中文微博用户情感挖掘与传播研究[J].西部广播电视,2021,42(4):44-46.

[94] 陈晓东.基于情感词典的中文微博情感倾向分析研究[D].武汉:华中科技大学,2012.

[95] 谢耘耕,荣婷.微博舆论生成演变机制和舆论引导策略[J].现代传播(中国传媒大学

学报),2011(5):70-74.

[96] 王岩.基于共现链的微博情感分析技术的研究与实现[D].长沙:国防科学技术大学,2011.

[97] 张岚岚.新浪微博的网络舆情分析研究[D].上海:华东师范大学,2011.

[98] 杨洸.社会化媒体舆论的极化和共识——以"广州区伯嫖娼"之新浪微博数据为例[J].新闻与传播研究,2016(2):66-79,127.

[99] 谢新洲,李冰.新媒体在凝聚共识中的主渠道作用与实现路径[J].新闻与传播研究,2016(5):5-11,126.

[100] 曹钺,陈彦蓉.社交媒体接触对社会运动参与的影响研究——基于政治自我概念的交互效应[J].新闻界,2020(2):69-79.

[101] 温志强,李永俊,高静.跨越塔西佗陷阱:全媒体时代网络群体性事件中的政府官微话语权建构[J].管理学刊,2019(5):56-62.

[102] 宋子然.100年汉语新词新语大辞典(1912年—2011年)[M].上海:上海辞书出版社,2014.

[103] 刘建明.宣传舆论学大辞典[M]北京:经济日报出版社,1993.

[104] 王敬波,李帅.我国政府信息公开的问题、对策与前瞻[J].行政法学研究,2017(2):77-93.

[105] Steigerwalt A, Ward A, Corley P. The puzzle of unanimity: Consensus on the United States supreme court[J]. Law Library Journal,2014,106(1):105-106.

[106] 谌斯宇.网络集体行动中的共识达成[D].哈尔滨:哈尔滨工业大学,2015.

[107] 李彪,喻国明."后真相"时代网络谣言的话语空间与传播场域研究——基于微信朋友圈4160条谣言的分析[J].新闻大学,2018(2):103-112,121.

[108] 袁光锋.公共舆论中的"情感"政治:一个分析框架[J].南京社会科学,2021(2):105-111.

[109] 宋凯,袁夐青.后真相视角中的网民情绪化传播[J].现代传播(中国传媒大学学报),2019,41(8):146-150,156.

[110] 赵云泽,刘珍.情绪传播:概念、原理及在新闻传播学研究中的地位思考[J].编辑之友,2020(1):51-57.

[111] 王忠勇.哲学视域中的共识问题研究[D].北京:中共中央党校(国家行政学院),2018.

[112] 王秀娜.试论罗尔斯"重叠共识"概念[J].辽宁大学学报(哲学社会科学版),2004,32(5):11-13.

[113] 郑敬高,顾豪.哈贝马斯的商谈共识论及其理论形式[J].东方论坛(青岛大学学报),2010(6):1-6.

[114] 余红,马旭.社会表征理论视域下网络公共事件的共识达成机制研究——以"电梯劝烟猝死案"的社交媒体讨论为考察对象[J].情报杂志,2019,38(8):136-144,150.

[115] Sievert C, Shirley K, Davis L. A method for visualizing and interpreting topics [C]//Proceedings of Workshop on Interactive Language Learning, Visualization,

and Interfaces,Association for Computational Linguistics,2014:63-70.

[116] Wimmer R D,Dominick J R. Mass media research: An introduction[M]. 6th ed. Belmont: Wadsworth Publishing Company,2000.

[117] 任孟山. 转型中国的互联网特色景观:网络动员与利益诉求[J]. 现代传播(中国传媒大学学报),2013(7):128-131.

[118] 白淑英,肖本立. 新浪微博中网民的情感动员[J]. 兰州大学学报(社会科学版),2011(5):60-68.

[119] 杨国斌. 悲情与戏谑:网络事件中的情感动员[J]. 传播与社会学刊,2009(9):39-66.

引用作品的版权声明

为了方便学校教师教授和学生学习优秀案例，促进知识传播，本书选用了一些知名网站、公司企业和个人的原创案例作为配套数字资源。这些选用的作为数字资源的案例部分已经标注出处，部分根据网上或图书资料资源信息重新改写而成。基于对这些内容所有者权利的尊重，特在此声明：本案例资源中涉及的版权、著作权等权益，均属于原作品版权人、著作权人。在此，本书作者衷心感谢所有原始作品的相关版权权益人及所属公司对高等教育事业的大力支持！

与本书配套的二维码资源使用说明

本书部分课程及与纸质教材配套数字资源以二维码链接的形式呈现。利用手机微信扫码成功后提示微信登录,授权后进入注册页面,填写注册信息。按照提示输入手机号码,点击获取手机验证码,稍等片刻收到4位数的验证码短信,在提示位置输入验证码成功,再设置密码,选择相应专业,点击"立即注册",注册成功。(若手机已经注册,则在"注册"页面底部选择"已有账号?立即登录",进入"账号绑定"页面,直接输入手机号和密码登录。)接着提示输入学习码,刮开教材封面防伪涂层,输入13位学习码(正版图书拥有的一次性使用学习码),输入正确后提示绑定成功,即可查看二维码数字资源。手机第一次登录查看资源成功以后,再次使用二维码资源时,在微信端扫码即可登录进入查看。